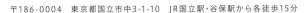

夢と理想を追い求めて

IGS（6ヵ年特進）コース始動

さわやか はつらつ ひたむき

八千代松陰中学校

2024年度（令和6年度）入試説明会日程　全日程 午前9時30分 スタート

第3回	7月29日（土）	入試説明会	第5回	10月14日（土）	入試説明会（オンライン） 推薦入試のヒント
第4回	9月23日（土）	入試説明会	第6回	11月18日（土）	入試説明会（オンライン） 推薦・一般入試のヒント
	8月26日（土）	オープンスクール　クラブ活動体験	第7回	12月16日（土）	入試説明会 一般入試のヒント
	9月 9日（土）	オープンスクール　IGS・土曜講座・授業体験			

※このほかに学校見学、クラブ活動見学・体験を行います。※申し込みについては、本校Webページをご確認ください。

お問い合わせ

八千代松陰中学校

〈所在地〉〒276-0028　千葉県八千代市村上727
〈電話〉047-482-1234　〈URL〉https://www.yachiyoshoin.ac.jp
〈アクセス〉京成勝田台駅・東葉勝田台駅 A1出口より東洋バス10分

芝浦ならではの 芝浦でしかできない教育

キミの好きはなんですか。熱中していることはありますか。

芝浦には「ものづくり」が好きな生徒がたくさん集まってきます。

実験をしたり、プログラミングをしたり、好きなことに熱中する生徒がたくさんいます。

そんな生徒たちを応援する本校独自の進化系STEAM教育と

先進の探求型授業でサポートしていきます。

最新の設備を備えた校内は、授業中も放課後も活気にあふれています。

芝浦の仲間に入り、ワクワク、ドキドキする未踏の世界に足を踏み入れてみませんか。

○ SHIBAURA DAY（オープンキャンパス）　小学4・5・6年生対象／要予約

《秋》11月3日（金・祝）午前・午後

＊詳細は一月程前より本校HPにて

＊体験授業・部活動体験・行事紹介・ミニ学校説明会・個別相談

○ SHIBAURA GIRLS'DAY　小学5・6年生対象（女子のみ）／要予約

《秋》9月17日（日）午前・午後　＊女子説明会・体験授業・交流会・個別相談

○ 中学校説明会〔オンライン〕　春夏・秋それぞれで1度まで予約できます

《春夏》第4回　9月16日（土）10:30～11:50

＊校長挨拶・教育内容・生徒インタビュー

《 秋 》第5回 10月20日（金）9:40～11:45 ⎤

《 秋 》第6回 11月18日（土）14:00～16:05 ⎬ 予約は1度のみ

《 秋 》第7回 12月 2日（土）9:40～11:45 ⎦

＊校長挨拶・教育内容・入試問題解説・生徒インタビュー

○ 芝浦生による夏の中学施設見学会　要予約

※同時実施：教員との個別相談会

8月18日（金）・19日（土）・20日（日）各日10:00～16:30

＊入替制・各回約一時間・予約は一度のみ人数制限あり

★個別相談は見学者に予約なしで実施

○ 芝浦生による秋の中学施設見学会　要予約

※同時実施：教員との個別相談会

10月15日（日）・29日（日）・11月3日（金・祝）・12日（日）各日10:00～16:30

＊入替制・各回約一時間・予約は一度のみ人数制限あり

★個別相談は見学者に予約なしで実施

○ 芝生祭（ミニ説明会・個別相談室）　要予約

9月30日（土）・10月1日（日）各日10:00～15:00

＊文化祭の見学は直前に実施状況をご確認ください

＊中学高校別校長によるミニ説明会・個別相談・メディア記事紹介など（資料コーナー）

イベントの詳細や予約につきましては本校ホームページにてご確認ください

Shibaura Institute of Technology Junior and Senior High School

芝浦工業大学 附属中学高等学校

〒135-8139 東京都江東区豊洲6丁目2番7号　TEL.03-3520-8501　FAX.03-3520-8504

ACCESS

◎東京メトロ有楽町線「豊洲駅」6b出口より徒歩7分

◎新交通ゆりかもめ「新豊洲駅」南口より徒歩1分

明治学院
中学校｜東村山高等学校
Meiji Gakuin Junior High School
Meiji Gakuin Higashimurayama High School

中学校制服

女子の
スラックスを
導入しました

高等学校制服

学校説明会 [要予約]

明治学院中学校			明治学院東村山高等学校		
1回	5月27日（土）	14:00〜	第1回※	10月 7日（土）	10:00〜／14:00〜
2回	6月24日（土）	14:00〜	第2回※	10月28日（土）	14:00〜
3回	9月 9日（土）	14:00〜	第3回※	11月18日（土）	14:00〜
4回	10月14日（土）	14:00〜	第4回※	12月 2日（土）	14:00〜
5回	11月15日（水）	10:00〜（授業見学有）	第5回	2024年 1月20日（土）	14:00〜
6回	12月 9日（土）	14:00〜			
7回	2024年 1月13日（土）	14:00〜			

※推薦入試のための個別相談会を行います（第1回〜第4回）。
詳細は、9月以降の本校ホームページでご案内いたします。

89-0024　東京都東村山市富士見町1-12-3
042-391-2142
https://www.meijigakuin-higashi.ed.jp/

明治学院　東村山　[検索]

You are the light of the world.
You are the salt of the earth

あなたは世の光です。
あなたは地の塩です。

マタイ 5 章13節～15節

そのままの あなたがすばらしい

■ 学校説明会　Webより要予約

9.10 (日) 13:00～14:30　終了後 校内見学（～15:00）

10.28 (土) 14:00～15:30　終了後 校内見学（～16:00）

11.24 (金) 10:00～11:30　終了後 校内見学、授業参観（～12:00）

■ 過去問説明会　● 6年生対象　Webより要予約

12. 2 (土) 14:00～16:00

■ 親睦会（バザー）　Webより要予約

11.19 (日) 9:30～15:00　生徒による光塩紹介コーナーあり

■ 校内見学会　Webより要予約

月に 3 日ほど予定しております。
詳細は決定次第、ホームページにてお知らせいたします。

学校説明会、公開行事の日程などは本校ホームページでお知らせいたしますので、
お手数ですが、随時最新情報のご確認をお願いいたします。

動画で分かる
光塩女子学院

光塩女子学院中等科

〒166-0003　東京都杉並区高円寺南2-33-28　tel.03-3315-1911 (代表)　https://www.koen-ejh.ed.jp/

交通…JR「高円寺駅」下車南口徒歩12分／東京メトロ丸の内線「東高円寺駅」下車徒歩7分／「新高円寺駅」下車徒歩10分

駒場東邦 中学校 高等学校

自主独立の気概と
科学的精神をもって
世界に大いなる夢を描こう。

駒場東邦中学校・高等学校
〒154-0001 東京都世田谷区池尻 4-5-1　TEL: 03-3466-8221 代

駒場東邦　　［検索］

◎京王井の頭線「駒場東大前駅」徒歩10分
◎東急田園都市線「池尻大橋駅」徒歩10分

学校説明会	文化祭 ［第65回］
10/15 （日）	9/16 （土）
10/21 （土）	9/17 （日）
10/22 （日）	※詳細は学校HPをご確認ください。

※8/1から学校HPで予約開始。
※今後、変更もあり得ますので学校HPでご確認ください。

SEIJO GAKUEN
Junior and Senior High School

中学校説明会

10/7（土）11/11（土）
12/23（土）

高等学校説明会

10/7（土）11/11（土）
12/16（土）

WEBサイト

※要約　いずれの説明会の参加には、事前の予約が必要となります

 成城学園中学校高等学校

ADDRESS　〒157-8511　東京都世田谷区成城6-1-20
TEL　03-3482-2104/2105（事務室直通）

笑顔あふれる...

適性検査型入試

第1回：2月1日（木）、第2回：2月2日（金）　　　両日とも、適性検査Ⅰ・Ⅱ・Ⅲを実施します。
合格発表は試験当日の18：00（WEB発表）　　　入学手続きは公立一貫校の発表の翌日まで。
試験結果のフィードバック有（Ⅰ型のみ）　　本校国語科教員がメールにて丁寧にアドバイスをします。
特待制度有（入学金免除、入学後の特典「エデュケーショナル スカラシップ」付与 等）

説明会日程　　※要予約

月22日（土）10：30〜　　　　【体験イベント】　7月29日（土）10：30〜「夏休み自由研究教室」
月17日（日）10：30〜　　　　　　　　　　　　　8月10日（木）10：00〜「ムサフェス」（クラブ体験）
月 7日（土）13：30〜　　　　　　　　　　　　　9月 2日（土）13：30〜「ダンス体験教室」
月 4日（土）10：30〜　　　　　　　　　　　　12月16日（土）13：30〜「入試模擬体験」
以降はHPをご確認ください　　　　　　　　　　12月23日（土）13：00〜「書き初め教室」

武蔵野 中学校 高等学校
Musashino Junior & Senior High School

公式SNSで学校の近況や最新情報を更新中！　ぜひフォローしてください♪

ホームページ　Instagram @MUSASHINOJHS　facebook

〒114-0024 東京都北区西ヶ原4-56-20　TEL：03-3910-0151

access

■都電荒川線　西ヶ原4丁目駅
王子駅から約5分、大塚駅から約6分
西ヶ原4丁目駅から徒歩3分

■都営三田線　西巣鴨駅
大手町駅から約15分、高島平駅から約17分
西巣鴨駅から徒歩8分

■JR山手線　大塚駅
池袋駅から約3分、新宿駅から約12分
都電荒川線に乗り換え

■JR京浜東北線　王子駅
川口駅から約8分、西日暮里駅から約8分
都電荒川線に乗り換え

■東京メトロ南北線　西ヶ原駅
赤羽岩淵駅から約8分、東川口駅から約25分
西ヶ原駅から徒歩14分

New Komajo!

世界で輝くグローバル教育

Komajoの新しい学習スタイルが始まります

2024年度
高等学校
英語クラス新設！
（予定）

立教女学院
中学校・高等学校

ST. MARGARET'S
JUNIOR & SENIOR
HIGH SCHOOL

学びの先に、未来を描ける人に。

| 2023年度 立教女学院
中学校・高等学校
公開行事（予定） | ● ミニ学校説明会 ［保護者対象］
5月10日（水）
5月17日（水）
6月21日（水）
＊3回とも内容は同じです。 | ● 夏の校内見学会
〈学校説明を含む〉
6月17日（土）
● 生徒会による学校説明会
7月15日（土） | ● 入試科目説明会 ［一般生・帰国生］
【動画】9月下旬に配信予定
● 秋の校内見学会 〈個別相談を含む〉
9月2日（土）・11月18日（土） | ● マーガレット祭（文化祭）
10月27日（金）・28日（土） |

開催方法の変更や、対象学年・人数の制限をさせていただく場合があります。
すべて立教女学院中学校・高等学校ホームページからの予約制（1ヶ月前から）です。
開催時間等の詳細につきましても、ホームページにてご確認ください。
立教女学院中学校・高等学校 〒168-8616 東京都杉並区久我山4-29-60 TEL:03-3334-5103

立教女学院中学校・高等学校 ホームページ
https://hs.rikkyojogakuin.ac.jp/

ともに学び、ともに挑む
自ら道を選ぶ場所

帝京大学中学校 *Teikyo University Junior High School*

〒192-0361 東京都八王子市越野322　TEL.042-676-9511(代)

https://www.teikyo-u.ed.jp/

■ 2024年度 中学入試学校説明会 ※本年度の説明会はすべて予約制です

	実施日時		内容
第1回	7月15日(土)	10:00～11:30 14:00～15:30	「本校の学びについて　～中学校を中心に～　」 ・中学生・保護者＆教員 座談会「中学生から見た本校」
	7月16日(日)	14:00～15:00	・7月15日(土)説明会の様子をYoutube限定公開で放映※
第2回	9月16日(土)	10:00～11:30 14:00～15:30	『本校の学びについて　～高等学校を中心に～　』 ・高校在校生＆教員 座談会「高校生から見た本校」
	9月17日(日)	14:00～15:00	・9月16日(土)説明会の様子をYoutube限定公開で放映※
第3回	10月 7日(土)	10:00～11:30 14:00～15:30	『本校の学びについて　～行事・学校生活から将来へ～　』 ・卒業生と当時の担任の対談「学校生活を振り返って」
	10月 8日(日)	14:00～15:00	・10月7日(土)説明会の様子をYoutube限定公開で放映※
第4回	11月11日(土)	14:00～15:30	『帝京大学中学校入門　―初めて参加される皆様へ―』 ・在校生保護者へのインタビュー「保護者から見た本校」
	11月12日(日)	14:00～15:00	・11月11日(土)説明会の様子をYoutube限定公開で放映※
第5回	12月16日(土)	10:00～11:30 14:00～15:30	『入試直前情報＆過去問解説授業』 ・生徒より「先輩受験生からのメッセージ」
	12月17日(日)	14:00～15:00	・12月16日(土)説明会の様子をYoutube限定公開で放映※
第6回	小学4・5年生対象 3月 2日(土)	10:00～11:30	『小学4・5年生対象　帝京大学中学校入門』 ・本校での学習と生活　・入試結果分析
	3月 3日(日)	14:00～15:30	・3月2日(土)説明会の様子をYoutube限定公開で放映※

※説明会の予約方法は、各説明会の約1ヵ月前にホームページに掲載させて頂きます。
※録画した説明会動画はアーカイブ化しているため、登録者は過去の動画を閲覧することが可能です。

●スクールバスのご案内

月～土曜日／登下校時間に運行。
詳細は本校のホームページをご覧ください。

JR豊田駅 ◀───▶ 平山5丁目(京王線平山城址公園駅より徒歩5分) ◀───▶ 本　校
◀────────────── (約20分) ──────────────▶

多摩センター駅 ◀────────── (約15分) ──────────▶ 本　校

CONTENTS

※新型コロナウイルス感染症の影響により、各校既存の行事やプログラムなどは
　近年中止されたものもあります。

掲載学校名　50音順　索引

青稜中学校・高等学校
2023-2024

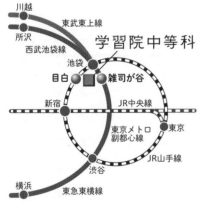

「脱コロナ」への 中学入試 始まる

猛威をふるった「新型コロナウイルス感染症」も、5月はじめからは「5類感染症」のあつかいになりました。中学入試も2023年度入試までつづいた「withコロナ入試」から「afterコロナ入試」、「脱コロナ入試」へとその姿を変えることになります。では、その姿とはどんなものなのでしょうか。

「afterコロナ」から「脱コロナ」へ前進する24年度

withコロナ入試を終えて変わるのはなにか

新型コロナウイルス感染症に見舞われたこの3回の中学入試は、以下のようなものでした。

3年半前、2020年度の首都圏中学入試は、新型コロナウイルス感染症の急速拡大の直前に行われ、暖冬でインフルエンザの流行も小規模だったことから、それまでと比べ、受験者数も倍率も空前の規模の入試となりました。

その直後にコロナショックが訪れ、全国の学校は一斉休校に追いこまれます。卒業式も入学式もできない状態の教育現場はそれまで経験したことのない状況におちいりました。

休校が明けても、ウイルスが飛び地をあちらこちらと跳ねまわるように、学校由来のクラスターの発生はあとを断ちませんでした。

そんななかやってきた2021年度入試は、まさに「withコロナ」のなかでの入試となりました。

各校は万全の感染予防策を講じ、万一の場合には「不利益なし」の追試験にまわるようアナウンスされ、入試当日もマスク着用、入校時の検温徹底、いたるところに置かれた消毒薬の使用がうながされ、各受験生の机はアクリル板にかこまれました。

さしもの中学受験ブームもコロナショックに水を差されるのでは、と思われましたが、首都圏中学入試の結果は、受験者数で前年並み、もしくは微増という数字がしめされ、各校の関係者を安堵させたものでした。ただ、前年度までの好調さから、コロナショックがなければ前年を上まわる増加もありえた、という見方もありました。

そしてその予測は次年度以降、立証されることになります。

この2021年度入試でコロナ禍の影響を受けたとされる変化は、感染予防の観点から、近隣の学校を選んだ家庭が多かったというもの。

また、感染を恐れて併願校数を減らすなどの自衛策もめだちました。

その翌年の2022年度入試、さらにこの春の2023年度入試と、首都圏の中学入試は、3年連続でコロナ感染を警戒しながらの「withコロナ」入試として行われました。

新たに変異したオミクロン株などを含んだ"第6波""第7波"への警戒をつづけながら、各校の当日対応は厳戒態勢のままでした。また、直前になって面接中止を発表した学校や、追試験の実施を発表する学校も多くありました。

コロナ禍に負けず 過去最多の中学受験に

そんななか、首都圏の中学入試結果はどうだったのでしょうか。

結果から見れば、この2年間、2月1日受験者数で、リーマンショック（2008年）以降では、両年とも最高値をマークすることとなり、中学受験率（中学受験した小学生の割合）も過去最高になりました。

前項でしめした学校関係者が見越したように、首都圏の中学入試は「コロナ禍をモノともせず」前年を上まわる勢いをしめしつづけたのです。

学校別では新校舎を建設した学校、大学との提携を強化した学校、男女共学化にふみきった学校、国際化やサイエンス教育をうたった学校などに人気が集まりました。

この春の2023年度入試は、コロナ禍に加えて、ロシアのウクライナ侵攻があり、国内でも物価高がつづき経済的にもさきが見えない状況のなかで行われたものです。

そんな経験のない事態が起こっているとき、保護者にとって子弟への「将来を見据えた教育」の大切さがクローズアップされ、中学受験に注目が集まるのも自然な成りゆきといえました。

ところで、2023年度中学入試

は、「落ちつきある体制」で行われた印象が強いものでした。

マスク着用、検温や消毒、ソーシャルディスタンスの徹底などは、受験会場だけではなく、世の中でごく当たり前の光景でしたので、受験生もいつもどおりの所作でとおせばよかったのです。

感染状況もそれまでに比べれば、緩やかな印象だったことも否めません。追試験にまわった受験生が少数だったことが、そんな感染状況を裏づけています。

終わってみれば、2023年度入試は「withコロナ」というより、すでに「afterコロナ」ともいうべき様相を呈していたことになります。

5類移行の「脱コロナ」で 力を発揮できる入試へ

さて、この原稿が書かれるちょうど1カ月前の5月8日、新型コロナウイルス感染症は、感染症法上の位置づけが5類感染症へと移行しました。それまでは2類相当の感染症でしたから、全体的に制限が緩められることになりました。

政府や都道府県が、感染予防について、要請・関与をしていく仕組みから、個人の選択を尊重し、国民の自主的な取り組みをベースとした対応に変わりました。

これを受ける2024年度中学入試は、基本的にそれぞれの学校が、独自の感染対策を講じる仕組みに変わります。

もちろん、この感染症が再度威力を強めることも考えられ、油断は禁物ですが、中学入試状況はコロナ禍前のあり方をめざしていくことになりそうです。

受験会場での制限事項のいくつかは残りそうですが、学校としては受験生に「伸びのびと力を発揮してもらいたい」という方向に進みそうです。

「afterコロナ」から「脱コロナ」へのスタートです。

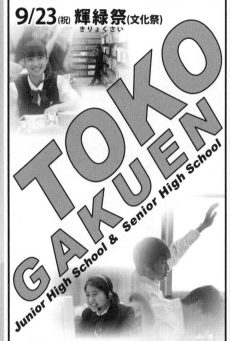

22

大学入学共通テ
脱コロナへ 進化

前のページで見てきたとおり、中学入試は「脱コロナ」の段階に進み…す。その入試問題は、大学入試で重要な大学入学共通テストの影響を強…受けています。この傾向についていえば、じつは中学入試の問題は大学入試の変化と連動するかたちで進化してきたともいえます。つまり中学入試…

思考力・判断力・表現力が
中学受験で試されるのはなぜ

中学入試の変化は大学入試と結びつく

ここからは来年度（2024年度）の中学入試に向けて、入試問題にどのような変化が起こっているのかを考えてみることにします。

来年1月、中学入試と同時期に行われる大学入試では「大学入学共通テスト（以下、共通テスト）」が4回目を迎えます。

じつは共通テストは翌2025年度入試の5回目から、さらに改められることになっています。というのも文部科学省では学ぶ内容を学習指導要領と呼ぶ指針でしめしており、それを時代の変化に応じておおむね10年ごとに見直し、カリキュラムを改編しています。

高校では、始まった新しい学習指導要領に沿って、学ぶ教科が昨年度から変化しています。

新学習指導要領に従って改められた教科で学んでいるのは現高2からで、彼らが受験する2025年度大学入試からは、新たに加わっ

た教科「情報」なども共通テストの科目に入ってくることになるわけです。

たとえば小学生は、すでに新しい学習指導要領に沿っての学びを進めていますので、みなさんは学校で英語を習っているはずです。

小学校での英語教育の必修化は2020年4月に始まったものです。

中学入試での入試科目や出題傾向は学習指導要領の影響を受けます。小学校での英語必修化を受けて「英語入試」が散見されるようになったのは2020年よりも前からでした。

さて、中学入試に最も影響を与えるのは、大学入試です。

私立や国立の中学校に、保護者が期待を寄せている、大きなポイントは大学進学力です。

必然的に各校の教育では、大学進学の実績伸長に力が入ります。

先述のように学習指導要領が変われば、共通テストの出題傾向が変わります。中学入試は、その変化に敏感に反応します。

ストと連動して
する 中学入試

、これからの日本の教育改革をリードするかたちで進化しているといっ
ても過言ではありません。いま「思考力・判断力・表現力」を試す方向に
焦点が結ばれつつある中学入試は、どうつぎの段階に進むのかも注目され
るところです。

中学校が、これから変わってい
く大学入試、とりわけ共通テスト
に強い受験生を学校に迎えたい、
と考えるのは当然ともいえます。

ですから、早め早めに自校の入
試問題に反映して、共通テストの
内容に準じて出題傾向も変化させ
ていくわけです。

共通テストは大学入試の登竜門
といえ、国公立大学の入試では最
初の関門ですし、多くの私立大学
でも自校の入試形式のひとつとし

て採用しています。

学習指導要領が改訂される場合、
その数年前に、基本姿勢や学習の
実際が公表されます。準備期間と
いうべき時間が必要だからです。

ですから、小学校の英語必修化
よりも前に中学入試に英語入試が
取り入れられたように、共通テス
ト初実施（2021年1月）の前か
ら、中学入試では共通テストの公
表内容に準じた新傾向の問題が目
につくようになったのです。

大学入学共通テストに準じた
新傾向問題がめだつ中学入試

ではいま、共通テストではどの
ような出題が行われるようになっ
たのでしょうか。共通テストは学
習指導要領に沿っての出題になり
ますから、新たな学習指導要領が
求めているものに着目する必要が
あります。

新学習指導要領は、たとえば暗
記でも対応できるような、知識や
技能の習得だけではなく、それを
実社会で応用するための「思考力・
判断力・表現力」をバランスよく
育むことをめざしている、とされ
ています。

ですから、共通テストの問題作
成にあたっては、そのような能力
を試すため、考える過程を重視し
て、問題の構成や場面設定が工夫
されています。

さらに作問の際、多様な受験生
がじゅうぶんに力を発揮できるよ
うにすることにも主眼をおいて、
問題量や表現などを配慮している
といいます。

中学入試に目を転じてみます。

今年の2023年度中学入試で
は、共通テストが求めているのと
同様の力を意識した出題がめだち

ました。すなわち、「思考力・判断力・表現力」を試す問題といっていいでしょう。

すべての入試科目で読解力が試される

読解力を試す問いも国語を中心に多くなりました。国語にかぎらず、算数、理科、社会でも頻出しています。国語では、説明文と物語文の2文を読ませて設問にし、そこからの考察を記述させる形式も見えてきました。

算数の文章問題で読解力が試されることも多くなっています。

既視感のある定型の問題は減り、精読しないと題意がつかめない問題が増えています。しかも手早く趣旨をつかまないと解答時間が足りなくなってしまいます。

解答方式も択一式ではなく、「正解にすべて〇をつけなさい」というような、〇がいくつあるのかわからずに複数の正解を選ぶ問題もありました。問題文にある「すべて」を読み飛ばすと取り返しがつきません。

このように正解がひとつではない問題には、どのような意味があるのでしょうか。

正解がひとつであれば、理解していなくても正答できる可能性があります。とりあえず選んでおけば正解することもありえるのです。

つまり、正答したが本当はわかっていない受験生を、学校は見分けたいということです。

さらに「いくつ選んでも可だが、正しいものはすべて選ぶ」という問題では、文章をよく読みこめていないと正解はおぼつきません。「いくつ選んでも可」というところがポイントです。

つまり「考える」「理解できた」という段階を経ていないと、全問正答はむずかしいのです。

文科省が新学習指導要領で重視している学力の要素に「知識・技能を活用して課題を解決するために必要な思考力・判断力・表現力」があります。

私立中学校の入試問題のねらいは、文科省が求めている、思考力・判断力・表現力をしっかりと評価しよう、という姿勢に変化していることはまちがいがありません。

考えさせる問題で思考力、判断力を試す

たとえば算数では、問題数を減らしてでも、解答用紙に解き方を記す欄を広く取る学校がありました。出題数が減った分、徹底して考えさせる問題になっています。

算数以外の科目でも記述文字数を増やして、受験生の思考力や判断力、表現力をはかることに重点をおく傾向が広がっています。

各私立中学校の算数や理科の記述で、これまでの体験を問うものや、具体的な算数の知識を使って現実問題を解決する問題などが目を引くようにもなっています。

暗記などでインプットしたことをそのままアウトプットすることにとどめず、そこから一歩進め、さまざま視点から組みあわせて考えたり、体験からひも解いたことを自分の言葉で表現したりすることが求められているわけです。

「たんなる知識の量や解法だけを問うのではなく、小学校で学習、体験する内容をもとに、自分で工夫して考える力が身についているかどうかをはかる」内容です。中学入試の変化といえます。

ここにあげた、いくつかの出題については、公立中高一貫校が始めた「考え方を問う」問題に似ています。公立の場合「入学者の選抜にあたって学力試験は行わない」のが建て前ですから、適性検査が入試の本筋となっています。

その姿勢がいま「思考力・判断力・表現力」を問う中学入試の主流になっている、というわけです。

これから見逃してはならない 理系重視になる大学の現状

　大学入試に関して、これから忘れてはならないことがあるので、ここで取り上げておきます。それは今後、大学への国のテコ入れは理系大学・学部中心になっていくということです。

　とくにこれから大学選択にのぞむ中高生にとって重大なのは、理系学生を増やすための施策が、文系学生を減らすことにつながっていくことです。

理系学部新設・再編へ デジタル・脱炭素重視

　みなさんは最近のニュースで、国際卓越研究大学という大学の名前を聞いたことがあるでしょう。現在、東京大、京都大、早稲田大など10校が立候補しており、秋には、このなかから5～7校が、文科省により認定されることになっています。認定された大学には、大学ファンドの運用益から1校あたり推定400億～600億円（年間）という莫大な研究運営費が支給されます。この国際卓越研究大学は、認定される大学の、理系学部が担うこととなります。

　また、文科省は昨秋、私立大学が新たな学部をつくる際、毎年の入学定員に対する入学者数で判断していた認可基準を緩和しました。これは学生の割合が少ないデータサイエンス学部や文理融合学部の活性化がねらいとされています。

　また、理工系学部に女子枠を設けることもうながし、実際に2023年度入試から女子枠（理工系学部）を新設した大学もでてきました。

　2024年度からは中間所得世帯の理系学生に対して給付型奨学金も給付していく方針です。

　さらに文科省は、デジタル（IT）や脱炭素分野などにかかわる理系学部の新設や拡充をうながすため、学部の新設・再編に取り組む大学を2023年度から財政支援することも発表しています。

　支援策の中身は、不足が見こまれるデジタル・脱炭素分野の学部の新設や定員増とする大学に対し、基金を設立して財政面で支えることです。

　そして国内の全学生数のうち理系学部の学生数を2032年までに5割に増やしたいという意向です。もともと日本の全学生に対する理系学生の割合は35％にすぎません。イギリス45％、韓国・ドイツ42％、アメリカ38％に比べても低い数字です（いずれも文科省2021年統計より）。

　これらのことから経済産業省は、2030年には国内のIT人材が最大79万人不足すると試算しています。

理系学生が増えれば 文系学生は減る計算

　なぜ日本では理系の学生が少ないのでしょうか。私立大学の場合、文系なら高校生が敬遠する数学を除く3教科で受験可能なことも一因とされていますが、近年、文系学部でも数学を入試科目に加える大学が増えています。

　ただ、これからの受験生が忘れてはならないことがあります。それは国内の全学生数は増やさないということです。理系の学生は合格しやすくなりますが、理系学部の定員が増えるということは、文系の定員は2032年までに約15％分、徐々に減るということです。

　いまから大学進学について、とくに理系志望、文系志望について考えていくことが重要です。

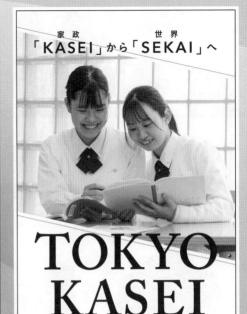

麗澤の学びは、

世界が教室。
（セカイ）

2023 Information　すべて予約制です。本校ホームページよりお申し込みください。

公式 website

■学校説明会

8/5（土）　**9/24**（日）
10:00〜11:00　　10:00〜11:00

■オープンキャンパス

2024
3/20（水・祝）　学校紹介プログラムのほか
9:30〜11:30　　　授業体験を予定

■入試説明会　（「全体説明会」・「小6対象プログラム」）

10/15（日）　**10/21**（土）　**11/19**（日）
10:00〜11:30　　14:30〜16:00　　10:00〜11:30

■ミニ入試説明会

12/17（日）
10:00〜11:00

■部活動見学・体験会

9/16（土）　**10/14**（土）　2024 **2/17**（土）
14:30〜16:00　　14:30〜16:00　　14:30〜16:00

■麗鳳祭（文化祭）※個別相談会を実施

9/7（木）　**9/9**（土）
文化発表会　　展示会

予定が変更になる場合は、ホームページにてお知らせいたします。

麗澤中学・高等学校
Reitaku Junior and Senior High School

2022年度より学校直行のバスが運行しています

〒277-8686 千葉県柏市光ヶ丘2-1-1 TEL:04-7173-3700
●JR常磐線「南柏駅」よりバス約3〜5分「麗澤幼稚園・麗澤中高前」下車

Be your best and truest self.

「最善のあなたでありなさい。そして、最も真実なあなたでありなさい。」

このモットーがめざしていること、それは生徒一人ひとりが
ほんものの自分として生きる人間に成長することです。

学校見学会 予約制

7月26日（水）9:30〜

8月17日（木）9:30〜

＊全体会（在校生による発表、学校説明）、その後の校内見学、
　ミニレッスン（別途申込）を含め、90分程度を予定しています。
＊各回とも同一内容です。
＊本校HPよりご予約ください。
＊当日は上履きをご持参ください。
＊質問コーナーがあります。

学校説明会 予約制

10月 7日（土）9:30〜/13:30〜

11月 4日（土）9:30〜/13:30〜

12月 2日（土）9:30〜

＊全体会（学校説明、入試説明）、その後の校内見学を含め、
　90分程度を予定しています。
＊各回とも同一内容です。
＊本校HPよりご予約ください。
＊当日は上履きをご持参ください。
＊質問コーナーがあります。

日程や内容は変更になる場合があります。最新の情報を本校HPでご確認ください。

 カトリックミッションスクール
浦和明の星女子中学校

（併設）浦和明の星女子高等学校

〒336-0926　埼玉県さいたま市緑区東浦和6-4-19
〔TEL〕048-873-1160　〔FAX〕048-875-3491
〔URL〕https://www.urawa-akenohoshi.ed.jp
Access JR武蔵野線「東浦和駅」下車　徒歩8分

WAYO KONODAI
Girls' Junior High School

英語で自己表現できる生徒を育てる英語教育

本校の英語教育では、「日本」「世界」の両方に目を向けながら、英語で自己表現できる生徒の育成を目指します。独自の英語教育プログラム『和洋ラウンドシステム』では、生徒の「知りたい」「伝えたい」という気持ちを育みながら、教科書を「くりかえし」学び、母国語を習得するのと同じプロセスで英語を学びます。リスニングや英語でのやり取りを通してレッスン内容に興味をもつことから始め、生徒自身の英語力で自分や社会のことを表現できることを目標にしています。

実験・観察を重視した理科教育

理科の授業は週4時間。「実体験から学ぶ科学」を掲げ、3年間100項目の実験・観察を取り入れています。五感を使った体[験]授業を展開し、身の回りの自然科学への理解を深めています。[ ]年生では液体窒素を使った状態変化の実験やブタの心臓の観察[ ]本校独自の内容を取り入れ、理科への興味・関心を高め、3年[ ]は課題研究に取り組むことで、自然科学への探究心を育て、科[学的]思考や実生活に応用する力を養います。

2023年度より新制[服]

◆ オープンスクール 要予約

8月26日 (土) 9:30～
9月10日 (日) 9:30～

◆ 学校説明会 要予約

9月10日 (日) 9:30～
10月28日 (土) 14:00～
12月9日 (土) 14:00～
1月6日 (土) 10:00～

※開催日によって、内容が異なります。詳細はHPをご覧ください。

わようこうのだい 検索

和洋国府台女子中学校

〒272-8533　千葉県市川市国府台 2-3-1　TEL.047-371-1120

社会に貢献できる 知性豊かな人材の育成

専修大学松戸
高等学校・中学校・幼稚園
公式ロゴマーク

SINCE 2000

専修大学松戸
中学校・高等学校

〒271-8585 千葉県松戸市上本郷2-3621　TEL.047-362-9102
https://www.senshu-u-matsudo.ed.jp/

本校HPへは こちら check!!

専大松戸

要予約
英会話・理科実験 体験授業
★4年生以上対象
6/19(月) 10時より予約開始
7/2(日)
午前❶9:30〜/❷11:00〜
午後❸13:00〜/❹14:30〜

要予約
学校見学会
6/26(月) 10時より予約開始
7/8(土)・9(日)
2日間とも
午前❶9:30〜
　　❷10:30〜
午後❸13:00〜
　　❹14:00〜

要予約
学校説明会
9/15(金) 10時より予約開始
10/9(月・祝)
10:00〜12:00
11/3(金・祝)・12/9(土)
13:30〜15:30

要予約
学校説明会 【ダイジェスト版】
★本校の説明会参加が初めての 6年生対象
12/15(金) 10時より予約開始
1/7(日)
14:00〜15:00

予約不要
文化祭(中高同時開催)
9/16(土)
9:00〜15:30
9/17(日)
9:00〜15:00
※学校説明会を数回 実施予定(予約不要)

要予約
テーマ別説明会
6/22(木) 10時より予約開始
7/2(日)
午前❶9:30〜/❷11:00〜
午後❶13:00〜/❷14:30〜
※❶は「グローバル教育」、 ❷は「教科学習」 をテーマに説明します。

要予約
要インターネット予約 (本校HP)
イベントの開催に関しては事前 にHPをご確認ください。

インターネット出願実施
令和6年度中学校入学試験
■試験科目：3回とも4科目 (面接なし)
▶第1回1/20(土)〈定員100名〉
▶第2回1/26(金)〈定員30名〉
▶第3回2/3(土)〈定員20名〉
※第2回入試の定員には、帰国生枠(若干名)を含みます。 なお、帰国生枠に出願の場合のみ、面接試験があります。

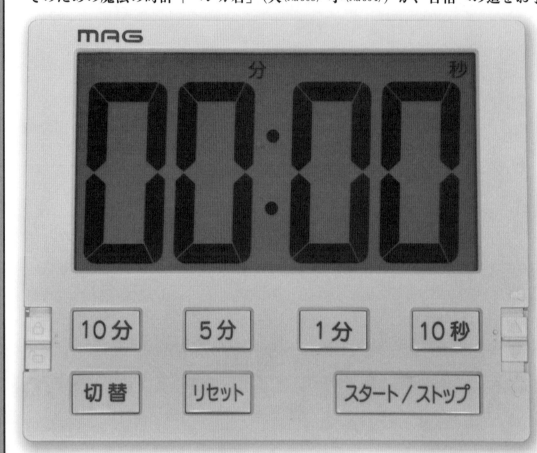

国立・私立中学校プロフィール

東京

青山学院中等部

「若い時に 本物を 存分に」

新しい本校舎には、教科教育のさらなる充実をはかるための「教科センター方式」が導入されました。「教科センター方式」とは、各教科が専用のゾーンを持ち、専用の教室、教科の発表や作業のためのメディアスペース、教科の先生の研究室をそれぞれ隣接させることです。それによって、従来型の教室に比べて、より充実した教科教育が可能になっています。

教科を媒体とする学習コミュニケーションの場は、クラスや学年を越えた生徒同士、生徒と教職員をつなぐ空間として機能し、学校全体が新たなコミュニケーションを生みだしていきます。

小クラス制によるゆとりある学校生活

中等部では、基礎学力の徹底と、自ら考える力を身につけることを重視し、1クラス32名、1学年8クラスの少人数制を実施しています。外国人教師による英会話、数学の習熟度別授業、各教科での多彩な選択授業などにより、一人ひとりの個性を引き出す教育を推し進めています。

国際交流もさかんです。中等部では、オーストラリア、フィリピン、韓国の中学校との交流プログラムが用意されており、いろいろな国の人との交流をとおして、海外へ目を向けるとともに、日本についての認識も深まっていきます。また、青山学院大学に通う留学生と交流するチャットルームにも自由に参加できます。

幼稚園から大学までを併設している青山学院では、高等部からは卒業生の85%が青山学院大学へ進学しています。一方で、他大学を受験する生徒も増えています。高等部では、各自の進路に応じた多様な選択科目が準備されているので、他大学受験への対応も万全です。

伝統のキリスト教教育で人間性を養い、世界を舞台に活躍できる人材を育成します。

▼SCHOOL DATA▼

- ▶東京都渋谷区渋谷4-4-25
- ▶地下鉄銀座線・半蔵門線・千代田線「表参道」徒歩7分、JR線ほか「渋谷」徒歩13分
- ▶男子380名、女子384名
- ▶03-3407-7463
- ▶https://www.jh.aoyama.ed.jp/

麻布中学校

「自由闊達」の校風が自主自立を育む

毎年多くの難関大学へ進学者を輩出する、麻布中学校。1895年創立という伝統校です。

創立者江原素六先生の教育姿勢のもと、創立以来、ものごとを自主的に考え、判断し、自立した行動のとれる人物の育成をめざし、自由闊達な校風を伝統としてきました。

こうした伝統を持つ麻布では、明文化された校則はなく、標準服はありますが服装も自由です。

また、文化祭や運動会、学年旅行といった学校行事もすべて生徒の自主運営に委ねられていることも特徴です。

豊かな人間形成をめざす

麻布では、幅広く深い教養を身につけ、豊かな人間形成をはかることを教育の主眼としています。

全人教育の観点から、感性・感覚・情操を涵養するため、音楽・美術・工芸・書道などもじっくりと時間をかけて学んでいきます。

体育では、柔道・剣道の選択必修授業もあります。

各教科ごとに、中高6年間の連続性が考慮された独自のカリキュラムを編成し、生徒の自発的な学習意欲を引き出し、思考力・創造力・感受性を育てることに努めています。中学段階では、基本的な知識を幅広く身につけるとともに、柔軟な思考力を養うことに力点をおいた教育がなされています。

授業はどの教科も質・量ともに相当な密度となっており、各教科で独自に編集したプリントや教科書以外の副読本を多用しながらきめ細かく進めていきます。

また、高1・高2では、土曜日に2時間の教養総合授業を行っています。これは少人数ゼミ形式で、約40講座から希望するものを選択します。

自由の意味を理解し、それに応えられる自主・自立の精神を深く学び、未来をめざす青年を育む場がここにはあります。

▼SCHOOL DATA▼

- ▶東京都港区元麻布2-3-29
- ▶地下鉄日比谷線「広尾」徒歩10分、都営大江戸線・地下鉄南北線「麻布十番」徒歩15分
- ▶男子のみ915名
- ▶03-3446-6541
- ▶https://www.azabu-jh.ed.jp

足立学園中学校

あだちがくえん

東京 足立区 / 男子校

志を持ち、自ら将来を切り拓ける紳士の育成

社会で活躍できる「人財」の育成

足立学園中学校の教育目標は「自ら学び 心ゆたかに たくましく」。井上実校長先生は、「生徒が志を持ち、夢や希望をかなえるためのサポートを教職員が一丸となって全力で行います。自己肯定感を高め、楽しく生活し、将来に役立つさまざまな力を育み、品格あるたくましい男子に育ってほしいです」と話されます。

中学には特別クラスと一般クラスがあり、学力別に構成されていますが、カリキュラムは同じです。「志共育」で志に気づき、学習習慣や勉強の仕方をきめ細かく指導し、主要教科の基礎学力を徹底して身につけます。

高校では探究・文理・総合の3コースに分かれて進学します。全員が松下政経塾で志を立てる一歩をふみだし、探究総合の授業で課題解決能力を養います。

グローバル教育では、オーストラリア、ラオス、アフリカのスタディツアー、イギリス・ラグビー校のサマースクール、海外ターム留学（高1）などに参加でき、16歳以上はオックスフォード大学（ハートフォートカレッジ）に短期留学ができます。

また中高では日本で初めて、Microsoft Showcase Schoolsに認定されており、ICT教育の先進校として活動しています。

全人教育をめざす多彩な行事

足立学園には中高をつうじて多くの行事があり、たとえば33kmの強歩大会は中学3学年を縦割りにし、上級生が下級生の面倒を見ながら歩くことで、心身のたくましさや相手を思いやる気持ち、学年を超えた「きずな」が生まれます。

そのほかにも、命の誕生・尊さを学ぶ性教育講演会や男女関係のありかたを学ぶデートDV講座、主権者教育などをとおして、社会で活躍できる紳士となるサポートを行います。

▼SCHOOL DATA▼

▶ 東京都足立区千住旭町40-24

▶ JR線ほか「北千住」徒歩1分、京成線「京成関屋」徒歩7分

▶ 男子のみ568名

▶ 03-3888-5331

▶ https://www.adachigakuen-jh.ed.jp/

跡見学園中学校

あとみがくえん

東京 文京区 / 女子校

美意識を持ち、しなやかに生きる女性を育てる

高い学力と人間力を育む

新しい大学入試制度に即応する学力と国際社会で生きる人間力を身につける跡見学園の中高一貫教育。2021年度からマンツーマンのオンライン英会話授業を導入。また、数学・英語では中2から習熟度別授業を実施しています。定期テストの結果によっては放課後指名補習があるなど、きめ細やかな学習指導システムが整っています。

跡見学園中学校では、145年以上の伝統を持つ女子教育をつうじて、豊かな教養としなやかな心を持って国際社会で活躍する人間力を磨きます。「放課後プログラム」では、日本の伝統文化を体得する茶道・華道・箏曲のおけいこや英会話などを行うことで生徒の意欲に応えています。

本物に触れ豊かな感性を養う

「本物に触れる」ことを大切にしている跡見学園では、世界の一流演奏家やオーケストラによるコンサート、能・狂言などの古典芸能鑑賞を行うとともに、学祖・跡見花蹊の文字に学ぶ「跡見流」の習字の授業をはじめ、本物の芸術に触れる機会を数多く用意しています。

校外学習も体験を重視しており、浅草散策をつうじて江戸・東京の歴史を学んだり、東京地方裁判所で裁判を傍聴し、司法の現場を身をもって体験したりします。さらに、中1・中2ではサイエンス探究教室を実施しています。ふだん味わえない自然とのふれあいを満喫するとともに、自ら課題を発見し解決していきます。

さて、いまではほかの女子校にも広がっている「ごきげんよう」のあいさつ。これは跡見学園発祥で、生徒の間から自然に生まれ、継承されてきたものだといいます。

このように、長い歴史のなかで生徒の自主性が重んじられ、それが伸びやかな校風に結びついているのが跡見学園です。

▼SCHOOL DATA▼

▶ 東京都文京区大塚1-5-9

▶ 地下鉄丸ノ内線「茗荷谷」徒歩2分、地下鉄有楽町線「護国寺」徒歩8分

▶ 女子のみ760名

▶ 03-3941-8167

▶ https://www.atomi.ac.jp/jh/

上野学園中学校

グローバルな視野の育成、芸術の学びのある進学校

1904年に創立された上野学園中学校は、「自覚」を建学の精神として、自己を深く見つめ、個々の持つ可能性と個性を伸張させる学校です。そして、自らの世界を豊かにすると同時に、グローバル化が進む社会にあって、自立し、貢献できる人材の育成をめざしています。

中学では、6年後の大学進学を見据えて、一人ひとりの学力に合わせた習熟度別学習の実施やICT機器の活用などで、学力の向上をはかります。主要5教科の学力を強化し、学び、考える生徒を育てるとともに、英語音声教育の充実や異文化への理解など、次世代の担い手となるグローバル教育に力をそそぎます。

また、伝統ある音楽教育の環境のなかで、「ひとり一つの楽器」や、さまざまな演奏会をとおして、豊かな感性を育てているのも特徴です。

とくに、思考力を育む教育プログラムとして、「上野公園フィールドワーク」を実施します。中1では、「サイエンスプログラム」を、中2では、「ソーシャルプログラム」をとおして課題発見や情報収集、レポート作成、プレゼンテーション力など、社会で活躍するための力を養います。

2024年4月開設予定の国際コースは、世界で最も普及しているケンブリッジ国際教育プログラムにCLIL（Content and Language Integrated Learning。教科内容と言葉の統合教育）の手法を採用する、一条校[※]として初めてのコースになる予定としています。

音楽の専門的な学び

高校で音楽科をめざす生徒には、音楽基礎科目のソルフェージュの授業や、大学の教授や演奏家として第一線で活躍している指導者による専門実技のレッスン、校内にて行われる多くの演奏会での発表など、恵まれた音楽教育の環境のなかで、豊かな音楽性を育んでいきます。

※学校教育法第1条のもと教育を施す日本の学校

▼SCHOOL DATA▼

- ▶東京都台東区東上野4-24-12
- ▶JR線・地下鉄銀座線・地下鉄日比谷線「上野」徒歩8分、京成線「上野」徒歩10分、つくばエクスプレス「浅草」徒歩12分
- ▶男子85名、女子63名
- ▶03-3847-2201
- ▶https://www.uenogakuen.ed.jp/

穎明館中学校

『EMK未来プロジェクト』実施中！

緑豊かな学習環境

穎明館中学校は1985年にイギリスのパブリックスクールの名門イートン校を範に、東京・八王子に創立された進学校です。

Experience（経験）、Morality（道徳）、Knowledge（知識）のEMKを教育の3本柱とし、「国際社会に羽ばたく真のリーダーの育成」をめざします。

穎明館の最大の魅力は、緑豊かな自然にかこまれた落ちついた学習環境です。

13万㎡ある広大な敷地には、各種教室のほか、天体望遠鏡つき図書館、温水プール・テニスコート・武道場を備えた体育館、スクールランチを提供する食堂、演劇などが鑑賞できる21世紀記念館大ホール、公式戦が行われる野球場、そして2017年に完成した400mトラックのついた人工芝グラウンドなどがあります。

四季折りおりの自然を感じることができる落ちついた環境のなかで、生徒たちは伸びのびと学校生活を送っています。

『EMK未来プロジェクト』

2019年4月から、いま一度進学校としての原点に立ち返るべく、『EMK未来プロジェクト』がスタートしました。このプロジェクトは、これまでの教育プログラムを見直すと同時に新しい取り組みを追加して、現在から未来の穎明館生の目標実現を強力にサポートするための学校改革の総称です。

中学3年生からの「アドバンストクラス」、学校完結型の学習をめざす放課後学習支援システム「EMK未来サポート」、グローバル教育の活性化、タブレット端末の活用等のICT教育の充実化、SDGsも視野に入れた探究学習の深化を5つの柱として、プロジェクトが進行中です。

学校の革新を生徒の躍進へ、進化する穎明館教育に、今後ますます期待が高まります。

▼SCHOOL DATA▼

- ▶東京都八王子市館町2600
- ▶JR線・京王高尾線「高尾」バス、JR線・京王相模原線「橋本」スクールバス
- ▶男子359名、女子199名
- ▶042-664-6000
- ▶https://www.emk.ac.jp/

江戸川女子中学校

自立した人を育成。人生を楽しみ、創造できる人へ。

ステンドグラスや大理石の柱など、優雅な雰囲気の校舎を持つ江戸川女子中学校。創立以来、建学の精神として「教養ある堅実な女性の育成」を掲げ、きめ細かな学習指導と伝統の情操教育を重視し、幅広い知識を持つ自立した女性を育てています。

学習面では、国語・数学・英語・理科で、中学から高校の学習内容に入る先取り教育が取り入れられ、数学ではさらに習熟度別少人数授業も行われています。ていねいな指導に加え、朝テストや補習・講習も定期的に実施されるので、確実に学力を身につけることができます。また、2021年には高3専用棟（西館）が完成。江戸女生としての集大成となる1年間を最高の環境で過ごします。

一生役立つ英語力を養う

英語教育に重点がおかれているのも特徴です。中3までに高校で学ぶ基本的な文法事項をすべて学習し、例年70%前後の生徒が中3で英検準2級を取得しています。

また、高校では海外研修としてカナダ修学旅行、3カ国から行き先を選べる語学研修や1年留学制度などがあります。2024年度からは、オーストラリア課題解決型研修が始まり、自発的な力にもさらに磨きがかかっていきます。

一人ひとりの夢を広げる国際コース

国際コースでは、Advanced Class（英検2級以上）とStandard Class（英検準2級・3級）に分けて英語の授業を行っています。昨年度は中2で英検1級合格者が1名、1次合格者が2名でるなど着実に力をつけています。

また、江戸川女子では、生徒の夢を実現するためのカリキュラムがそろっており、文系・理系を問わず、進路の幅を広げて自分の希望に合ったコースに進めるのも魅力です。そして英語をひとつのツールとして、さらに夢を広げていきます。

▼ SCHOOL DATA ▼

▶ 東京都江戸川区東小岩5-22-1
▶ JR線「小岩」徒歩10分、京成線「江戸川」徒歩15分
▶ 女子のみ528名
▶ 03-3659-1241
▶ https://www.edojo.jp/

桜蔭中学校

礼と学び

文京区本郷の高台、閑静な住宅街に中高一貫の女子校、桜蔭中学校があります。

建学の精神である「礼と学び」の心を、道徳をはじめ日々の親身な指導により涵養します。中学1年生は週に1回「礼法」の時間が設けられ、高校2年生でも指導されています。

また、校訓である「勤勉・温雅・聡明であれ」「責任を重んじ、礼儀を厚くし、よき社会人であれ」を目標とし、基礎学力を育むとともに時代に応じた学習を行い、個性に応じて能力を伸ばし広く社会に寄与する人間の育成をめざしています。

独自カリキュラムとていねいな指導

桜蔭では、中高一貫のメリットと女子校の特性をいかしたカリキュラムを編成しています。授業では、独自教材などを使用しながら、基礎学力の充実をはかるとともに、教科書の範囲を超えた高度な内容を展開しています。各教科では早い段階から高校の内容に入ります。英語では、外国人講師の英会話の授業やオンライン英会話を実施しています。体育・芸術・家庭科では多様な実技学習を行い、作品制作、発表を行っています。

中学校の総仕上げとして、中学3年生は「自由研究」の課題に取り組みます。各自が自分の興味や関心のあるテーマを選び、中学2年生の3学期から資料・文献を集めて分析・研究し、論文を作成し提出します。研究テーマは幅広い分野におよび、充実した内容となっています。

卒業生がチューターを務める放課後学習ルームも開いています。また、北軽井沢にある山荘では、中学1年生・高校1年生がクラス合宿を行います。東京都ひばりが丘にはグラウンドがあり、2023年秋には新東館が竣工。温水プール・体育館・理科教室フロア・普通教室が完成し、より充実した学習環境が整います。創立以来、教育への熱い情熱が受け継がれている桜蔭です。

▼ SCHOOL DATA ▼

▶ 東京都文京区本郷1-5-25
▶ 都営三田線「水道橋」徒歩5分、JR線「水道橋」徒歩7分、地下鉄丸ノ内線「本郷三丁目」徒歩8分、都営大江戸線「本郷三丁目」徒歩9分
▶ 女子のみ710名
▶ 03-3811-0147
▶ https://www.oin.ed.jp/

桜美林中学校

キリスト教に基づく国際人の育成

「国際教育の桜美林」の伝統を発揮

桜美林学園は、1946年、国際教育・国際ボランティアのパイオニア、清水安三・郁子夫妻により創立されました。「自分を愛するように隣人を愛する」というキリスト教の精神を大切にし、他者の心の痛みに共感でき、国際社会に目を向け、国際社会に貢献・奉仕する人材の育成をめざしています。

こうした理念のもと、桜美林中学校は国際教育に注力し、国際交流にも積極的に取り組んでいます。中3で実施されるオーストラリア研修旅行、シンガポールでの英会話合宿、アメリカ・イギリス・カナダ・ニュージーランド・中国・韓国で展開される短期語学研修プログラム・ターム留学・1年間の留学と国際交流の場は数多く用意されています。さまざまな国を訪れるチャンスがあるのは大きな魅力でしょう。また、海外からの留学生や来校者も多く、国内にいながら異文化に触れる機会が豊富にあるのも、桜美林の特徴のひとつです。

桜美林の進路指導

併設の桜美林大学へは希望者は全員進学でき、合格を保持しつつ他大学受験可能な併願システムもあります。しかし、実際に進学するのは10%程度です。近年、国公立大学・難関私立大学への進学が飛躍的に伸びており、2022年度は国公立大学36名、早慶上理ICU・G-MARCHに276名が合格しました。

また2020年度から導入した、国内の大学との併願が可能な海外大学推薦制度を利用し、オレゴン州立大学（アメリカ）、マンチェスター大学（イギリス）などの海外大学に5名の合格者を輩出しています。このように、桜美林では、海外を視野に入れたグローバルな進路選択も可能になっています。

生徒たちは自然に恵まれた環境のなか、伸びのびと可能性を開花させています。

▼SCHOOL DATA▼

- ▶東京都町田市常盤町3758
- ▶JR線「淵野辺」徒歩20分またはスクールバス8分、小田急線・京王線・多摩都市モノレール「多摩センター」スクールバス20分
- ▶男子217名、女子204名
- ▶042-797-2668
- ▶https://www.obirin.ed.jp/

鷗友学園女子中学校

グローバル社会で活躍する女性リーダーの育成

校訓は「慈愛と誠実と創造」。人と人との関係のなかで相手も自分も尊重し、社会のなかでともに成長しようとする力。自らの可能性を発見し、意欲を持って学べる力。自由な発想を大切にし、新しいものを創造できる力。これらの力を大切に、グローバル化の進む社会で多様な価値観をひとつにまとめ、リーダーシップを発揮できる女性を育てます。

互いを認めあいながら、自己肯定感を育む

中1はクラスを30人の少人数編成にし、3日に1回席替えを行うなど、生徒一人ひとりがありのままの自分でいられるような居心地のよい集団づくりに取り組んでいます。また、互いに自由に発言しあいながらも、他者も自分も尊重できるような人間関係づくりを大切にしています。

学校行事や生徒会活動、部活動もとてもさかんです。とくに学園祭や運動会は、実行委員の生徒を中心に1年がかりで準備し、すべて生徒主体で運営しています。生徒が自らの責任で決定、実行するなかで、達成感を得る体験を積み重ね、自己肯定感を育みます。

本物の学びに出会える6年間

鷗友学園女子中学校の授業では、自ら学び、自ら発信する主体的な学習をとおして、学びのおもしろさ、学ぶ感動を体験することができます。

理科では、多くの実験に取り組みながら、自分たちで課題を見つけ探究できる力を育みます。英語では、中1から日本語を使わないオールイングリッシュの授業を展開し、大量の英語に触れる環境のなかで英語を英語のまま理解できる力を身につけます。

BYOD（Bring Your Own Device）で生徒が自由に持ちこんだICT機器も利用しながら、幅広い学びを土台に、ディスカッションする力やプレゼンテーション力を高め、どのような社会の変化にも対応できる力を育てます。

▼SCHOOL DATA▼

- ▶東京都世田谷区宮坂1-5-30
- ▶東急世田谷線「宮の坂」徒歩4分、小田急線「経堂」徒歩8分
- ▶女子のみ720名
- ▶03-3420-0136
- ▶https://www.ohyu.jp/

大妻中学校

東 京
千代田区

女子校

社会で50年輝き続ける女性の育成

努力を積み重ねることをいとわない校風

1908年に大妻コタカが創立した家塾を前身とする大妻中学校。校訓「恥を知れ」は自分を振り返り戒める言葉。「自律と自立の精神」「協働の心」「確かな学力」「社会とつながる」の4つの資質を身につけ、知性と品性を備えた「社会で50年活躍する女性」を育成しています。入学後、まず、小テストや予習・復習の指導で学習習慣を身につけることに主眼をおきます。全教科をバランスよく学び、高2から4つの類型に分かれ、国公立大学・私立大学の文系・理系にそれぞれ対応しています。

中3から本格的に進路指導がスタートし、高1のオリエンテーション合宿では各自の夢を語りあいます。大学の先生による模擬講義や先輩の合格報告会など、進路に対する意識を高める機会が多く設けられています。2022年度卒業生の現役合格実績は、国公立大学30名、早慶上理102名、G-MARCH264名と、難関大学に多くの合格者をだしています。

クラブ・行事だけでなく模擬国連もICTも

100名を超える実行委員が支える文化祭、迫力の応援団が盛り上げる体育祭など、生徒主体で学校行事が行われています。また、クラブ活動もさかんでバトントワリング部・マンドリン部は全国大会で活躍しています。

模擬国連にも積極的に参加し、2020年には全日本高校模擬国連大会において2年連続優秀賞に輝き、ニューヨーク国際大会への日本代表派遣が決まりました。また、海外研修・学期留学などグローバルな舞台でコミュニケーション力を磨く機会が多く、英語だけでなく、希望者には中国語講座も開講しています。

ひとり1台タブレットを持ち、授業だけでなく自学自習でも活用しています。中1〜高2は希望者に、高1・2は情報の授業でプログラミングを学習します。学校情報化優良認定校にも指定されています。

▼SCHOOL DATA▼

- ▶東京都千代田区三番町12
- ▶地下鉄半蔵門線「半蔵門」徒歩5分、JR線・都営新宿線・地下鉄有楽町線・南北線「市ヶ谷」徒歩10分
- ▶女子のみ855名
- ▶03-5275-6002
- ▶https://www.otsuma.ed.jp/

大妻多摩中学校

学年約150名の小規模制で「個」を大切にした指導を実施

創立80周年を迎えた大妻学院が先進的な教育を行う目的で1988年に設置した学校で、豊かな自然と広大なキャンパス、整った教育環境が魅力です。110年以上つづく伝統の女子教育を大切にしつつ、3つのCALL教室での少人数制英語授業や5つの実験室を活用した実験・観察の授業を多数実施。また、生徒は教科融合型授業や探究活動にも積極的に取り組んでいます。国際教育にも力を入れており、中2全員でオーストラリアに行く「グローバル・キャリア・フィールドワーク」のほか、希望者は世界6カ国から選択可能なターム留学に参加することもできます。

加えて2020年度入学生より中2以降、英語が得意な生徒を集めた「国際進学クラス」を設置。さらなる英語力向上をめざします。

伝統の中高一貫女子進学校

大妻多摩中学校には系列の大妻女子大学への推薦枠がありますが、他大学受験をする生徒が多く、進学校であるといえます。学校では、全員を受験生ととらえ、一人ひとりに実力をつけさせ、さまざまなかたちで受験補習を行うなど、意欲のある生徒をあと押しする体制が整っています。毎年多くの進学実績をだし、昨年度は東京外国語大学、東京農工大学を含む国公立大学に12名、早慶上理に22名、医学部医学科をはじめとした医療系に51名など、多数が現役合格しています。

小規模校ならではのていねいな指導

毎年、卒業生の約半数が国公立大学、早慶上理、G-MARCHのいずれかに合格していますが、猛スピードの先取り型つめこみ教育や上位者だけに特化したクラス編成はとらず、1学年150名の規模をいかし、全員をていねいに指導するのが教育方針です。最初に勉強の仕方や楽しさを時間をかけて教え、高校進学後は各自の進路選択をサポートし、最終的には自立した学習ができることを目標とします。

▼SCHOOL DATA▼

- ▶東京都多摩市唐木田2-7-1
- ▶小田急多摩線「唐木田」徒歩7分
- ▶女子のみ444名
- ▶042-372-9113
- ▶https://www.otsuma-tama.ed.jp

大妻中野中学校

東京
神奈川
千葉
埼玉
茨城

「世界の扉」を開く国際教育

大妻中野中学校は、これからの「グローバル社会の中で、輝く女性」を育てることをめざし、「自律・協働・貢献」をモットーに6年間の一貫教育を行う女子校です。このモットーのもと、生徒の「Challenge（挑戦）」「Construct（構築）」「Create（創造）」といった行動をうながすために、自由参加型の多様なプログラムを用意しています。加えて、海外帰国生と国内生がいっしょにつくりだす国際色豊かな学校環境のなかで、将来につながる「世界の扉」を見つけられます。

SGHネットワークに参加

2002年度から、海外帰国生受け入れを行ってきた大妻中野。2015年度～2019年度に文部科学省より、グローバルリーダーの育成のための教育を行うスーパーグローバルハイスクール（SGH）アソシエイト校の指定を受け、さまざまな国際教育を実践してきました。このような取り組みは現在もつづけら

れ、国際教育に注力する全国の高校・中高一貫校を中心に、SGHの成果の普及とさらなるグローバル人材の育成を進めるSGHネットワークに参加。ほかの参加校だけでなく大学とも連携や交流をとおして、大妻中野におけるこれまでの成果を継続・発展させています。

途中変更もできる2コース制

大妻中野では、幅広い教養を養う「アドバンストコース」と、英語のほか、フランス語が必修の「グローバルリーダーズコース（GLC）」の2コース制をとっています。GLCは国内生と海外帰国生がいっしょに学んでおり、コースは中3以降進級時に変更可能です。

両コースとも生徒の発達段階に応じた独自の海外研修や、20を超える海外提携校への留学プログラムなど、生徒が海外に目を向ける機会が多くあります。とくに、ここ数年で約40名の生徒が3カ月から1年間の留学をしています。

▼ SCHOOL DATA ▼

- ▶ 東京都中野区上高田2-3-7
- ▶ 西武新宿線「新井薬師前」徒歩8分、JR線・地下鉄東西線「中野」徒歩10分
- ▶ 女子のみ739名
- ▶ 03-3389-7211
- ▶ https://www.otsumanakano.ac.jp/

海城中学校

あ行
か行
さ行
た行
な行
は行
ま行
や行
ら行
わ行

「新しい紳士（ジェントルマン）」を育成する

海城中学校では、「国家・社会に有為な人材の育成」という建学の精神のもと、「リベラルでフェアな精神をもった新しい紳士」の育成に取り組んでいます。

海城が求める理想の人物像は、人間力と学力がバランスよく身に備わった人間です。しかもそれらは、その時代その時代が要請する「新しい人間力」と「新しい学力」をそれぞれ含み持っていなければなりません。

では、グローバル化が進み、価値観が多様化している現代社会において求められる「新しい人間力」・「新しい学力」とはなんでしょうか。海城では、異質な人間同士が深くかかわって生きていき、お互いのよいところを引き出しあって創発を生みだす「共生」と「協働」の能力が「新しい人間力」の中心であると見定め、仲間と協力して課題を克服する「プロジェクト・アドベンチャー」や演劇的手法を用いた「ドラマエデュケーション」といった体験学習をとおして、これらの能力を育

成しています。

また、「新しい学力」である「課題設定・解決型の学力」を、探究型の社会科総合学習や実験・観察に重きをおいた理科の授業をとおして育てています。

国際理解教育

2011年度から帰国生の受け入れを本格的に開始したことにともない、2012年度よりグローバル教育部が発足しました。同教育部では、①帰国生の支援のほか、②高い英語力を備えている生徒の英語力保持・増強、③在学中の海外研修・留学支援、④海外大学進学支援（SAT・TOEFL対策講座／海外大学進学カウンセリング等）を積極的に行っています。

現在、中学3年の春休みと高校1・2年の夏休みに各30人の海外語学研修を実施。また、2016年度からは高校1年の3学期の1学期間をカナダの公立高校で過ごす短期留学も行っています。

▼ SCHOOL DATA ▼

- ▶ 東京都新宿区大久保3-6-1
- ▶ JR線「新大久保」徒歩5分、地下鉄副都心線「西早稲田」徒歩8分、JR線「大久保」徒歩10分
- ▶ 男子のみ994名
- ▶ 03-3209-5880
- ▶ https://www.kaijo.ed.jp/

開成中学校

多様な人材を育む伝統校　2023年夏、新校舎完成

幕末の進歩的知識人で、遣米・遣欧使節団にも加わった佐野鼎により、1871年に創立された伝統校である開成中学校。社会のさまざまな分野のリーダーや、新たな世界を切り開く挑戦者を輩出してきました。

創立150周年記念事業として、グラウンドの人工芝化や高校新校舎建築が進められています。グラウンド人工芝化や普通教室棟はすでに完成し運用を開始しており、2023年夏には、学生ホール（食堂）・図書館・特別教室や実習室などを含めたすべての新施設が完成します。新しい校舎で始まる生徒活動や教育活動は、開成の未来を、新しい伝統をつくることでしょう。

「開成」が意味するもの

開成の校名は、中国の古典「易経」にある「開物成務」に由来し、人間性の開発によって社会に貢献する事業を成し遂げることを意味しています。また校章は「ペンは剣よりも強し」を図案化したもので、開成の校風を象徴するものとなっています。

進取の気性・自主自律の精神は、初代校長・高橋是清のもとで確立され、自由かつ質実剛健の気風のなかで現在も継承されています。

たとえば勉学においては、授業のなかで与えられるものを受け身の姿勢で吸収するだけでなく、生徒自ら学び取っていく姿勢が求められます。授業のカリキュラムは担当者により独自のものが用意され、幅広く深い内容のものばかりで、生徒は質問や発言をつうじてともに「生きる授業」をつくり上げています。

また部活動や学校行事（運動会・文化祭・修学旅行）など課外活動では、準備・企画・運営や後輩指導も含めて、あらゆる場面において生徒中心に進められます。

開成では、学校生活をとおして、「知・心・体」のバランスの取れた成長（＝開物）をうながし、他者や社会への貢献（＝成務）を実現できる人材の育成をめざしています。

▼SCHOOL DATA▼

- ▶東京都荒川区西日暮里4-7-7
- ▶JR線、地下鉄千代田線、日暮里・舎人ライナー「西日暮里」徒歩3分
- ▶男子のみ915名
- ▶03-3822-0741
- ▶https://kaiseigakuen.jp/

開智日本橋学園中学校

夢を実現するための学力と人間力を養う

「6年あるから夢じゃない!!」を合言葉に2015年に誕生した開智日本橋学園中学校。

「世界中の人々や文化を理解、尊敬し、平和で豊かな国際社会の実現に貢献するリーダー」の育成をめざしています。

開智日本橋学園では、中1から3つのコースに分かれて学んでいきます。

GLC（グローバル・リーディングコース）は、すでに英語力がじゅうぶんにある生徒のコースで、海外の大学を視野に入れている生徒が多く在籍しています。DLC（デュアルランゲージコース）とLC（リーディングコース）は、どちらも英語を中学から本格的に勉強し、国内・海外の大学を目標としています。なかでもDLCは英語で学ぶ教科も多く、より英語力を伸ばしたい生徒が在籍しています。

いずれのコースも探究型・協働型授業が実施されており、世界標準の国際バカロレアの教育プログラムを利用し、日本の学習と国際バカロレアのハイブリッドで、授業はもちろん学園生活すべてが展開していきます。中高6年間、国際バカロレアの教育を体験できる数少ない都心の学校のひとつです。

さまざまな力を伸ばす探究学習

すべてのコースで教員の3割以上を占めるネイティブ・バイリンガル教員による本格英語教育も進めています。また、どのコースにも共通する特徴的な学びとして探究学習があげられます。フィールドワークを行いながら課題に対する結論を導きだす取り組みで、中学生はグループで、高校生は個人で探究を進め、高2は海外で現地の大学生にそれまでの成果を発表します。探究学習で大切なのは結論ではなく、どのように考え、調査、実験、検証したのかという過程です。こうした経験が主体性や創造性、発信力、課題解決能力といった力を伸ばしていきます。

6年間の「創造的な学び」により、学力と人間力を育てる開智日本橋学園です。

▼SCHOOL DATA▼

- ▶東京都中央区日本橋馬喰町2-7-6
- ▶JR線・都営浅草線「浅草橋」・JR線「馬喰町」徒歩3分、都営新宿線「馬喰横山」徒歩7分
- ▶男子175名、女子304名
- ▶03-3662-2507
- ▶https://www.kng.ed.jp/

かえつ有明中学校

21世紀型グローバル人材を育成

　正解のない問いにいかに答えを見出すか。欧米型の教育が求められ、日本の大学入試も思考力重視に切り替わるなか、かえつ有明中学校では、2006年の共学化の折から、思考力を育むオリジナル科目の「サイエンス科」をつづけています。サイエンス科では、3年間の教育プログラムが確立されており、だれもが思考力・判断力・表現力が身につく内容になっています。そして、このサイエンス科の授業の担当者は、毎週集まって勉強会をし、そのプログラムは日々進化しています。

　また、帰国生が多いのも特徴で、その総数は6学年で約350名。国際色豊かで、グローバルが「ふつう」と言えるような環境が広がっています。

　そのおかげもあって、帰国生でない生徒たちも世界への意識が高く、英語の学習にも熱心に取り組んでいます。また、日常的に多様な価値観に触れることで、幅広い人間性が育まれるという側面もあります。

　さらに、全教科的にアクティブラーニングの取り組みを行う一方で、モデルコアカリキュラムをつくり、すべての生徒が高3までに身につける知識と資質・能力を明示しているのもかえつ有明の大きな特徴のひとつです。

多様性のある社会で生きるために

　グローバル社会で生きるために大切な力として、コミュニケーション能力があげられますが、かえつ有明では、多様な価値観を持った仲間とともに探究し、議論を行い、協働する場面が数多くあります。

　そうした活動で重要なのが、安心安全の学びの場であることです。発言を強要されることはなく、また、否定されることを恐れず発言できる、そんな環境を生徒と教員でつくりあげています。そのためにも、教員は共感的コミュニケーション（NVC）やマインドフルネスなどについて校内研修等の時間で積極的に学んでいます。

▼ SCHOOL DATA ▼

- ▶ 東京都江東区東雲2-16-1
- ▶ りんかい線「東雲」徒歩8分、地下鉄有楽町線「辰巳」徒歩18分、地下鉄有楽町線・ゆりかもめ「豊洲」バス
- ▶ 男子319名、女子289名
- ▶ 03-5564-2161
- ▶ https://www.ariake.kaetsu.ac.jp/

学習院中等科

個性と可能性を伸ばすきめ細かな指導が魅力

　学習院の創建は1847年、公家の学問所としての開講でした。多くの支持者を持つ、そのつねに変わらぬ教育風土は、「自由と倫理」の精神によって特徴づけられています。自由を尊ぶ気持ちは独立性、創造性へとつながり、倫理性は、その自由を放縦に走らせず、個性ある人材を育てます。教育目標は「ひろい視野、たくましい創造力、ゆたかな感受性の実現」です。学習院中等科では中学時代を、自分がどのような人間であるのかを自覚し、自分のなかに可能性を見つけ、個性を育むための準備をする時期であるととらえ、そのあと押しをする教育を行っています。

将来のいしずえとなる力を育む

　各教科の授業内容や指導は、中高で綿密に連絡を取ることで、合理的かつ効果的なカリキュラム編成になっています。授業では独自のテキストやプリント、資料集、問題集などを使い、少人数制や習熟度別の授業を取り入れたきめ細かな指導が行われています。

　そして、長距離歩行や沼津游泳、東北自然体験などの行事や、運動部・文化部合わせて20以上あるクラブ活動をとおして生徒はたくましく成長していきます。

　高等科では中等科で芽生えた個性や可能性をさらに伸ばしていきます。高等科に進むと、教科書にとらわれない、さらに高度な内容の授業が実施され、高2・高3では多彩な選択科目が設けられます。協定留学制度や公認留学制度もあり、これからの国際社会へ羽ばたく生徒を支援しています。

　学習院大学へは毎年約50％の生徒が推薦により進学していきます。その一方で他大学受験を応援する体制も整えられています。

　生徒の興味・関心に応え、学ぶ心、探究する心を育てる魅力的な教育を行っている学習院。個性や可能性を伸ばしながら、大学進学だけでなく、将来のいしずえとなる力を養うことができる学校です。

▼ SCHOOL DATA ▼

- ▶ 東京都豊島区目白1-5-1
- ▶ JR線「目白」・地下鉄副都心線「雑司が谷」徒歩5分
- ▶ 男子のみ591名
- ▶ 03-5992-1032
- ▶ https://www.gakushuin.ac.jp/bjh/

学習院女子中等科

東京 新宿区 女子校

未来を切り拓く力を育てる

ダイヤモンドの原石を磨きあげる

　都心にありながらも緑豊かなキャンパスを持つ学習院女子中等科。学習院女子というと、その前身が1885年に設立された「華族女学校」であることから、特別なイメージを抱くかたもいらっしゃるかもしれません。

　しかし、現在の学習院女子は伝統を大切にしつつも、ごくふつうの私学として、また優秀な大学進学実績が表すように、女子進学校として着実にその名を高めている学校です。

　ダイヤモンドの原石である生徒の能力を磨きあげるとともに、生徒一人ひとりの個性を引き出し、伸ばす教育を実践しています。

　中高一貫の学習院女子は、6年間をひとつの流れとして、中1・中2は基礎課程、中3・高1は応用課程、高2・高3は発展課程と位置づけ、無理なく高い教育効果をあげています。

　国語・数学・英語は基準時間数より多く、体育や芸術などについてもバランスよく配分されています。高2・高3では、文理コースを設定し、生徒一人ひとりの進路に応じた科目を学習することが可能です。

　中1・中2では教科によって少人数制授業を採用しています。英語は6年間一貫して分割授業を行い、口頭練習や口頭発表の機会も多く設けています。

異文化理解への積極的姿勢

　早くから国際理解教育に取り組んできた学習院女子では、留学や海外研修旅行もさかんです。

　帰国生の受け入れにも熱心で、海外生活経験者の数は中等科全体の1割程度で、滞在先も欧米、アジアと多様です。異文化体験豊かな生徒と一般生徒が、それぞれの考え方を認めあうプロセスをとおして、異文化理解への前向きな姿勢を養っています。

　「その時代に生きる女性にふさわしい品性と知性を身につける」女子教育を行います。

▼SCHOOL DATA▼

▶東京都新宿区戸山3-20-1
▶地下鉄副都心線「西早稲田」徒歩3分、地下鉄東西線「早稲田」徒歩10分、JR線・西武新宿線「高田馬場」徒歩15分
▶女子のみ619名
▶03-3203-1901
▶https://www.gakushuin.ac.jp/girl/

川村中学校

東京 豊島区 女子校

21世紀に輝く女性をめざして

　1924年創立の川村学園。建学の精神として「感謝の心」を掲げ、生徒一人ひとりを大切に見守り、サポートしつづけています。教育目標は「豊かな感性と品格」「自覚と責任」「優しさと思いやり」です。知・徳・体の調和がとれた学びを実践し、豊かな感性と品格を兼ね備えた女性の育成をめざす川村中学校は、来年創立100周年を向かえます。

川村の特色ある教育

①「考える力」「確かな学力」の育成…2学期制を取り入れ、授業時間数を確保しています。数学・英語は全学年習熟度別授業を導入し、電子黒板等のICT機器を活用し授業を円滑に実施。どんな状況でも「確かな学び」を確保するために遠隔授業も取り入れ学力向上をはかります。また、英検などの検定試験の受験も推奨し、中3までに英検準2級を取得、高校では全員が準1級取得をめざします。
②主体性を育む探究型学習…「総合的な学習の時間」をつうじて、「感謝の心」を基盤とした豊かな人間性を育てています。さらに「生きる力」を養うために、各学年でテーマを設定し、段階的に学習を進めています。
③語学研修プログラム…文法力、読解力を身につけ、自分の考えを積極的に英語で表現することを目標とし、その力をいかして社会で活躍できる人材を育成しています。毎年生きた英語と異文化に触れる機会として中1から「英国語学研修」（希望制）も実施。
④豊かな心と健康な身体を育成…多彩な行事をとおして情操・健康教育に取り組み、校外でのマナー教室のほかに、日々の給食の時間でもマナー指導を行っています。
⑤安全・安心の教育環境…JR山手線目白駅から徒歩1分という緑豊かで閑静な文教地区に位置し、人工芝のグラウンド、そして耐震性校舎には地下温水プール、ダンススタジオ等を完備。年数回、さまざまな危機管理に関する講話や避難訓練を実施しています。

▼SCHOOL DATA▼

▶東京都豊島区目白2-22-3
▶JR線「目白」徒歩1分、地下鉄副都心線「雑司が谷」徒歩7分
▶女子のみ177名
▶03-3984-8321
▶https://www.kawamura.ac.jp/cyu-kou/

神田女学園中学校

多言語教育を行う革新的女子校

130年を超える歴史と伝統を誇る神田女学園。神田猿楽町に位置し、耐震構造を備えた地上7階建ての趣のある校舎には、生徒全員を収容できる講堂や使いやすく工夫された図書館、語学専用スペースのK-SALC、いこいの場となるラウンジなどがあり、都内の女子校でも屈指の教育環境が整っています。

神田女学園中学校はグローバルクラスのみの募集、教科の枠を越えて実社会での最適解を探究する「探究型の学び」の実践や英語以外の言語も学ぶ「トリリンガル教育」、他に類のないダブルディプロマプログラム（DDP）を導入しています。

英語がいつも身近に

ホームルームはネイティブ教員と日本人教員のチーム担任制で、連絡事項などはネイティブ教員が英語で伝えることもあり、英語が日常的に使用される環境が整っています。中3からはフランス語・中国語・韓国語から1科目を選択するトリリンガル教育も始まり、多様性についての理解も深めていきます。

中学3年間の成果を確かめる希望制の「ニュージーランド短期留学」で、それまで培ってきた英語力を活用し、英語学習のモチベーションをさらに高めます。また高1からのDDPや長期留学に備え、高いレベルの英語指導や本格的なK-SALCレッスンを行っています。

知識×語学×探究

神田女学園の教育内容は、言語運用能力の向上と探究型の学びをベースとしています。

新しい放課後学習システム「SAMTB」を利用した基礎学力の育成、トリリンガル教育を中心とする語学教育、答えのない問いに自分なりの答えを見つけだす「探究型の学び」、これらを効果的に融合し、独自の教育を行っています。すべての教育活動において生徒主体で取り組み、自分のドラマを自分でデザインしていく革新的な女子校といえるでしょう。

▼ SCHOOL DATA ▼

- 東京都千代田区神田猿楽町2-3-6
- JR線・都営三田線「水道橋」、地下鉄半蔵門線・都営三田線・都営新宿線「神保町」徒歩5分
- 女子のみ132名
- 03-6383-3751
- https://www.kandajogakuen.ed.jp/

吉祥女子中学校

社会に貢献する自立した女性の育成

JR中央線に乗っていると、吉祥寺〜西荻窪駅間で北側に、赤いレンガづくりの校舎が目印の吉祥女子中学校が見えてきます。創立は1938年。卓越した独自カリキュラムにより、優秀な大学進学実績をあげる学校として知られています。

吉祥女子では、「社会に貢献する自立した女性の育成」を建学の精神に掲げ、自由ななかにも規律があり、互いの価値観を尊重しあう校風のもと、一人ひとりの個性や自主性が発揮されています。

学習意欲を引き出すカリキュラム

学習意欲を引き出す独自のカリキュラムに基づき、思考力や創造性、感受性を育成しています。授業では、生徒の知的好奇心を刺激する内容を数多く取り入れているのが特長です。主要科目は時間数を多くとり、ハイレベルな教材を使用しています。

国語では、調べ学習や小論文、レポート指導などを重視し、幅広く知識を身につけます。理科では実験を多く取り入れ、こちらもレポート指導に力を入れています。英会話では、クラスを2分割し、日本人とネイティブの先生による少人数授業を行っています。また、数学と英語では週1回の補習を実施します。

高2から文系・理系・芸術系と、進路別にクラスが分かれ、理数系科目では習熟度別授業も行い、進路達成をはかります。

また、進路指導では、生徒が自分自身と向きあい、自分にふさわしい生き方を見出すことができるようなプログラムが組まれていることも特長です。

中学では、「進路・生き方に関するプログラム」を組み、人間としてどう生きるかを見つめ、将来像を掘り起こす指導をしています。

高校では、各学年ごとに綿密な進路指導を実施。目標とする職業の設定から学部・学科の選択、そして第1志望の決定まで、さまざまな体験を用意しています。

▼ SCHOOL DATA ▼

- 東京都武蔵野市吉祥寺東町4-12-20
- JR線「西荻窪」徒歩8分、西武新宿線「上石神井」バス15分
- 女子のみ732名
- 0422-22-8117
- https://www.kichijo-joshi.jp/

共栄学園中学校

きょう えい がく えん

受け継がれる「至誠一貫」の精神

「『知』・『徳』・『体』が調和した全人的な人間の育成」を基本理念とする共栄学園中学校。建学の精神「至誠一貫」には「いかに困難な時代でも至誠（至高の誠実さ）の心を一生涯貫く」という意味がこめられています。

「3ランク上」の進路実現をめざす

共栄学園では、入学時の学力から「3ランク」上の大学への現役合格をめざし、発達段階に応じた適切な指導を実施しています。

まず中学では「特進クラス」と「進学クラス」の2コースに分かれます。授業進度は変えずに、それぞれであつかう内容の深さを変えながら授業を行います。高校受験がないので学問的に追究した勉強を進めることができ、生徒全員が持つタブレット端末と教室据えつけの電子黒板を活用して、学問のおもしろさを感じられる授業が行われています。高校では「未来探究」「理数創造」「国際共生」「探究特進」「探究進学」の5コースに分かれて、放課後や長期休暇中に行われる補習、動画配信型の教材などで学習面のフォローを行い、困難な時代に立ち向かう力を身につけます。

「文武両道」をモットーとしており、部活動や行事にも力を入れています。部活動は優秀な成績を残す部も多く、女子バレーボール部やダンスドリル部、少林寺拳法部が全国を舞台に活躍しています。また、新たにe-sports部が設立されるなど、多くの生徒が勉強と両立させながら練習に励んでいます。

共栄祭（文化祭）・体育祭・合唱祭のほか、中2で行われる体験型英語学習プログラムの「K-sep」、3年間をつうじて環境問題やSDGsについて考える「尾瀬、谷津干潟、釧路湿原への校外学習」など、多くの行事が生徒を成長させます。「K-sep」では、学習してきた英語を実践的に使う初めての機会として、英会話へのハードルを下げることを目的にしています。中3は授業でオンライン英会話が実施されるなど、語学教育にも注力しています。

▼ SCHOOL DATA ▼

- ▶ 東京都葛飾区お花茶屋2-6-1
- ▶ 京成本線「お花茶屋」徒歩3分
- ▶ 男子67名、女子131名
- ▶ 03-3601-7136
- ▶ https://www.kyoei-g.ed.jp/

暁星中学校

ぎょう せい

深い教養・高い倫理観・広い視野

1888年、カトリックの男子修道会マリア会によって創立された暁星中学校。その教育理念は「キリストの愛」そのものです。

暁星では、宗教教育や生活指導をとおして、①厳しさに耐えられる人間、②けじめのある生活のできる人間、③他人を愛することのできる人間、④つねに感謝の気持ちを持つことのできる人間づくりをめざしています。

英語とフランス語が必修

中高6カ年一貫教育を行う暁星では、一貫したカリキュラムにのっとって授業を展開しています。中学では基礎学力の充実をめざすとともに、グレード別授業や先取り授業も実施しています。

高2からは文系・理系に分かれ、さらに高3では志望コース別に分かれます。

習熟度別授業やそれぞれの進路に応じたクラス編成を実施しているだけでなく、少人数による授業や、課外講習、添削指導を行い確実に成果をあげています。

また、定期試験のみならず、中1から高3までの学力の推移をはかるため実力試験も実施し、中だるみや苦手科目の発見、克服に役立てています。

暁星は語学教育も特徴で、中1から英語とフランス語の2カ国語を履修します。英語では4技能の習得をめざし、オンライン英会話、エッセイライティングなどに取り組んでおり、2020年度からは学習アプリも導入されています。またネイティブの教員からより実践的に外国語を学ぶことができます。

第1外国語にフランス語を選択するコースは「エトワールコース」と称され、フランス語での他教科（社会科）学習も行われます。

キャリア教育をとおして生徒のモチベーションを高めることで、毎年、東京大学をはじめとした国公立大学や、早稲田大学、慶應義塾大学などの難関私立大学へ多くの卒業生を送りだしています。

▼ SCHOOL DATA ▼

- ▶ 東京都千代田区富士見1-2-5
- ▶ 地下鉄東西線ほか「九段下」徒歩5分、JR線ほか「飯田橋」徒歩8分
- ▶ 男子のみ528名
- ▶ 03-3262-3291
- ▶ https://www.gyosei-h.ed.jp/

共立女子中学校

東京 千代田区 / 女子校

時代を超えて "輝き、翔ばたく女性" を育成

共立女子中学校は、1886年の創立以来、自立して社会で活躍できる女性の育成をめざしてきました。「誠実・勤勉・友愛」を校訓とした教育は、長年培った伝統を継承しながら、時代に応じた柔軟性も持ちあわせています。

4＋2体制によるカリキュラム

どの教科にも相当の時間数を割き、知識と教養の幅を広げることで、まずは発展性のある確かな基礎学力を4年間でつくりあげます。

国数英では中学段階から少人数制や習熟度クラスを採用し、きめ細やかな指導がなされています。また、中1から少人数制で国語表現の時間を独立して設け、記述力やプレゼンテーション力を磨いていきます。実技系科目は本格的な内容に取り組むことで技術習得と同時に教養も深めます。

加えて、生徒全員が英語に親しめるよう、語学や異文化を学べるランゲージスクエアの開設、ネイティブスピーカーとのオンライン英会話課題（中1～中3）、ブリティッシュヒルズ研修（高1）といったプログラムも用意。希望者には、イングリッシュシャワー（中1～中3）や各国海外研修（中1～高2）、約9週間のターム留学（高1）など、世界への飛躍をめざせる環境も整えられています。

探究学習では率先してそれぞれの役割を果たす「共立リーダーシップ」を身につけ、自分と他者の長所を認める姿勢を養います。

気品ある女性を育む

グローバル社会だからこそ日本文化の精神を理解し、自然で美しい振る舞いを身につけることを大切にする共立女子。隔週で3年間、正式な小笠原流礼法を学びます。

中1で基本動作、中2で日常生活での作法、中3で伝統的なしきたりとしての作法というように、女性として身につけておきたい作法を学びます。美しい礼のかたちを学び、思いやりのある豊かな心を育んでいきます。

▼ SCHOOL DATA ▼

- ▶ 東京都千代田区一ツ橋2-2-1
- ▶ 都営三田線・新宿線・地下鉄半蔵門線「神保町」徒歩3分、地下鉄東西線「竹橋」徒歩5分
- ▶ 女子のみ980名
- ▶ 03-3237-2744
- ▶ https://www.kyoritsu-wu.ac.jp/chukou/

共立女子第二中学校

東京 八王子市 / 女子校

「セルフリーダーシップ」を発揮できる女性を育む

めざす3つの女性像

八王子の丘陵地に広大な充実のキャンパスをかまえる共立女子第二中学校。共立女子学園の建学の精神は「女性の社会的自立」、校訓は「誠実・勤勉・友愛」です。

共立女子第二では3つの女性像「豊かな感性を身につけた女性」「自ら考え、発信できる女性」「他者を理解し、共生できる女性」を掲げ、大学附属校の利点である進学保証システムを土台に、充実した施設・設備と豊かな自然環境で、「セルフリーダーシップを発揮し自分らしく生きる女性」を育てます。

学びの特徴・キャンパス・制服

中学校では、幅広い教養の核となる、多様な体験を重視した教育をとおして、思考力や表現力・健全な判断力を育み「人間の根幹」をしっかりきたえることを重視しています。

高校では、「特別進学」・「総合進学」・「英語」・「共立進学」の4コースを設置し、きめ細かく生徒の進路志望に応えます。また、高大接続改革の検討開始に合わせて英語4技能総合型授業がスタート、生徒自身が能動的に英語を活用する授業を実践しており、中学3年次までに英検準2級以上を取得する生徒も少なくありません。高校ではターム留学やニュージーランドホームステイのプログラムも整っています。

キャンパスには、蔵書6万冊の図書館をはじめ、少人数授業に対応する多数の小教室、生徒の憩いの場となるオープンスペースや自習室、食育の場となる食堂など、伸びのびと学べる環境が整います。制服は、デザイナーズブランド「ELLE」とのコラボレートによる清楚でおしゃれな装いになっています。

社会のニーズに応えさまざまな改革を行い、豊かな感性と情操を育む共立女子第二。恵まれた環境で送る中高6年間の学園生活は、明るく優しい生徒を育てています。

▼ SCHOOL DATA ▼

- ▶ 東京都八王子市元八王子町1-710
- ▶ JR線「八王子」、JR線・京王線「高尾」ほかスクールバス
- ▶ 女子のみ248名
- ▶ 042-661-9952
- ▶ https://www.kyoritsu-wu.ac.jp/nichukou/

慶應義塾中等部
けいおうぎじゅく

「独立自尊」の思想を重視

慶應義塾大学三田キャンパスの西隣に、慶應義塾中等部はあります。1947年に設立、福澤諭吉が提唱した「独立自尊」「気品の泉源」「智徳の模範」の建学の精神に則って、誇り高き校風を形成してきました。とくに重視されるのが独立自尊の思想です。「自ら考え、自ら判断し、自ら行動する」と現代風に言いかえられ、教育理念の要ともなっています。

それを端的に表すのが、禁止事項の少なさです。服装は、基準服が定められていますが、制服はありません。中学生にふさわしい服装とはどんなものかを自ら判断する自発性と主体性が求められます。

校則でしばらず、生徒の自主的な判断にまかせるという教育により、伸びやかでしなやかな自立の精神を学んでいきます。

私学の雄へのパスポート

慶應義塾大学を頂点とする進学コースのなかで、中等部を卒業すればほぼ全員が慶應義塾内の高等学校に推薦により進学し、さらに大学へと道が開かれています。

慶應義塾内でのきずなは強く、六大学野球の慶早戦の応援など、多彩な行事が用意されています。

創立以来の伝統ある共学教育により、数多くの人材の輩出をもたらしています。幼稚舎（小学校）からの進学者を合わせ、1学年は約240名。男女比はおよそ2対1ですが、人数の少ない女子の元気さもめだちます。

オールラウンドに学ぶ姿勢が強調され、学科や科目に偏りをなくし、さまざまな学問の基礎を身につけることが求められます。そこには、自らの可能性を発見するために、多くの経験を積ませたいという学校の想いもうかがえるのです。

学校行事やクラブ活動もさかんで、生徒たちも熱心に取り組んでいます。慶應義塾中等部での体験は、きっと人生の財産となっていくことでしょう。

▼SCHOOL DATA▼

- ▶東京都港区三田2-17-10
- ▶JR線「田町」、都営浅草線・三田線「三田」、地下鉄南北線「麻布十番」徒歩10分、都営大江戸線「赤羽橋」徒歩15分
- ▶男子443名、女子289名
- ▶03-5427-1677
- ▶https://www.kgc.keio.ac.jp/

京華中学校
けいか

ネバーダイの精神で未来をたくましく

京華中学校は、126年の歴史と伝統をいしずえに、「一人ひとりの個性を輝かせる」教育とネバーダイ（やり抜く力の醸成）の精神を基盤に、教育の指針を「好きなことに挑戦し、『自信』を身につけることで、『主体性』を育むこと」「自分とは異なる他者を受け入れ、より別種の思考を取り入れ、『一人ひとりのちがい』に目を向けることで、本質的な『多様性』を育むこと」「さまざまな集団において、お互いに意見を伝えあい、人の価値観や考えを理解する力を身につけるなかで、個々の『コミュニケーション能力』を育むこと」においています。

無限大の未来を実現する教育

進学校として、個々の志望に応じた指導を行う京華。生徒の可能性を引き出し、育てるさまざまな教育システムが整っています。

Chromebookを導入し主要教科を徹底指導。標準単位よりも多くの授業時間を設定し、じっくりと学べる環境を整えています。

効率のよい学習を支援するコース制プログラムでは、入学時より「特別選抜クラス」と「中高一貫クラス」のふたつのコースに分かれ、中2より「国際先進クラス」を加え、高1からは「S特進コース」「特進コース」「進学コース」へ分かれます。

学力・志望に応じたきめ細かい指導は、数学の2分割授業でもみられます。数学では、実践的な問題演習の数学ゼミを実施し、授業の内容をさらに深め、基本的な計算問題から発展問題へと無理なく演習を進めます。英語では、英語B（国際先進クラスでは英語A・B）でオールイングリッシュの授業を展開し、英語4技能5領域※を身につけていきます。

そのほかにも、「放課後キャッチアップ講座」や「検定試験対策講座」「英語4技能目標スコア別トレーニング」「Z会添削」卒業生による「ティーチングサポーター制度」など、独自の教育が光ります。

※「読む」「聞く」「書く」「話す（やり取り）」「話す（発表）」

▼SCHOOL DATA▼

- ▶東京都文京区白山5-6-6
- ▶都営三田線「白山」徒歩3分、地下鉄南北線「本駒込」徒歩8分
- ▶男子のみ634名
- ▶03-3946-4451
- ▶https://www.keika.ed.jp

京華女子中学校
けい　か　じょ　し

東京
文京区

女子校

2024年、新校舎への移転で「先進的な女子校」へ

京華女子中学校は、2024年に新校舎が完成し、京華女子高校とともに、京華中学校・高校、京華商業高校がある京華学園本部キャンパスに移転します。移転により、授業や学級活動は女子校の校舎で自分らしく伸びのびと行いながら、必要に応じて男子とともにイベントや部活動などに取り組めるようになります。「女子校と共学校のいいとこどり」によって「先進的な女子校」に進化していきます。

京華女子の教育方針

京華女子では「共感力・グローバル力・学力」の3つの柱を教育方針とし、21世紀を生きる「賢い女性」の育成をめざします。

「共感力を育てる」…従来から実施している独自のEHD（Education for Human Development）の授業では、ボランティア体験のほか箏曲・茶道・華道・日本舞踊など日本の伝統文化の体験もします。「他者」を知り、日本のことを知る柔軟で多彩な教育内容により、世界を舞台に発信できる力を養います。

「グローバル力をみがく」…英語を重視したカリキュラムで、英検受験に全員で取り組んでいます。中学修了時の目標は準2級です。全員参加の中1「イングリッシュキャンプ」、中3「海外研修旅行」に加え、高校では希望者対象の「オーストラリア夏季海外研修（2週間）」「セブ島語学研修（2週間）」「ニュージーランド中・長期留学」、1年間の留学単位認定制度などを用意。英語以外にも中国語またはフランス語の授業も週1時間あります。豊かな英語力と異文化理解によりグローバルな視野をもつことができます。

「学力を高める」…少人数で生徒一人ひとりに向きあったきめ細やかな指導を実施します。全教室に電子黒板を完備し、生徒ひとりに1台のタブレットを貸与するなど、ICT教育にも力を入れています。アクティブラーニングやプレゼンを行うことで、積極的な学習姿勢や自ら考え行動する力を養います。

▼ SCHOOL DATA ▼
- 東京都文京区白山5-13-5
- 都営三田線「千石」徒歩5分、地下鉄南北線「本駒込」徒歩8分、JR線ほか「巣鴨」徒歩15分、地下鉄千代田線「千駄木」徒歩18分
- 女子のみ144名
- 03-3946-4434
- https://www.keika-g.ed.jp

恵泉女学園中学校
けい　せん　じょ　がく　えん

東京
世田谷区
女子校

自ら考え、発信する力を養う

恵泉女学園中学校は、キリスト教信仰に基づき、自立した女性、自然を慈しむ女性、広く世界に心を開き、平和の実現のために尽力する女性を育てたいという願いのもとに、河井道が創立しました。

その実現のために恵泉女学園では、思考力と発信力の育成に力をそそいでいます。

週5日制で、土曜日はクラブ、課外活動、特別講座、補習などがあります。高2からは豊富な選択科目があり、自分の進路に合ったカリキュラムを組んでいきます。

「考える恵泉」を支える施設設備と「英語の恵泉」

広大なメディアセンターは生徒の自立的学習を支える情報センターです。図書館の機能のほかに、コンピュータ教室、学習室などを含み、蔵書数は9万冊を超えます。

理科では6つの理科教室を使い、実験を重視し、レポートの添削をていねいに行っています。

英語では直しノート添削や補習などのきめ細かい指導により、まず基礎力を固めます。その後、プレゼンテーションの機会や英文エッセイの添削推敲などによって、生徒は発信力を身につけていきます。その結果、37名が英検準1級に合格、中学生で2級を取得する生徒も44名。高2のGTEC平均スコアは952.4（全国平均は781）、うち77名が海外大学進学を視野に入れることのできるレベルに達しています。

校内スピーチコンテストは48年目を迎え、本選に進んだ生徒は外部のコンテストでも毎年上位に入賞しています。

例年、2週間の短期・3カ月・1年留学のほか、アメリカの女子大学生とのコミュニケーション力向上プログラムなど、英語を実際に使う機会も数多く設けられています。

2022年度にはシンガポールの大学生とオンラインで半年間交流したのち、春休みに現地を訪れるプログラムも開始しました。

▼ SCHOOL DATA ▼
- 東京都世田谷区船橋5-8-1
- 小田急線「経堂」「千歳船橋」徒歩12分
- 女子のみ593名
- 03-3303-2115
- https://www.keisen.jp/

啓明学園中学校

東京 昭島市　共学校

世界を心に入れた人を育てる

　啓明学園中学校の教育理念「世界を心に入れた人（Peacemaker）を育てる」にあるPeacemakerとは、世界を体験し、世界を学び、世界の平和のために行動できる人です。異文化を体験し、理解するため、海外体験学習や異文化交流、留学制度などのプログラムが豊富にあります。在校生の3割以上を国際生（帰国生・外国籍の生徒・留学生）が占め、多様な言語や文化を持つ生徒と同じ教室で学び、一般生も自然と国際性が養われていきます。

課題解決に必要な素養を育てる

　中3からの必修授業「Peacemaking Project」では、経済発展と貧困、環境破壊など世界の現状を学びます。そして、生徒自身が課題を発見し、情報を収集・分析し、議論し、解決策を模索します。レポートをまとめ、プレゼンテーションを展開する過程で視野が広がり、論理的な思考力がきたえられて、リーダーシップも育まれていきます。

　英語教育では、「読む・書く・聞く・話す」に「思考力」を加えた5つの能力をバランスよく身につけます。啓明祭（文化祭）では国際生の迫力ある英語ディベートを観戦、2月の英語・外国語スピーチコンテストでは、表現力や実践力、コミュニケーション能力を伸ばしています。2018年に正式加盟した「ラウンドスクエア」の活動も英語学習のモチベーションアップにつながっています。さらに英語1科入試を実施しています。

　また、英語教育とともに、理数教育を大きな柱としています。課題を解決するには理数的な素養も必要だと考えられているからです。その結果は中高生対象の国際的な研究発表会や研究論文コンテストでの入賞などに表れています。科学的な思考力を評価する算数特待入試も行っています。

　UPAA（海外協定大学推薦制度）に加盟しており、英米豪36大学へ推薦入学が可能で、進路の選択肢は海外にも広がっています。

▼SCHOOL DATA▼

- ▶東京都昭島市拝島町5-11-15
- ▶JR線・西武拝島線「拝島」徒歩20分またはスクールバス、JR線「八王子」・京王線「京王八王子」スクールバス、JR線「立川」バス
- ▶男子84名、女子103名
- ▶042-541-1003
- ▶https://www.keimei.ac.jp/

光塩女子学院中等科

東京 杉並区　女子校

「キリスト教の人間観・世界観」を基盤に

　光塩女子学院中等科の校名の由来は新約聖書の言葉、「あなたがたは世の光、地の塩」です。人はだれでも、ありのままで神さまから愛されており、一人ひとりはそのままで世を照らす光であり、地に味をつける塩であること、そのままのあなたがすばらしいことを実感し、他者のために生きることを喜びとする人間として社会に羽ばたくことができるよう、日々の教育が行われています。

一人ひとりを温かく見守る

　一人ひとりを大切にする光塩女子学院では、1学年4クラス全体を6人ほどで受け持つ、独自の「共同担任制」を導入しています。多角的な視点でのかかわりをとおして個性を伸ばすなかで生徒も多くの教師と接する豊かさを体験します。生徒や保護者との個人面談を学期ごとに行うなど、生徒と教師の交流を大切にしているのも大きな魅力です。複数の担任が協力しあいながらクラスの枠を越えて

生徒たちとかかわることで、他者を想う想像力を養います。そして、「そのままのあなたがすばらしい」と実感する自己肯定感を育みます。

理解度に応じた教科指導

　例年多くの生徒が難関大学へ進学する光塩女子学院では、教師がそれぞれの生徒の現状に合わせてきめ細かく学習指導を行います。

　中等科では数学・英語、高校では数学・英語・理科・選択国語などで習熟度別授業を取り入れ、手づくりの教材を活用し、生徒の理解度に合わせた指導が効果をあげています。

　全学年で週1時間の「倫理」の授業があるのも特色です。中等科では、「人間、そしてあらゆる生命との共生」をテーマに、他者も自分も同様にかけがえのない存在であることを認め、共生していくことの大切さを学んでいきます。人間として成長することを重視し、生徒を温かく見守る光塩女子学院です。

▼SCHOOL DATA▼

- ▶東京都杉並区高円寺南2-33-28
- ▶地下鉄丸ノ内線「東高円寺」徒歩7分、地下鉄丸ノ内線「新高円寺」徒歩10分、JR線「高円寺」徒歩12分
- ▶女子のみ482名
- ▶03-3315-1911
- ▶https://www.koen-ejh.ed.jp/

東京

神奈川

千葉

埼玉

茨城

あ行
か行
さ行
た行
な行
は行
ま行
や行
ら行
わ行

晃華学園中学校

女子校

キリスト教的人間観に基づく全人教育

1963年、「汚れなきマリア修道会」を母体として設立された晃華学園中学校。キリスト教的人間観に基づく全人教育を行い、神さまから与えられたタレント（個性・能力）を最大限に伸ばし、知性と品性を磨いて、「人のために人と共に生きる」女性を育てています。「宗教」の授業、行事、ロングホームルーム（LHR）などをとおして "Noblesse Oblige" の精神を培うのは、カトリック校ならではの特色です。

理数・ICT教育も充実の「英語の晃華」

国語・数学・英語に多くの時間を配当して確かな基礎力を養いながら、先取り学習も実施しています。中学から洋書の多読を実践し、高校では授業の3分の1を外国人教員が担当するなど、4技能をバランスよく伸ばす英語教育に定評があります。また、約4割の卒業生が医学系・薬学系を中心に理系に進学していきます。

晃華の進路指導はライフガイダンス

晃華学園の進路指導は、大学選び・職業調べを越えた「ライフガイダンス」です。「善い社会」を実現するために自分のできることを独自の教育プログラムに沿って考えていき、自己実現に向けて勉めています。なかでも、「振り返り」は晃華学園の教育の大きな特徴のひとつ。中学の学びの集大成である「課題研究」の作成、「課題研究」を深化させた高校1年生での「探究論文」の作成をめざして、「1. 課題発見→2. 分析→3. 実行→4. 見つめ直し」のサイクルをあらゆる場面で体験していきます。

ひとり1台所持するタブレット端末を用いてさまざまな授業に活用するほか、プレゼンテーションなどの機会も豊富です。

晃華学園は、カトリックの教えを土台にした価値観を大切に継承しながら、時代に適応した教育を積極的に行っています。

▼SCHOOL DATA▼

- ▶東京都調布市佐須町5-28-1
- ▶京王線「国領」・JR線「武蔵境」スクールバス、京王線「つつじヶ丘」「調布」・JR線「三鷹」バス
- ▶女子のみ480名
- ▶042-482-8952
- ▶https://jhs.kokagakuen.ac.jp/

工学院大学附属中学校

共学校

工学院の「先進的な教育」が始まる！

工学院大学附属中学校は、2022年度よりこれまでのクラス編成を、「先進クラス」と「インターナショナルクラス」の2コースに集約し、現代のリベラルアーツを基軸とした、挑戦・創造・貢献する「先進的な教育」を推進しています。

そして、先端数理情報工学を核としたK-STEAM教育の充実をはかり、工学院大学と包括的連携を行い、充実した教育環境を提供、中1から始めるキャリアデザインの設計から、個々の生徒に応じた進学指導をこれまで以上に強化していきます。

「先進クラス」では、幅広く学ぶリベラルアーツで、多様な進路に対応できる学力を育みます。時事問題について議論や発表を行う対話型の授業が多く実施され、幅広い教養を身につけると同時に、深い思考力も培うことが可能です。

「インターナショナルクラス」では、数学、英語、理科を英語で学ぶイマージョン教育を実施。ネイティブ教員の授業をとおして、グローバル教育3.0実現のためのCEFR C1レベルの英語力を身につけます。

工学院ならではの国際交流プログラム

中3全員が参加する「異文化体験研修」では、オーストラリアでホームステイをしながら現地校の授業に参加します。高校ではアジア新興諸国で社会事業家が抱える経営課題の解決に挑む、実践型プロジェクト「MoG（Mission on the Ground）」に挑戦し、これまでインドネシア、フィリピン、ベトナム、カンボジアで、商品開発などを手掛けてきました。ほかにも夏期短期海外研修（希望制）や3カ月留学（高校・選抜制）などの海外研修も充実しています。また、Round Squareという世界規模の私立学校連盟にも加盟しており、コロナ禍においてもオンラインでのミーティングやワークショップの交流が世界中の中高生とさかんに行われています。

▼SCHOOL DATA▼

- ▶東京都八王子市中野町2647-2
- ▶JR線ほか「新宿」シャトルバス、JR線ほか「八王子」「拝島」、京王線「京王八王子」「南大沢」スクールバス
- ▶男子255名、女子81名
- ▶042-628-4914
- ▶https://www.js.kogakuin.ac.jp/

攻玉社中学校

創立160年を迎えた男子名門進学校

難関大学へ毎年多くの合格者を輩出し、創立160年の歴史と伝統を持つ名門進学校、攻玉社中学校。校名「攻玉」は、詩経の「他山の石以って玉を攻（みが）くべし」から取られ、攻玉社の建学の精神となっています。大きな志を持ち、明日の日本や世界に飛躍する人材を育成しています。

6年一貫の英才教育

攻玉社では、つぎの4点の教育目標を掲げて教育を実践しています。

① [6年間一貫英才開発教育を推進]

6年間を2年ごとにステージ1、ステージ2、ステージ3に分けています。ステージ1では学習の習慣づけに努めて基礎学力を養い、ステージ2では自主的学習態度の確立と基礎学力の充実強化をはかり、ステージ3では進学目標の確立と学力の向上強化によって進学目標を達成させることをめざしています。

② [道徳教育を教育の基礎と考え、その充実のために努力する]

あらゆる教育活動をとおして「誠意・礼譲・質実剛健」の校訓の具体的実践をはかり、徳性を養います。

③ [生徒の自主性を尊重し、自由な創造活動を重視して、これを促進する]

学習活動や部活動等で生徒の自主性と創造的活動を重んじています。

④ [強健の体力、旺盛な気力を養う]

体育的諸行事、授業、保健活動を中心にあらゆる活動をとおしてこれを養います。

また、国際教育にも力が入れられています。中1から外国人教師による英会話の授業を展開、中3では希望者による海外語学研修を予定しています。

さらに、ふだんの授業のほかに、特別授業や補習授業を実施。

学習意欲を持たせ、より高いレベルの大学をめざせる学力と気力を育むことで、合格への道を築く攻玉社です。

▼SCHOOL DATA▼

- ▶ 東京都品川区西五反田5-14-2
- ▶ 東急目黒線「不動前」徒歩2分
- ▶ 男子のみ723名
- ▶ 03-3493-0331
- ▶ https://kogyokusha.ed.jp/

佼成学園中学校

未来に向かう心と力を育て、男子を大きく成長させる

1954年の創立以来、佼成学園中学校では、生徒と教師のコミュニケーションを大切にしながら、感謝の心、思いやりの心を持った生徒の育成を行っています。

新たな教育へ向けた改革

未来に向かって男子を大きく成長させるため、グローバルコースの設置、探究活動・英語教育・ICT教育の充実など、さまざまな面で教育改革を進めています。

2021年度より中学・高校で新たに「グローバルコース」が誕生しました。海外研修、英語教育はもとより、グローバル・コンピテンシーを涵養できるプログラムを実践することで、国際人として活躍できる人物の輩出をめざしています。また、中高6年間をとおして課題発見型の探究活動を推進しており、「高校生国際シンポジウム」など全国レベルで入賞する生徒も増えています。

そのほか、朝から夜までほぼ年中無休で開室している自習室や、難関大学で学ぶ佼成学園の卒業生が生徒の学習を親身にサポートするチューター制度など、手厚い学習支援体制が整えられており、生徒が安心して勉強に取り組めるのも魅力のひとつです。加えて放課後や長期休暇には、通常の講習からトップレベル講習まで幅広い課外講座で生徒をサポート。多様なニーズに応える進学指導を実現しています。2023年春は国公立大学・早慶上理・G-MARCHへの合格者が281名と史上最高の実績になりました。

やりたいことができる環境整備

「実践」と「学問」の二道を重視する佼成学園では、部活動も活発です。運動部のアメリカンフットボール部や野球部だけではなく、吹奏楽部やサイエンス部など文化部も全国レベルで活躍しています。男子だからこそ、6年間夢中になれるものと向きあってもらいたいと考えているのです。

▼SCHOOL DATA▼

- ▶ 東京都杉並区和田2-6-29
- ▶ 地下鉄丸ノ内線「方南町」徒歩5分
- ▶ 男子のみ491名
- ▶ 03-3381-7227
- ▶ https://www.kosei.ac.jp/boys/

佼成学園女子中学校

グローバル・リーダー育成のいしずえとなる充実の英語教育

佼成学園女子中学校は、英語教育に力を入れ、1日中、そして1年中つねに英語に「つかる」ことのできる環境が整っています。春と秋の年2回の英検に生徒全員が挑戦し、これを学校行事として取り組むなかで生徒のやり抜く力を育みます。

2014年度に文部科学省のスーパーグローバルハイスクール（SGH）第1期校に指定され、グローバル人材の育成に努めています。2017年度SGH全国高校生フォーラムでは、参加133校のうち最優秀校に授与される「文部科学大臣賞」を受賞しました。

豊かな英語学習環境

音楽や美術の授業を外国人教員が英語で行うイマージョンプログラムを展開するなど、豊かな英語学習環境が魅力です。中学英語教育の集大成として、中3でニュージーランド修学旅行を体験。希望者は旅行後も現地に残り、ホームステイをしながら学校に3カ月間

通う中期留学プログラムもあります。また、英検祭りの取り組みにより英検上位級合格をめざし、中学卒業時には、「全員英検3級以上合格」「5人中4人は準2級」を達成しています。こうした英語教育向上への積極的な取り組みが評価され、日本英語検定協会による「ブリティッシュ・カウンシル駐日代表賞」を受賞しました。

中学の学びを伸ばす3つのコース

高校に進むと3つのコースに分かれます。『国際コース』はニュージーランド1年留学で圧倒的な英語力を身につける「留学クラス」、英語と国際理解教育に特化しタイでのフィールドワークやロンドン大学での英語論文作成などを行う「スーパーグローバルクラス」。『特進コース』は、国公立大学・難関私立大学合格をめざし、『進学コース』は、生徒会活動や部活動と大学進学を両立させながら、多様な進路の実現をめざします。

▼ SCHOOL DATA ▼

- ▶ 東京都世田谷区給田2-1-1
- ▶ 京王線「千歳烏山」徒歩5分、小田急線「千歳船橋」「成城学園前」バス
- ▶ 女子のみ224名
- ▶ 03-3300-2351
- ▶ https://www.girls.kosei.ac.jp/

香蘭女学校中等科

来たりて学べ 出でて仕えよ Come in to Learn, Go out to Serve.

香蘭女学校は、英国聖公会のエドワード・ビカステス主教によって創設された「聖ヒルダ・ミッション」の事業のひとつとして、1888年、麻布永坂の地に開校しました。

ビカステス主教は日本における女子教育の必要性を強く感じ、キリスト教に基づく人格形成をめざす教育活動を始めました。日本女性固有の徳性をキリスト教倫理によって、より深く豊かなものとし、品位と思いやりのある女性を育てることが建学の願いです。

一人ひとりを大切にする教育

香蘭女学校中等科は、立教大学や聖路加国際大学と同じ日本聖公会に属するミッション系の女学校です。「人にしてもらいたいと思うことはなんでも、あなたがたも人にしなさい」と聖書にあるように、100年以上つづくバザーでは、弱い立場におかれた人たちに心を寄せ、自らの働きを捧げます。宗教講話では、社会に広く視野を向け、奉仕活動や平和

学習では学び得たことを実践します。

学校生活では、神様から与えられた「賜物」を磨き、他者とともに他者のために生きていく力を育みます。

それは教科の授業や部活動だけでなく、2021年度から始まっている「SEED（探究）」の授業や、カナダ・イギリスでの語学研修、社会科や理科での課外活動など、生徒の興味・関心・探究心に応じたさまざまなプログラムをとおして実践されています。

バランスよく4技能を身につけるための英語教育は年々進化を遂げています。外国人教師のみの授業やチームティーチングのほか、Online Speakingなどの多彩な授業形態のなかで積極的に英語を話し、そして聞く機会を増やしています。

また協働型問題解決能力の育成を目的として所持するiPadは、調べ学習やプレゼンテーション、高等科の論文の制作など、全校生徒が授業や課外活動で活用しています。

▼ SCHOOL DATA ▼

- ▶ 東京都品川区旗の台6-22-21
- ▶ 東急池上線・大井町線「旗の台」徒歩5分
- ▶ 女子のみ524名
- ▶ 03-3786-1136
- ▶ https://www.koran.ed.jp/

国学院大学久我山中学校

「きちんと青春」で、生き抜く力を

国学院大学久我山中学校は、都内では希少な男女別学により、授業は別々でそれぞれの特性を伸ばし、学校行事や部活動では、お互いの特性を認めあい、高めあっています。

國學院大學の「日本の伝統文化の本質探究」の理念を継承し、女子部では「女子特別講座」において華道や茶道、能楽や日本舞踊等に触れることで、日本文化や作法を学んでいきます。男子部では武道を成長段階に応じて体験し、礼節を知るとともに自己の精神鍛錬に励んでいます。

未来に向けて、進化する久我山

教科の枠を越えた総合学習や教養講座・Math in English・留学生との交流会など、夢をかなえるために多彩で緻密なプログラムを実施しています。2018年度新設の中学女子部CCクラスでは、伝統文化を大切にしながら多様な価値観に触れることで自らの可能性を広げ、時代の変化に対応できる多様な人材を育成します。

心身の成長をうながす「自然体験教室」

大自然での体験をとおして人間的な成長をうながす中学3年間実施の宿泊行事「自然体験教室」。中1は信州・高遠で"自然と親しむ"、中2は奥日光・尾瀬で"自然に挑む"、中3は北海道で"自然と共生する"ことを目標に行動することで、友とのきずなを深め、人びとに感謝する心を育んでいます。

冬の体育館が熱くなる「弁論大会」

高1男女合同実施の伝統行事「弁論大会」は、聴衆者となる生徒全員が審査表を持ち、発声や表現力も含め、人の意見を客観的に評価することを学びます。

各クラスの予選を突破した代表者の発表内容はバラエティに富んでおり、「弁論大会」は男女が互いの考え方を理解する機会のひとつとなっています。

▼SCHOOL DATA▼

- ▶東京都杉並区久我山1-9-1
- ▶京王井の頭線「久我山」徒歩12分、京王線「千歳烏山」バス
- ▶男子561名、女子330名
- ▶03-3334-1151
- ▶https://www.kugayama-h.ed.jp/

駒込中学校

子どもたちの未来を支える教育理念「一隅を照らす」

「時代性へ挑戦する」教育改革

駒込中学校は「一隅を照らす」という天台宗・最澄の言葉を建学の理念とし、多様なグローバル教育や先進的なICT教育に取り組んでいます。変わっていく社会情勢や新しい大学入試などを見越し、枠にとらわれないさまざまな教育改革を進めている学校です。

グローバル教育としては、英語以外の教科を「英語」で学ぶイマージョン講座や、オンラインを活用した英会話、3カ月または1年におよぶオーストラリアやニュージーランドへの「海外留学」など、コロナ禍においても可能なかぎり実施しています。

ICT教育の面ではタブレット端末をひとり1台ずつ配付して双方向授業やグループワークなどを展開するだけでなく、生徒や保護者との連絡にも活用しています。コロナ禍の休校中に作成した授業動画は総数2000本近くにのぼり、どのような状況になっても、「学びを止めない」という姿勢で乗り越えてきました。

現代はグローバル社会をどのように構築していくか厳しく問われている時代だと駒込は考え、受験の「その先」を「見通す力」の育成が問われているとして、「時代性への挑戦」を止めずに教育改革をつづけています。

受験生のニーズに合わせた多様な入試

駒込では入試改革の一環として、算数や国語を得意とする受験生に対し、合格すれば3カ年または1カ年授業料免除となる「算数1科」「国語1科」入試を実施します。そのほかにも入試当日の各回成績上位者には、6種類の特別奨学金を適用する特待生制度を設けています。

さらには、「英語入試」、プログラミングやプレゼンテーションを行う「プログラミング入試」・「自己表現入試」というふたつの特色入試など、時代を先取りした多様な入試体系で、受験生の幅広いニーズに応えています。

▼SCHOOL DATA▼

- ▶東京都文京区千駄木5-6-25
- ▶地下鉄南北線「本駒込」徒歩5分、地下鉄千代田線「千駄木」・都営三田線「白山」徒歩7分
- ▶男子240名、女子155名
- ▶03-3828-4141
- ▶https://www.komagome.ed.jp/

駒沢学園女子中学校

女子校

自分を正しく見つめて生きていく

さまざまな力を養う「21WS」

駒沢学園女子中学校は、仏教の教えをいしずえに、「自分を正しく見つめ、自己を確立する」という意味の「正念」、「日常の生活に学びがあり、学びを実践して生きていく」という意味の「行学一如」のふたつを建学の精神として設立されました。

定期試験の代わりに、各教科で単元が終了するごとに「単元別テスト」を実施するのに加え、小テストや補習をこまめに行うことで、基礎学力を確実に身につける手法をとっています。

特色ある取り組みとしては、探究型学習「21世紀ワールドスタディーズ（21WS）」があげられます。2022年度から「韓国語」「中国語」「フランス語」の第2外国語を選択できるようになりました。ほかにも日本文化やプログラミングが学べる講座もあり、生徒たちは秋のりんどう祭（学園祭）で学習の成果を

発表します。これらは学年を横断したかたちで行うため、他学年と交流できるのも魅力です。

充実の一途をたどる英語教育

2020年からオンライン英会話を導入するなど、英語教育にも力を入れる駒沢学園女子。ネイティブ教員が副担任として頻繁に生徒にかかわるほか、毎日の「朝学習」では、リスニングやスピーキングについて指導しています。英語の授業も、日本人教員とネイティブ教員の2名体制で実施し、スピーチやプレゼンテーションの機会を豊富に設けています。

さらに、英語を活用する場として、TOKYO GLOBAL GATEWAY（TGG）での研修や海外修学旅行、スピーチコンテストなどを行うことに加え、ネイティブ教員と自由に会話できる校内施設「English Room」もあります。このように駒沢学園女子では、世界での活躍を見据え、充実した英語教育を行っています。

▼ SCHOOL DATA ▼

▶ 東京都稲城市坂浜238
▶ 東急田園都市線・横浜市営地下鉄ブルーライン「あざみ野」、JR線「稲城長沼」スクールバス、京王相模原線「稲城」、小田急線「新百合ヶ丘」バス
▶ 女子のみ66名
▶ 042-350-7123
▶ https://www.komajo.ac.jp/jsh/

駒場東邦中学校

男子校

自主独立の気概と科学的精神で世界に大いなる夢を描こう

都内屈指の大学進学実績を誇る駒場東邦中学校。例年、東京大学をはじめとする超難関大学へ多くの卒業生を送る学校として知られています。

創立は1957年、東邦大学によって設立されました。中高6年間を一体化した中等教育の必要性を唱え、「資源のない日本では、頭脳の資源化こそが急務である」という理念から、「科学的精神に支えられた合理的な考え方を培うこと」そして「自主独立の精神を養うこと」を重視しています。

「自分で考え、答えを出す」

駒場東邦の学習方針として、すべての教科において「自分で考え、答えを出す」習慣をつけること、そして早い時期に「文・理」に偏ることなく各教科間でバランスの取れた学力を身につけることを第一に掲げています。

中学時では、自分でつくるレポート提出が多いのが特徴となっています。中1の霧ヶ峰

林間学校、中2の志賀高原林間学校、鎌倉見学、中3の奈良・京都研究旅行で、事前・事後にレポートや論文を作成します。

数学・英語・理科実験などには分割授業を取り入れ、少数教育による理解と実習の充実がはかられています。また、国語・数学・英語は高2までで高校課程を修了します。「文・理」分けは高3からです。

自分の行動に責任を持つ

駒場東邦では、生活指導の基本を生徒による自主的な判断に委ねていることが特色です。それは、「自らの行動に自らが責任を持つことを基本とする」と駒場東邦では考えられているからです。自分の判断に基づき、責任をしっかりと持って行動することが求められています。

生徒会やクラブ活動、文化祭、体育祭なども生徒が主体となり、上級生から下級生へ、よき伝統が受け継がれています。

▼ SCHOOL DATA ▼

▶ 東京都世田谷区池尻4-5-1
▶ 京王井の頭線「駒場東大前」・東急田園都市線「池尻大橋」徒歩10分
▶ 男子のみ733名
▶ 03-3466-8221
▶ https://www.komabajh.toho-u.ac.jp/

桜丘中学校

東京 北区 共学校

「誰も知らない未来を創れるヒト」に

1924年創立、まもなく100周年を迎える桜丘中学校。校訓である「勤労」と「創造」のもと、自立した個人の育成を教育目標に、さまざまな特色ある取り組みを行っています。

進学教育・英語教育・人間教育

独自に考案された「SSノート（Self-study notes）」と「家庭学習帳」は生徒自身が自分に必要な学習を判断し、与えられた課題にプラスして取り組む姿勢を身につける重要な役割を果たしています。

桜丘の英語教育ではNET（ネイティブ教員）が中1の7時間の授業のうちの5時間を担当。英語でコミュニケーションをとる楽しさから学習がスタートします。中3次にはセブ島英語研修やオーストラリアでのホームステイ（ともに希望制）でさらに力をつけます。

クラスの一人ひとりが日替わりでリーダー役を務めるMC制度は人前で話すことが苦手な生徒にも自分の選んだ話題について堂々とプレゼンテーションをする力をつけてくれます。また、茶道、華道の体験、手話教室、ドラマエデュケーションなど心を豊かにするプログラムがたくさんあります。

ひとり1台のタブレットは授業の課題配信や提出物の回収に活用されています。AI学習支援アプリを使えば一人ひとりのレベルに合わせた自主学習の強力なサポート役です。タブレットは部活動でもフォームの修正、練習スケジュール管理などに大活躍です。

高校は4コース制

高校ではスーパーアカデミック（難関選抜）、アカデミック（文理特進）、グローバルスタディーズ（グローバル探究）、キャリアデザイン（キャリア探究）の4コースに分かれます。生徒それぞれの個性に合ったコースで将来、幅広く活躍できる知識と経験を身につけながら、希望する4年制大学現役合格をめざします。

▼SCHOOL DATA▼

- ▶ 東京都北区滝野川1-51-12
- ▶ 都電荒川線「滝野川一丁目」徒歩1分、JR線・地下鉄南北線「王子」・都営三田線「西巣鴨」徒歩8分
- ▶ 男子248名、女子241名
- ▶ 03-3910-6161
- ▶ https://sakuragaoka.ac.jp/

サレジアン国際学園中学校

東京 北区 共学校

ケンブリッジ国際認定校で世界標準の学びを

世界97カ国に支部を持つ女子修道会「サレジアン・シスターズ」を運営母体とする星美学園中学校が、2022年度、「21世紀に活躍できる世界市民の育成」を教育目標に掲げて教育内容を刷新、サレジアン国際学園中学校へと校名を変更し、共学校として生まれ変わりました。図書室やサイエンスラボが拡張・新設されるなど、校舎はリフォームされ、施設も明るくきれいになりました。

全教科でPBL（問題解決）型授業を導入

サレジアン国際学園では、「21世紀に活躍できる世界市民の育成」のためには、「考え続ける力」「コミュニケーション力」「言語活用力」「数学・科学リテラシー」、さらに創立者の意志を受け継いだ「心の教育」が必要だと考え、この5つを柱とした教育を行っています。そして、新たに全教科で問題解決型の学習法であるPBL型授業を導入。自ら問題を発見・解決することを重視した能動的な学びを全教科で行うことで、「考え続ける力」を身につけていきます。

中学のクラスは、本科クラスとインターナショナルクラスの2クラス制です。

本科クラスでは、PBL型授業で培った思考力をいかした探究型授業の「個人研究」が週3時間あり、生徒が興味関心のある分野を深く学びます。英語の授業も週8時間行い、「世界市民」としての「コミュニケーション力」と「言語活用力」を養っていきます。

インターナショナルクラスでは、授業は英語の習熟度に応じてAdvancedとStandardの2展開で実施。Advancedは高い専門性を持った外国人教員が数学・英語・社会・理科の授業を英語で行います。Standardは週10時間の英語授業をはじめ、Advancedの生徒といっしょにホームルームを過ごすなかで、英語力を伸ばしていきます。また、だれでも参加できる1年の長期留学や3カ月のターム留学も用意されています。

▼SCHOOL DATA▼

- ▶ 東京都北区赤羽台4-2-14
- ▶ 地下鉄南北線・埼玉高速鉄道「赤羽岩淵」徒歩8分、JR線「赤羽」徒歩10分
- ▶ 男子133名、女子195名（3年生は女子のみ）
- ▶ 03-3906-0054
- ▶ https://www.salesian.international.seibi.ac.jp/

東京 神奈川 千葉 埼玉 茨城

あ行 か行 さ行 た行 な行 は行 ま行 や行 ら行 わ行

サレジアン国際学園世田谷中学校

カトリック×21世紀型教育

PBL型授業を全教科で実施

イタリアで創設されたカトリック女子修道会「サレジアン・シスターズ」を母体として開校した目黒星美学園中学校。2023年度より校名をサレジアン国際学園世田谷中学校へと変更、共学校として生まれ変わりました。全教科でPBL型授業（問題解決型授業）を行うのが特色で、問いに対して自ら考え、解決することを重視した授業をとおして、論理的思考を体得し、考えつづける力を育みます。

2種類の特色あるコースを設置

サレジアン国際学園世田谷では本科クラス（以下、本科）とインターナショナルクラス（以下、インター）の2コース制を導入。

本科はPBL型授業で論理的思考力を高めるとともに、週8時間の英語の授業で言語活用力も伸ばします。また、探究を行う「ゼミ」の時間が週2時間あり、中1の間は基本的な

実験方法や論文の書き方、ICTの活用方法など、今後探究活動を進めるために必要なスキルを身につけていきます。

インターはインターナショナルティーチャーが担任を務め、日常的に英語に親しめる環境です。中学から本格的に英語を学び始める「スタンダード」の生徒と、帰国生などすでにある程度英語力を身につけた「アドバンスト」の生徒が在籍し、英語の授業を週10時間実施するほか、スタンダードでは英語1科、アドバンストでは数学・英語・社会・理科の4科の授業をオールイングリッシュで行います。

なお、インターの週10時間ある英語の授業のうち2時間は、本科の「ゼミ」同様、探究活動を実施します。スタンダードとアドバンストの生徒がともにプレゼンテーションやディベート、国際交流などに取り組みます。とくに国際交流は、世界97カ国に広がるサレジアン・シスターズのネットワークをいかし、充実したものになっていくことでしょう。

▼ SCHOOL DATA ▼

- ▶ 東京都世田谷区大蔵2-8-1
- ▶ 小田急線「祖師ヶ谷大蔵」徒歩20分、小田急線「成城学園前」バス10分、東急田園都市線ほか「二子玉川」スクールバス
- ▶ 男子41名、女子244名（2、3年生は女子のみ）
- ▶ 03-3416-1150
- ▶ https://salesian-setagaya.ed.jp/

実践女子学園中学校

緑豊かなキャンパスで自分だけの花を咲かせよう

JR線「渋谷駅」から徒歩10分に位置する緑豊かな校地で、実践女子学園中学校の生徒は伸びやかに6年間を過ごします。120年以上の歴史を誇る女子教育の伝統校でありつつも、時代の変化に合わせ、つねに新しい挑戦をつづけている学校です。

ちがいを受け止め、乗り越える体験を！

実践女子学園では生徒一人ひとりがありのままの自分でいられる居心地のいい環境づくりが大切だと考えています。そのため、中1ではクラスを30人編成とし、席替えを頻繁に実施して、ていねいな人間関係づくりをうながします。授業でも発言のしやすい雰囲気がつくられ、お互いの意見を認めあう関係が築かれています。また、必修の礼法や日本文化実習の授業をとおして、型にこめられた他者への思いやりの気持ちを体験します。

さらに、中高で縦のつながりがある委員会、30を超えるクラブ活動、自分たちだけで

企画・運営をする学校行事もあります。仲間といっしょにひとつのものをつくりあげる場を数多く設定することで、他者の意見に耳を傾け、ちがいを受け止め、乗り越えて、他者とともに豊かに生きる人間力が身につきます。

多彩な学びで自分らしい6年間を

探究授業「未来デザイン」での教科横断的な学習をはじめ、中3から参加できる海外研修や、渋谷という好立地をいかした企業や地域との連携授業も実施。多彩な学びをきっかけに自らの興味関心の方向性を探り、じっくりと自分と向きあう6年間を過ごします。そうした多様な学びの土台となる教科教育では、日ごろの授業に加え、講座や補習も充実。確かな学力を身につけ、より発展的な学びに挑戦できます。高校ではコースや科目を選択できるほか、指定校推薦や、併設大学の内定を得たまま他大学を受験できる制度など、望む道に進めるような進学制度を整えています。

▼ SCHOOL DATA ▼

- ▶ 東京都渋谷区東1-1-11
- ▶ JR線ほか「渋谷」徒歩10分、地下鉄銀座線・千代田線・半蔵門線「表参道」徒歩12分
- ▶ 女子のみ755名
- ▶ 03-3409-1771
- ▶ https://hs.jissen.ac.jp/

品川翔英中学校

しながわしょうえい

品川から、未来へ、世界へ、英知が飛翔する

2020年4月に、世界のゲートウェイとして脚光を浴びる品川の地で、共学校としてスタートした品川翔英中学校。今春4期生が入学しました。

つねに変化する社会のなかで学びつづける意欲と能力を備え、新しい価値を創出し、社会に貢献できる「学び続けるLEARNER」を育てています。2023年3月、全教室にWi-Fi、冷暖房を完備した新中央校舎が竣工しました。

「学び続けるLEARNER」を育成する

「自主・創造・貢献」の校訓のもと、「自主的に未来を切り拓く力」、「新たな価値を創造する英知」、「未来へ飛翔し貢献する心」を持った人間を育てています。

週6時間のLearner's Timeを設置し、教科の枠に収まらない教育活動を展開することで、社会にでてからも学びつづけることができる「LEARNER」を育成します。

担当教員を選べるメンター制と自己調整学習

教員を学びの支援者として位置づけるメンター制を採用。対話による支援を第一とするメンター制最大の特徴は、生徒がメンターである教員を選べること。ミスマッチをなくし、相談しやすいというメリットがあります。また、「学習計画を立て、実行し、チェックしながら学ぶ」自己調整学習法を身につけるため、定期テストではなく多数の確認テストと学期に1回の全国模試を実施しています。

ルーブリック評価と個別最適化学習

評価にはルーブリック評価も取り入れ、見えにくい学力である非認知能力(意欲・関心・主体性・コミュニケーション力など)を育む主体的で対話的な学びを展開。全員がタブレットPCを持ち、学習アプリの課題やオンライン英会話に取り組むことで個別最適化学習を実現し、より効率よく学習を進めます。

▼SCHOOL DATA▼
- ▶東京都品川区西大井1-6-13
- ▶JR線・相鉄線「西大井」徒歩6分、JR線・東急大井町線・りんかい線「大井町」徒歩12分
- ▶男子267名、女子191名
- ▶03-3774-1151
- ▶https://www.shinagawa-shouei.ac.jp/jhhs/

品川女子学院中等部

しながわじょしがくいん

社会で活躍する女性を育てる「28project」

女子中高一貫教育において「社会で活躍する女性の育成」を実践していることで知られている品川女子学院中等部。18歳の大学進学に加え、そのさきのライフデザインを視野に入れた取り組みが充実している学校です。

28歳の未来をイメージしながらいまを考える「28project」を教育の柱に、生徒のさまざまなチャレンジを応援しています。

特色ある教育

起業マインドを持つ女性グローバルリーダーの育成に向けて、英語教育とICT教育、探究学習を中心に、多彩な新しい取り組みを展開しています。「デザイン思考」の手法を用いた総合学習や、身近な問題を見つけ、その解決のために行動を起こす「チャレンジベースドラーニング(家庭科)」、企業や大学と共同した総合学習や特別講座、起業体験プログラムなど、私立学校だからこそできる特色ある6年一貫教育を実践しています。

英語教育と大学進学

2023年春の卒業生は、22%の生徒が英検準1級を取得。中1から週7時間の英語の授業があり、初心者からでも無理なく4技能を習得できるよう多様な仕組みが用意されています。中1のうちに英検3級を取得する生徒は59%おり、そのうち29人は準2級以上を取得しました。

海外留学の仕組みも充実しており、多くの生徒が在学中に海外で見聞を広めて帰ってきます。

すべての教科の学習は、詳細な学習計画が書かれたシラバスに沿って進められています。発展的内容を学ぶ希望制の講習、大学受験に向けた長期休暇中の講習も設定され、多数の生徒が参加しています。

国立大学医学部医学科への進学者や東京大学合格者がでるなど、難関国公立大学・私立大学への進学実績も好調です。

▼SCHOOL DATA▼
- ▶東京都品川区北品川3-3-12
- ▶京急線「北品川」徒歩3分、JR線・都営浅草線・京急線「品川」徒歩12分
- ▶女子のみ670名
- ▶03-3474-4048
- ▶https://www.shinagawajoshigakuin.jp/

芝中学校

東京
港区

男子校

伸びやかな校風のもと人間力を培う

芝中学校は都心の芝公園を望み、校庭からは東京タワーが間近に見える交通至便の地にあります。そのため、東京、神奈川、千葉、埼玉など、広い地域から生徒が通学しています。

芝は、創立から115年以上の歴史を有する伝統ある学校です。学校の基本理念に仏教の教えを有し、「遵法自治」を教訓として生徒の自主性を重んじた教育を行っています。

校舎は地上8階、地下1階の総合校舎と、地上2階、地下1階の芸術棟からなり、都心の学校らしい洗練された学習環境となっています。

ゆとりある独自のカリキュラム

男子の中高一貫校として高い進学実績を誇る芝は、伸びやかな校風のもと、しっかりとした学力をつけてくれる学校として定評があります。

進学校ではありますが、勉強一色といった雰囲気はありません。授業だけが学びの場ではないと考えられ、校外学習や学校行事なども大切にされています。また、全校生徒の約8割がいずれかのクラブに参加していることからもわかるように、クラブ活動もさかんに行われ、男子校らしい活発なようすが校内のいたるところで見られます。

こうした校風を生みだす芝独自のゆとりあるカリキュラムは、無理やムダを省いた精選されたもので、完全中高一貫教育のなかで効果的に学習できるように工夫されています。

注目される高い大学合格実績を支えているのは、すぐれたカリキュラムとともに、中高合わせて約1800名の生徒に対して専任教員を88名もそろえているという充実した教諭陣の、熱心な指導です。

各クラスともに正・副の担任ふたり体制をとり、きめ細かな指導を行っています。伸びやかな校風と親身な学習指導により、生徒の人間力を培う学校です。

▼SCHOOL DATA▼

- ▶ 東京都港区芝公園3-5-37
- ▶ 地下鉄日比谷線「神谷町」徒歩5分、都営三田線「御成門」徒歩7分
- ▶ 男子のみ924名
- ▶ 03-3431-2629
- ▶ https://www.shiba.ac.jp/

芝浦工業大学附属中学校

東京
江東区

共学校

共学化とふたつの探究で理工系教育バージョンアップ

芝浦工業大学附属中学校は、芝浦工業大学を併設大学とする半附属校です。校訓には「敬愛の誠心を深めよう」「正義につく勇気を養おう」「自律の精神で貫こう」が掲げられ、世界と社会に貢献できる、心身ともに強くたくましい人材を育てています。

先進のSTEAM教育で多様なスキルを育みます。中3では「サイエンス・テクノロジーアワー」という独自プログラムを実施。教科書から飛びだし、生徒の興味関心を引きだす「手作りスピーカーと電池のないラジオ」などの11のプログラムが用意されています。全学年全教科で展開される教科と科学技術のかかわりあいを学ぶ「ショートテクノロジーアワー」もあります。

言語教育にも力を入れています。3つの言語の習得が、社会での活躍のカギになると考え、「英語・英会話スキル」「コンピューターリテラシー」(RubyやC言語によるプログラミングなど)「日本語運用能力」の習得に力を入れます。新カリキュラムでは探究型授業をふたつ設置します。技術とプログラミング、デザイン思考で未来をつくる「IT」とグローバル社会で思考しコミュニケーションをする力を育てる「GC」です。「理工系の知識で社会課題を解決する」ことを目標に、未来を創造する力を育てます。

魅力的な中高大連携教育

大学との連携教育も特色のひとつです。中学では「工学わくわく講座」「ロボット入門講座」などが開かれ、高校ではさらに専門性の高い講座が用意されます。なかでも、高2の理系選択者を対象とした「理系講座」は、芝浦工業大学の教授陣をはじめとする講師のかたがたから、最先端の研究内容を聞ける魅力的な講座です。そのほかにも大学図書館の活用、早期推薦と留学プログラム、在学中の大学単位取得など、芝浦工業大学との連携教育はさまざまな場面で充実しています。

▼SCHOOL DATA▼

- ▶ 東京都江東区豊洲6-2-7
- ▶ ゆりかもめ「新豊洲」徒歩1分、地下鉄有楽町線「豊洲」徒歩7分
- ▶ 男子347名、女子144名
- ▶ 03-3520-8501
- ▶ https://www.fzk.shibaura-it.ac.jp/

芝国際中学校

あなたの創造と行動が、地球の未来に貢献する

2023年4月、芝国際中学校は新たに共学校としてスタートしました。「人の中なる人となれ」という教育理念を掲げ、めざす進路を実現する確かな学力と世界で活躍する力を養う「世界標準の教育」を実践します。新校舎の7～10階には日本唯一のサイエンスインターナショナルスクールが入り、部活動やイベントなどで交流をはかることで、日本にいながらにしてグローバルな学びを体験できます。

芝国際が大切にしているキーワードは「挑戦・行動・突破、そして貢献へ」です。「考えるだけでなく、行動しよう」というステップをとおして、前例のない課題や未知の問題に対して最適な解決方法を探る考え方を身につけていきます。

対話型授業×STEAM×アントレプレナーシップ

日々の授業のなかにはハーバード式の対話形式授業を取り入れ、獲得した知識のアウトプットに重点をおいた「課題解決トレーニング」を行います。マインド・マップやマンダラートなどを制作し「考える手法」を身につけながら、他者と協働して問題を解決する力を育てています。

また、Science（科学）、Technology（技術）、Engineering（工学・ものづくり）、Art（芸術・リベラルアーツ）、Mathematics（数学）といったSTEAM教育では、ロボットやデータサイエンス、AI（人工知能）などをあつかい、本物に触れながら「ゼロからイチを創造する」授業を実施するのも特徴です。

さらにアントレプレナーシップ（起業家精神）教育を目的に、企業や地域とのコラボレーションを行い、一流の起業家にであえる機会を用意しています。高校課程ではマーケティングを学び、いまなにが求められているのか、それは売れるのかなどを考え、「起業」を目標に学習を進めていきます。教室のなかだけにとどまらない、社会とつながる学びを実践する学校です。

※マス目を使って思考を深めるツール

▼SCHOOL DATA▼

▶東京都港区芝4-1-30

▶都営浅草線・三田線「三田」徒歩2分、JR線「田町」徒歩5分、都営大江戸線「赤羽橋」徒歩10分

▶男子65名、女子70名（ともに1年生のみ）

▶03-3451-0912

▶https://www.shiba-kokusai.ed.jp/

渋谷教育学園渋谷中学校

またたく間に進学名門校の座を獲得

渋谷教育学園渋谷中学校は1996年の創立以来、短期間のうちに進学校としての評価を高め、いまや受験生たちから憧憬を集める対象となっています。

「自調自考」の精神を教育理念とし、自分で課題を調べ、自分で解答をだしていく自主性と、自ら学ぶ姿勢が重視されます。

シラバスは渋谷教育学園渋谷で使用されている独自の学習設計図で、学年始めに1年間で学ぶ内容と計画を細かく記した冊子を生徒全員に配ります。

特長は、「それぞれの教科の基礎からの学習をなんのために学び、覚えるのか、いま全体のどのあたりを勉強しているのか」をはっきり理解したうえで勉強を進めることができるという点にあります。

これは自分で目標を理解し、自分で取り組み方を決め、自分で自分の力を判断するというもので、渋谷教育学園渋谷の自調自考を授業のなかで実践していくための取り組みです。

効率のよい6年間

進学校として急速に評価を高めた要因には、渋谷教育学園渋谷のすぐれた授業システムがあります。

授業は6年間をA、B、Cの3つのブロックに分け、中1と中2をAブロックの「基礎基本」、中3と高1をBブロックの「自己理解」、そして高2と高3をCブロックの「自己実現」の各期とします。

これは6年間の長いレンジで起きやすい中だるみを防ぐ意味もありますが、3つに分割することで期間ごとのテーマが鮮明になり、生徒の自主性が喚起され、前向きに取り組む姿勢が明確になる利点を持っています。

さらに、効率的な教程を組み、教科内容を錬成工夫することで戦略的な先取り学習を推し進めています。カリキュラムや年間の教育目標も将来の難関大学をめざした主要教科重視型となっています。

▼SCHOOL DATA▼

▶東京都渋谷区渋谷1-21-18

▶JR線・東急東横線ほか「渋谷」徒歩7分、地下鉄千代田線・副都心線「明治神宮前」徒歩8分

▶男子296名、女子338名

▶03-3400-6363

▶https://www.shibushibu.jp/

修徳中学校

東京 葛飾区 共学校

君はもっとできるはずだ

創立119年を迎える歴史と伝統を持つ修徳学園。生徒の可能性や潜在能力を信じ、得意分野や個性的能力を最大限に発揮し、理想の実現に向け努力できる教育を行っています。

三位一体教育

徳育、知育、体育の3つのバランスがとれた三位一体教育が特徴です。将来を築くにふさわしい体力と知性、それに個性豊かな人間形成「文武一体」を目標に、学校生活をとおして自律心を養う徳育指導を行い人間性を高め、勉学と部活動の一体化を果たしています。

学習プログラムも充実しています。授業は週6日制で、土曜日も正規授業を実施。さらに、「学力定着のためのプログレス学習センター（大学受験専用学習棟）」や「講習会・補習授業」を設けています。

また、修徳中学校では「特進クラス」と「進学クラス」を用意しています。「特進クラス」は、発展的な学習を取り入れ、大学受験への

土台をつくるクラスです。「進学クラス」は、「文武一体」をモットーに、勉強と部活動の一体化を果たし、総合的人間力を高める教育を実践しています。そして、日々の教育活動にiPadを活用し、時代に即した学習環境を実現します。

プログレス学習

修徳では、「授業での集中力」「家庭での学習」を習慣づける独自のシステムとして「プログレス」を実施しています。学習システム「ELST®」を用いて英語4技能のトレーニングを行い、火・金曜日には「英単語テスト」を実施。また、「Studyplus」を使い生徒それぞれの学習記録を管理することで、学習習慣の定着につなげています。そして放課後は毎日60分以上プログレス学習センターで自律学習を行い、親身な指導で難関大学への進学をめざします。生徒の目標達成を後押しするきめ細かな指導が注目される、修徳です。

▼ SCHOOL DATA ▼

- ▶ 東京都葛飾区青戸8-10-1
- ▶ JR線・地下鉄千代田線「亀有」徒歩12分、京成線「青砥」徒歩17分
- ▶ 男子158名、女子62名
- ▶ 03-3601-0116
- ▶ http://shutoku.ac.jp/

十文字中学校

東京 豊島区 女子校

自ら考え、協働し、社会に貢献できる人を育てます

十文字中学校では、主体的に行動し、社会に役立つことが自らの幸せや生きがいにつながるという創立者・十文字ことの精神が現在に受け継がれ、多様化する社会でもしっかりと生きていける力を育んでいます。

2014年に完成した新館には、カフェテリアやプールだけでなく、多目的教室や多目的ホールなどもあり、どんな課題にも柔軟に対応できるグローバルな人材を育む環境が整っています。

幅広い進路に対応した学習指導

中学では基礎学力の養成に力を入れ、少人数による授業も取り入れています。高校ではアクティブラーニングや電子黒板を活用したICT教育などをとおして傾聴力・発信力を養い、習熟度に合わせて総合的な学力を養成しています。放課後講習などを活用し、一人ひとりに最もふさわしい大学・学部の選択をサポートする態勢も万全で、近年は約3割の生

徒が理系を選択し、難関国公私立大学、医歯薬学部への現役合格をめざしています。

また、高校では2022年度より「自己発信コース」「特選（人文・理数）コース」「リベラルアーツコース」の3つのコースがスタートしました。これにより生徒一人ひとりが希望する学びのスタイルや進路目標に合わせたコース選択が可能になりました。

多彩な行事とクラブ活動

十文字では生徒会が活発に活動しており、リュックサックやパンツスタイルの制服なども生徒主体の話しあいによって導入されています。クラブ活動もさかんで、2014年にはマンドリン部が、2016年と2019年にはサッカー部が日本一を獲得しました。

また、芸術に対する感性と教養を深めるプログラムなどもあり、生徒たちは日々充実した学校生活を送り、豊かな感性と知性に磨きをかけています。

▼ SCHOOL DATA ▼

- ▶ 東京都豊島区北大塚1-10-33
- ▶ JR線・都営三田線「巣鴨」、JR線「大塚」、都電荒川線「大塚駅前」徒歩5分
- ▶ 女子のみ615名
- ▶ 03-3918-0511
- ▶ https://js.jumonji-u.ac.jp/

淑徳中学校

「進みゆく世におくれるな、有為な人間になれよ」

淑徳中学校は創立130周年を超える伝統校です。「利他共生」の精神のもと、「進みゆく世におくれるな、有為な人間になれよ」（時代の流れに遅れず、能力を発揮し、役立つ人間として生きてほしい）という創立者である輪島聞声先生の掲げた理念は現在においてもなお学校に息づいています。

中学は「スーパー特進東大選抜」と「スーパー特進」の2コース制で、生徒一人ひとりの可能性を伸ばすきめ細やかな学習指導が展開されています。

中1からは全員が「自慢研究」に取り組み、好きなことを探究していきます。中2で文章にまとめる力をつけ、中3で本格的な論文作成やプレゼンテーションの資料を作成、後輩相手に発表します。自ら課題を見出し発表へとつなげる学びは3年間の集大成です。

また、「芸術の授業」で、男子は武道、女子は茶道や華道を学ぶのも特徴的です。本格的な施設と指導により、自分と向きあい、心身や思考力などをきたえていく時間です。こうして日本文化を肌で感じることは、海外研修で自信を持って日本人のアイデンティティーを発信することにもつながります。

さらにひとり1台所持するiPadを活用することで、各教科の授業も効率的に行い、思考力・表現力を伸ばす時間を確保しています。

淑徳の国際教育

淑徳では長年にわたり英語および国際教育に力を入れてきました。英語の授業は週7時間で、中1の英会話は1クラスを3分割し、ネイティブスピーカーの教員と日本人教員の2名体制で指導。中3からはマンツーマンのオンライン英会話（希望制）も実施し、全員が3カ月または1週間の海外研修に参加します。

そのほか、海外キャンプ（希望制）や高校に留学コースを設置するなど、40年以上の歴史を持つ淑徳の海外プログラムは、コロナ禍でも語学研修・留学を実現しています。

▼ SCHOOL DATA ▼

- ▶ 東京都板橋区前野町5-14-1
- ▶ 東武東上線「ときわ台」徒歩15分またはスクールバス、都営三田線「志村三丁目」徒歩15分、JR線「赤羽」・西武池袋線「練馬高野台」スクールバス
- ▶ 男子223名、女子317名
- ▶ 03-3969-7411
- ▶ https://www.shukutoku.ed.jp/

淑徳巣鴨中学校

未来を生き抜く力を育てる「気づきの教育」

淑徳巣鴨中学校は、1919年に社会事業家で浄土宗僧侶の長谷川良信により創立されたのが始まりです。1992年に男女共学化し、1996年には中高一貫校となりました。

そして2019年には100周年を迎え、つぎの100年に向けて新たなチャレンジをつづけています。

教育方針として「感恩奉仕」を掲げ、自分が他の多くの恩を受けて生かされていることに感謝し、自分を他のために役立てていくことのできる人間を育てています。2021年度から、新しい教育システム「SSEDプログラム」がスタートしています。

気づきの教育が叡知の包みをひらく

淑徳巣鴨では「気づきの教育が叡知の包みをひらく」の教育方針のもと、生徒のさまざまな可能性を見つけだし、育んでいます。

"褒める指導"による温かいまなざしに包まれた環境でやる気を育み、充実した学習支援と進学指導、夢や好奇心をふくらませるスポンサー講座や"多彩な留学制度"などを展開しています。また、部活動にも力を入れることで、学習活動との相乗効果を発揮させてきました。さらに、自分史ワーク、ムービーワーク、卒業論文に段階的に取り組むことで、探究心や創意工夫の力、本質を見抜く批判的思考力を伸ばし、とくに重要となる主体的思考力の開発を進めています。

注目の「スーパー選抜コース」

2017年度から「スーパー選抜コース」が設置されました。東京大学をはじめとした難関国公立大学への現役合格をめざし、大学入試を視野に入れた授業を日々展開し、中学3年間で大学入試に向けた「思考力・判断力・表現力」の基礎を培っていきます。

また、放課後や長期休暇中に行われる特別講座で個々の能力に合わせた学習指導を行います。

▼ SCHOOL DATA ▼

- ▶ 東京都豊島区西巣鴨2-22-16
- ▶ 都営三田線「西巣鴨」徒歩3分、都電荒川線「庚申塚」徒歩4分、JR線「板橋」徒歩10分、東武東上線「北池袋」徒歩15分、JR線ほか「池袋」バス
- ▶ 男子148名、女子210名
- ▶ 03-3918-6451
- ▶ https://www.shukusu.ed.jp/

順天中学校

東京
北区

共学校

探究力で未来をつくる！

順天中学校は、「順天求合」という建学の精神のもと1834年に創立された学校です。そんな伝統ある順天の教育理念は、「英知を持って国際社会で活躍できる人間を育成する」ことです。知識だけではない、思考力や表現力をそなえた創造的学力を養い、グローバルスタンダードな人間観や世界観を持った国際的な人間性を育てています。

独自の「系統」「探究」「総合」学習

中学では生徒全員にPC（surface）を貸与し、対面での授業やオンライン授業の課題提出などに活用しています。数学・英語では授業中に行う復習テストで弱点を確認し、独自のサポートシステムで完全習得をめざします。社会科と理科では、中1のサマースクール（富士山）・中2の歴史探究（京都・奈良）・中3の沖縄修学旅行で生徒が疑問に思うことを探究的・主体的に調べ、プレゼンテーションすることで、創造的学力を育んでいきます。

音楽・美術・技術家庭科・保健体育の実技科目は、学年ごとのテーマと福祉を相互に関連させた合科（クロスカリキュラム）を展開する「統合学習」と位置づけ、道徳では、手話・点字の体験学習をとおして、社会福祉について興味・関心を喚起させます。

また、国際教育にも注力しており、帰国生を積極的に受け入れ、自由選択制のニュージーランドの短期留学（中3・夏休み・約2カ月）では国際対話力を身につけます。ほかにも、中3になると高校生、教員、大学教授などさまざまな立場の人が研究発表を行う「グローバルウィーク」に参加可能です。

全教科に「体験的な課外活動」を組み入れることで、豊かな表現力やコミュニケーション力を育むとともに「フィールドワーク」や「ワークショップ」をとおして、将来の自分の進路を考えさせている順天。2021年の東京大学現役合格者2名をはじめ、2023年春にも難関大学合格者を多く輩出しています。

▼ SCHOOL DATA ▼

- ▶ 東京都北区王子本町1-17-13
- ▶ JR線・地下鉄南北線「王子」、都電荒川線「王子駅前」徒歩3分
- ▶ 男子207名、女子112名
- ▶ 03-3908-2966
- ▶ https://www.junten.ed.jp/

頌栄女子学院中学校

東京
港区

女子校

キリスト教に基づき理想の女子教育を行う

頌栄女子学院中学校は、キリスト教の学校で、聖書の教えを徳育の基礎においています。校名「頌栄」は神の栄光をほめたたえるという意味で、学院の特色を表します。

また、土曜日を休日にして日曜日には教会の礼拝に参加することを奨励しているほか、入学式・卒業式などの学校行事は礼拝で始まり、週日にも毎朝礼拝があります。

頌栄女子学院の特徴は、聖書の時間があることと、数学・英語の授業時数が標準よりも多いことです。

数学と英語の授業（一部学年）は、中・高とも少人数制習熟度別の特別クラス編成で行います。

また、コース制を採用し、高2からは文科コースと理科コースに、さらに高3では理科コースがふたつに分けられます。高3では、コース別の授業のほかに主要科目を中心とした受験講習があり、進路に合わせて自由に選択することが可能です。

多彩な英語教育と高い進学実績

英語の授業は中1～高1では週6時間を配当し、各学級を2分割して少人数制による授業を行っています。高2・高3では、学年を習熟度別に7クラスに分け、個々の到達度に応じた効果的な学習指導を実施しています。また、高校卒業までに英検2級以上を取得することを目標としています。

そのほか、語学修養の機会として中学では軽井沢での英会話研修およびカナダ語学研修、高校ではイギリス語学研修を希望者のために設けています。

大学進学に向けては、長期の計画に基づいて中3より進路指導を行います。説明会や卒業生の体験談を聞く会なども設けています。こうした取り組みの結果、難関大学進学者が着実に増加し、卒業生の半数以上が現役で国公立大学や早稲田大学・慶應義塾大学・上智大学など難関私立大学へ進学しています。

▼ SCHOOL DATA ▼

- ▶ 東京都港区白金台2-26-5
- ▶ 都営浅草線「高輪台」徒歩1分、JR線・東急池上線「五反田」、地下鉄南北線・都営三田線「白金台」徒歩10分、JR線・京急線「品川」徒歩12分
- ▶ 女子のみ651名
- ▶ 03-3441-2005
- ▶ https://www.shoei.ed.jp/

城北中学校

東京
板橋区

男子校

充実した学習環境の進学校で実力を究める

城北中学校は、中学受験時の志望順位に関係なく、満足・充実した中高生活を送り、成長することができる学校です。その最大の強みはそこに集う「人財」だと城北は考えており、高めあえる友人、手厚いサポートをしてくれる教職員、協力的なOBや保護者などが生徒の成長を支えています。

卒業研究や朝の主体的活動

城北では「新しい未来を切り拓くことができる魅力ある人間に育ってもらいたい」との思いから、主体性やクリエイティビティー、探究心、チャレンジ精神を発揮する機会を多数用意しています。

たとえば、卒業研究では中3の1年間をかけて、自分の関心のある内容を探究し、プレゼンテーションを実施。また、朝の主体的な活動として、8時15分〜9時まで、学年によりプレゼンテーションや講座、面談や補習などが行われています。

生徒の力を伸ばす進学プログラム

生徒一人ひとりの志望に合わせてきめ細かく対応すべく、学力向上のためにさまざまな取り組みを行っています。質問・添削の対応はもちろん、教員が各学年で大学受験から逆算してつくる実力試験、講習会、受験直前期の特別講習、自習室、進路に合わせた選択ゼミや選択科目、入試懇談会、最新の受験情報・OBの入試データをまとめた進学情報資料の配付など、生徒たちがスムーズかつ着実に学力と自信を高められるような環境を整えています。

23区内最大級の人工芝グラウンド

2022年にグラウンドが全面人工芝にリニューアルされました。23区内最大級のクッション性のあるグラウンドの上では、身体を思いきり動かし、楽しそうな生徒たちの笑顔が見られます。

▼SCHOOL DATA▼

- ▶東京都板橋区東新町2-28-1
- ▶東武東上線「上板橋」徒歩10分、地下鉄有楽町線・副都心線「小竹向原」徒歩20分
- ▶男子のみ846名
- ▶03-3956-3157
- ▶https://www.johoku.ac.jp/

昭和女子大学附属昭和中学校

東京
世田谷区

女子校

「世の光となろう」を目標としてグローバル社会で輝く

豊かな人間性としっかりとした学力を

創立者・人見圓吉、緑夫妻は、偉大な教育者でもあったロシアの文豪トルストイのヒューマニズムに満ちた教育観に共鳴し、1920年、学校を創立しました。

その誠実で自立心に富み、自己実現をめざしながら社会に貢献できる人間を育成する姿勢は、学校目標「世の光となろう」という言葉にしめされています。

昭和女子大学附属昭和中学校は、知識だけでなく、知育・徳育・体育の面でバランスのとれた人間を育む全人教育を実践しており、2016年度からは、2014年度にスーパーグローバルハイスクール（SGH）に指定されたことを受けて、思考力、プレゼンテーション能力など「知識や技能を活用する能力」とグローバルマインドをバランスよく磨き、チャレンジ精神旺盛で、人のために尽くせる女性を育てる新しい中高一貫プログラムをスタートさせました。全コースで一歩進んだグローバル教育を実践し、充実した語学力と確かなグローバルマインドを身につけます。

また、高校には約10カ月の海外留学が必修となるグローバル留学コースも設置され、高度な語学力とコミュニケーション力が養われています。中高部の隣にはイギリスのインターナショナルスクール、同一敷地内にはアメリカ州立テンプル大学ジャパンキャンパスなどもあり、交流プログラムも充実しています。特別協定を結んでいる医系総合大学の昭和大学へ進学する生徒も毎年多くいるなど、大学附属校という安心で伸びのびとした環境のなかで、進路選択の幅を広く持ち自分自身の可能性を広げることができます。

昭和女子大学へは成績や人物などの総合的評価により推薦を得て進学することができますが、この推薦を得ながら、他大学を受験することも可能です。こうした制度を利用して生徒はそれぞれの可能性へ挑戦していきます。

▼SCHOOL DATA▼

- ▶東京都世田谷区太子堂1-7-57
- ▶東急田園都市線・世田谷線「三軒茶屋」徒歩7分
- ▶女子のみ625名
- ▶03-3411-5115
- ▶https://jhs.swu.ac.jp/

女子学院中学校

自主性を尊重した明るく自由な校風

創立は1870年。150年という長い歴史に育まれた女子学院中学校は、キリスト教主義を教育理念として、独特の校風を培ってきました。学校の規則はほとんどなく、制服もありません。

こうした自由な雰囲気のなかで、生徒たちは自主性を持った生活をしています。ほんとうの意味で自立した女性の育成をめざす女子学院の教育は、多くの保護者や生徒たちから高い支持を集めています。

完全中高一貫教育で洗練された授業

多くの生徒が難関大学への入学をめざしていますが、学校の授業はとくに大学入試だけを目的にしたものではありません。じっくり考え、ものごとへの興味と関心を養う授業が基本となっています。

前後期の2期制で、授業は週5日・30時間で行われます。中高6年間の一貫教育の利点をいかし、教科間の重なりを整理した効率の

よいものになっています。科目によってはクラスを分割した授業も行われています。

また、実験・観察と考察、レポート、作文、作品制作なども多く、課題を着実にこなしながら学習の仕方を体得していきます。

独自の科目として、各学年に「聖書」の授業がおかれています。高校では「近現代史」、「キリスト教音楽」の授業があります。

また、高2までは文系と理系に分かれずに、基本的な学力の育成と心身のバランスのとれた成長をめざし、全科目を共通に学んでいます。高3では、一人ひとりの個性や可能性に応じた選択科目を用意しています。

総合的な学習の時間も6年間を見通した目標を立て、学校行事を中心にその準備活動やまとめを組みあわせて行うことで生徒の成長へとつなげています。

女子学院では、こうした教育体制により、自主的に勉強に向かう姿勢が養われ、高い大学合格実績につながっています。

▼SCHOOL DATA▼

- ▶ 東京都千代田区一番町22-10
- ▶ 地下鉄有楽町線「麹町」徒歩3分、地下鉄半蔵門線「半蔵門」徒歩6分、JR線・都営新宿線「市ヶ谷」徒歩8分
- ▶ 女子のみ677名
- ▶ 03-3263-1711
- ▶ https://www.joshigakuin.ed.jp/

女子聖学院中学校

Be a Messenger 〜語ることばをもつ人を育てます〜

英語教育と国際理解教育で世界に目を向ける

キリスト教教育を基盤とする女子聖学院中学校は1905年に設立されました。「神様から1人ひとりに与えられた良きもの（賜物）を見出し、その与えられたものを活かす教育」を長きにわたり実践してきた学校で、建学の精神には「神を仰ぎ 人に仕う〜Love God and Serve His People〜」、教育モットーには「Be a Messenger〜語ることばをもつ人を育てます〜」を掲げています。

毎朝の礼拝はチャペルで心静かに祈る大切な時間です。そのほか「人間教育プログラム」として、中1は「賜物」をテーマとし、プロジェクト・アドベンチャーを取り入れた「アドベンチャーキャンプ」を実施。中2では、SDGsに関する学びで「社会の課題」に目を向け、中3では北海道修学旅行、ライフプランニングなどをとおして「社会の中の自分」を見つめます。こうした取り組みによって、

「自分のことば」を他者に伝えられる生徒を育成しています。

中学の英語授業はネイティブ教員とのチームティーチングを行い、参加型・発信型の授業で英語を楽しく学びながら4技能をバランスよく養います。

さらに週1時間、ネイティブ教員によるオールイングリッシュの英会話の授業があります。これは1クラスを習熟度別に2分割にした少人数制で行うのが特徴です。

国際理解教育としては世界の人々とともに生きる力を養うため、「Global 3day Program」（中学生対象）を用意しています。どれも少人数グループで楽しく英語に触れられる内容で、最後は全員が英語でプレゼンテーションを行います。

こうした取り組み以外にも、ホームステイやターム留学（希望者対象）、海外大学指定校推薦制度を整えるなど、海外へ羽ばたきたい生徒をさまざまなかたちで応援しています。

▼SCHOOL DATA▼

- ▶ 東京都北区中里3-12-2
- ▶ JR線「駒込」徒歩7分、地下鉄南北線「駒込」徒歩8分、JR線「上中里」徒歩10分
- ▶ 女子のみ358名
- ▶ 03-3917-2277
- ▶ https://www.joshiseigakuin.ed.jp/

女子美術大学付属中学校

"知性"が"感性"を支える。「好き」を力にする教育

　創立100年以上の歴史を持つ女子美術大学付属中学校。母体の女子美術大学は、1900年に設立許可を受けた古い歴史を有する大学です。その歴史のなかで、片岡珠子、三岸節子、堀文子など多くの優秀な美術家を世に送りだしてきました。建学の精神「我が国の文化に貢献する有能な女性の育成」のもと、「智の美、芸の美、心の美」という3つの美を柱に、将来、美術分野のみならず幅広い分野で活躍できる人材を育成しています。

時代は「女子美」へ

　美術大学の付属校として、特色ある教育を展開する女子美術大付属。「女子美」の愛称で親しまれる同校では、これからのAIの活躍が進む社会では、たんに知識を持っているだけでは通用しない、独創力や表現力、多様な価値観を認めることのできる力が必要になると考えています。そのうえで、美術教育を基幹として感性を育むとともに、全教科を大切に

して知性も伸ばすことで、「美術の力」をはじめ、さまざまな力を育んでいます。

　女子美術大付属に集う個性豊かな生徒たちは、全員が絵を描くことが大好き、ものをつくることが大好きという共通の想いを持っているため、さまざまな行事で学校がひとつにまとまる点も大きな魅力です。

　美術の授業は中学では週4時間、高校になると週7～10時間となり、高2からは絵画・デザイン・工芸／立体の3コースに分かれて学んでいきます。美術以外にも「Art English」(英語)など、美術と関連づけた教科横断型の授業が行われており、リベラルアーツ教育も重視されています。

　さらに女子美術大学の教授が授業をする「中高大連携授業」をはじめ、「推薦入学制度」など、大学付属校ならではのプログラムも用意されています。ひとり1台のiPadを活用したICT教育も進んでおり、ゆとりある充実した6年間を過ごすことのできる学校です。

▼SCHOOL DATA▼

- ▶東京都杉並区和田1-49-8
- ▶地下鉄丸ノ内線「東高円寺」徒歩8分
- ▶女子のみ428名
- ▶03-5340-4541
- ▶http://www.joshibi.ac.jp/fuzoku/

白百合学園中学校

キリストの愛の教えに基づく全人教育

　白百合学園中学校の設立母体は、17世紀に誕生したシャルトル聖パウロ修道女会です。1878年、函館に上陸した3人のフランス人修道女により日本での活動が始まりました。1881年に東京に学校が設立されて以来142年、誠実さと愛をもって社会に貢献できる女性の育成をめざし、「キリストの愛の教え」に基づく全人教育を行っています。

　白百合学園では、一人ひとりに与えられた能力を豊かに開花させるためのきめ細やかな指導が行われています。宗教教育を基盤とする学園生活のあらゆる場面において、生徒たちは「愛と奉仕」の心を学び、成長していきます。

　中学1～2年生は基礎的な学力・体力を養成し、ものごとへの意欲と豊かな感性を身につけることが目標です。

　中学3年生～高校1年生では基礎・基本の定着に重点をおき、自己の確立と個性の発見に努めます。

　高校2～3年生は確立した基礎力の上に、自己実現に向けた発展的な学力開発をめざす2年間です。高校2年生から進路(文・理・芸術)に合わせた科目を選択し、高校3年生では大学卒業後の将来像を見つめたうえで具体的な「進路」を決定します。将来自ら問題を発見して答えを生みだし、さらに新たな創造力を発揮することをめざしています。

英仏2カ国語の学習と理科教育

　中学3年間は、全員が英語とフランス語を学びます。少人数クラスでコミュニケーション能力を養い、豊かな国際感覚を育成することが目標とされています。

　また、理科教育に力を入れているのも特徴です。例年、中学3年間で100種類以上の実験、観察を行い、かならずレポートを作成して考察力を養っています。近年、医療系を含めた理系進路を選択する生徒が増えつづけています。

▼SCHOOL DATA▼

- ▶東京都千代田区九段北2-4-1
- ▶JR線・地下鉄東西線・有楽町線・南北線・都営大江戸線「飯田橋」、地下鉄東西線・半蔵門線・都営新宿線「九段下」徒歩10分
- ▶女子のみ554名
- ▶03-3234-6661
- ▶http://www.shirayuri.ed.jp/

巣鴨中学校

東京
豊島区

男子校

最先端のグローバル教育を展開する伝統校

日々の努力が真のエリートを生む

巣鴨中学校では、先生や級友たちとの学校生活のなかで「がんばったからできた」「努力が実った」という達成感を味わうことを大切にしています。生徒は、そのような経験を積み重ね、自らの可能性を切り開いていきます。

巣鴨でしかできないグローバル教育を確立し、刻々と変化しつづける社会で力強く活躍する「グローバル人材」の育成に努めています。そのために中1〜中3ではスカイプを活用したオンライン英会話をはじめとするネイティブ教員による授業を実施し、そこで身につけた英語力をいかす機会を豊富に用意しています。

たとえば、第一線で活躍するトップエリートのイギリス人を講師に招き、さまざまなレッスンやアクティビティーを行う5泊6日の「巣鴨サマースクール」は、中2〜高1の希望者が参加できます。

高1・高2の希望者対象の「イートン校サマースクール」は、イギリスの伝統校イートンカレッジに3週間滞在し、イギリスの歴史や文化を体感する人気のプログラムです。約3カ月、カナダやイギリスなどでホームステイをしながら現地校の授業を受ける「ターム留学」制度もあります。

また、イギリスの名門クライストカレッジとの「Friendship Agreement」により長期留学も可能です。2020年は世界のトップ校のみ在籍できる国際組織「WLSA」に日本の学校として初めて加盟を認められました。各国の加盟校とオンラインで交流する国際教育プログラムも始まっており、伝統校だからこそできるグローバル教育が展開されています。

そのほか、アカデミックフェスティバル、百人一首歌留多大会、合唱コンクールや早朝寒稽古といった多彩な学校行事があり、それぞれの行事で一人ひとりの生徒が個性を発揮しています。

▼ SCHOOL DATA ▼

- ▶ 東京都豊島区上池袋1-21-1
- ▶ JR線「大塚」徒歩10分、JR線・私鉄各線・地下鉄丸ノ内線「池袋」徒歩15分ほか
- ▶ 男子のみ731名
- ▶ 03-3918-5311
- ▶ https://sugamo.ed.jp/

駿台学園中学校

東京
北区

共学校

駿台学園なら、「自分らしい」学校生活が見つかる!

楽しくないと学力も伸びない

21世紀の国際社会で活躍するには、学力プラスアルファの「総合力」が必要です。しかし詰めこみ式の教育では総合力が身につきません。駿台学園中学校は「学力」はもちろん、部活動をはじめとする多様な活動によって培う「学力以外の力」も重要視しています。

駿台学園が大切にすることはふたつ。第1に、学校は楽しくなくてはならないということ。学校が楽しくないと、生徒はやる気がわかず、学力もそのほかの力も伸びません。駿台学園では、授業、校外行事、校外で得るさまざまな体験、そして部活動、これらを楽しむことで、13歳の生徒たちが成長していきます。

第2に、学校はどの生徒にも居心地のよい場所であること。どんな生徒にも居場所や打ちこめるものがあり、それを見守る人がいる環境が大切です。駿台学園には勉強でも部活動でも経験豊富な指導者がいるので、生徒は

自分らしい学校生活を見つけることが可能です。このような方針のもと、教職員が生徒といっしょに走るように熱心にサポートを行っている点が駿台学園の魅力です。個性を育み、ともに目標に近づき成果をあげ、達成感を持たせることは生徒の将来の宝となります。

駿台学園の教育

教育の特色として、「公立校を上回る授業時間数」「教科書以外の多彩な教材の活用」「無理のない範囲の先取り授業」「習熟度別の学級を編成」「放課後チューター」「4技能の最先端の英語教育」「外国人講師や海外語学研修による国際性」「美術や音楽などの豊かな情操教育」「圧倒的な実績の部活動」「視野を広げる多彩な教育旅行（修学旅行は中高で3回・高は国外選択可）」があげられます。ほかにもスキー教室や英語祭、合唱コンクールなどの行事があります。全生徒がiPadを持ち、授業のZoom配信も可能です。

▼ SCHOOL DATA ▼

- ▶ 東京都北区王子6-1-10
- ▶ 地下鉄南北線「王子神谷」徒歩7分、地下鉄南北線「王子」徒歩8分、JR線「王子」・都電荒川線「王子駅前」徒歩10分
- ▶ 男子180名、女子35名
- ▶ 03-3913-5735
- ▶ http://www.sundaigakuen.ac.jp/

聖学院中学校

未来につなぐOnly One for Others教育

聖学院中学校はプロテスタントに属するキリスト教の学校です。一人ひとりが神さまからかけがえのない賜物を与えられているという考えから、その賜物を見つけ、自分だけでなく他者のためにいかす「Only One for Others」の教育理念を体現しています。そして、多彩なグローバル教育や、豊富な探究型教育、国内外で行われる体験学習をとおして、自分たちの力で課題を発見し、その解決に向けて仲間と協働しながら議論と探究を重ねる学びを大切にしています。そうした学びのなかで、生徒は自分を変えるチャンスにめぐりあい、他者を受け入れる冷静さを養い、世界と共生する知恵と勇気を獲得するのです。

「Student」から「Learner」へ！

聖学院は、カナダ・クイーンズ大学のヤング博士が提唱する「ICEモデル」を採用し、「問い」を大切にする授業を展開しています。ICEモデルとは、主体的な学びを実践する学習法で、「Ideas（基礎知識）」「Connections（つながり）」「Extensions（課題解決）」の頭文字をとった名称です。聖学院では、「知識」は、他者や世界に貢献するために身につけるべき重要なものだと考えられており、生徒たちは授業をとおして、「知識」を応用していく手法を学んでいきます。

また、2020年度から、生徒はひとり1台のデバイス（iPad推奨）を所有し、学内外での学習に活用しています。デバイスの導入によって、より効果的に、充実した授業を実践できる環境が整いました。デバイスについては、学校は使用状況の監視や制限は行いません。家庭の協力を得ながら生徒自身で端末の使い方やルールについて考え、行動していくことを重視しているのです。こうした主体性や自立性をうながす教育によって、生徒は「Student」から、積極的に自ら学ぶ「Learner」に進化し、激変する時代のなかでもたくましく生きるスキルを獲得していきます。

▼SCHOOL DATA▼

- ▶東京都北区中里3-12-1
- ▶JR線「駒込」徒歩5分、地下鉄南北線「駒込」徒歩7分
- ▶男子のみ505名
- ▶03-3917-1121
- ▶https://www.seigakuin.ed.jp/

成蹊中学校

学校全体に根づく建学の精神

成蹊学園では創立以来、「知育偏重ではなく、人格、学問、心身にバランスがとれた人間教育を実践する」という精神が流れており、「個性の尊重」「品性の陶冶」「勤労の実践」という3つの建学の精神に基づき、中高では解答のない社会のなかで、自ら課題を発見し、新たなものを創造し解決できる「0 to 1（ゼロトゥワン）」の発想を持てる人材育成をめざしています。

小学校から大学までが集うキャンパスで、成蹊小学校からの進学生、海外からの帰国生など、多様な背景を持つ生徒がともに学ぶなかで、偏らないものの見方、他者を理解し尊重する姿勢を身につけます。

多彩な進路を支える教育システム

成蹊中学校では、豊富な実験・実習や探究学習、また根底から学ぶカリキュラムのもとで学習することにより、自らの「琴線に触れる」機会をつくっています。

中学のカリキュラムは全員共通履修で、高2から文系・理系に分かれ、高3で19種類あるコースから各自で選択します。卒業生の約70％は他大学へ進学し、約30％は成蹊大学へ進学するため、その両方に対応できるようなカリキュラムを編成しています。

加えて、卒業生の協力を得ての進路ガイダンス、ワンキャンパスの利点をいかした大学教員による講演会や模擬授業などを積極的に行っています。これらの取り組みが医歯薬、芸術分野を含む多彩な進路の実現へとつながっています。

また、国際交流も大変さかんで、1949年に開始したアメリカ・セントポールズ校との交換留学をはじめとして、1970年から交流をつづけるオーストラリア・カウラ高校での短期留学、ケンブリッジ大学との提携プログラムなど多様な留学機会が用意されており、常時受け入れている留学生とも日常的に交流する機会があります。

▼SCHOOL DATA▼

- ▶東京都武蔵野市吉祥寺北町3-10-13
- ▶JR線ほか「吉祥寺」徒歩20分またはバス、西武新宿線「武蔵関」徒歩20分、JR線「三鷹」・西武新宿線「西武柳沢」バス
- ▶男子422名、女子389名
- ▶0422-37-3818
- ▶https://www.seikei.ac.jp/jsh/

成城中学校

せいじょう

次代を逞しく生きるリーダーを育成

創立138年を迎えた成城中学校は、林間学校・臨海学校を全国にさきがけて開設した教育界の草分け的学校です。

伝統ある校章は「知・仁・勇」を表す三光星。賢明な知性を持ち、チームワークを得意とする、チャレンジ精神旺盛な次代を生きるリーダーの姿を象徴しています。

文武両道の実践を可能にする校舎

校舎は都営大江戸線「牛込柳町駅」西口から徒歩1分の場所に位置し、繁華街や大通りがなく安全に通学できる立地が魅力です。近県からのアクセスもよく、教育・研究機関にかこまれています。

こうした最高の校地に、体育館（バレーコート4面）、温水プール、図書館（蔵書3万5000冊）、人工芝のグラウンド、地下体育室、自修館（18時半まで開館のチューター常駐自習室）、カフェテリアなど、さまざまな施設が充実しており、都心にある学校ながら、生徒は伸びやかに活動しています。

文武両道主義のもと、やり抜く力を育てる

成城版グローバル教育として「Global Studies Program」を展開しています。世界のトップ大学の学生や留学生を招き、議論・企画・発表をすべて英語で行う学校独自の内容です。このプログラムを経験することにより、初日は消極的だった生徒も、最終日には自分の意見を物怖じせずに発表できるようになります。こうした主体性こそがグローバル・リーダーに求められる姿勢です。

また、先生と生徒の距離がとても近い学校です。自ら課題を発見し、解決策が見つかるまで考え抜く、多少失敗してもへこたれずに挑戦しつづける生徒を育てます。

2021年度より完全中高一貫校となり、カリキュラムを改編しました。勉強も部活動もがんばって、最高の6年間を過ごしたいという欲張りな男子にうってつけの学校です。

▼ SCHOOL DATA ▼

- ▶ 東京都新宿区原町3-87
- ▶ 都営大江戸線「牛込柳町」徒歩1分
- ▶ 男子のみ830名
- ▶ 03-3341-6141
- ▶ https://www.seijogakko.ed.jp/

成城学園中学校

せいじょうがくえん

伝統と革新の融合で未来を拓く

成城学園中学校は創立時からの「自学自習」「自治自律」の精神を大切に守りながら、「英語・国際教育」「理数教育」「情操・教養教育」にとくに力を入れて教育を行っています。

「英語・国際教育」では、CEFR-Jをベースとした独自の指標がつくられ、4技能をバランスよく伸ばすこと、生徒が主体的に学ぶことに主眼をおいたカリキュラムが組まれています。2022年度からはGlobal Competence Programがスタートし、英語を使った課題解決学習に取り組んでいます。

「理数教育」では自作プリントを使った授業が数学・理科を中心に展開され、理科では実験や観察などをもとに考察する機会が多く設けられています。また、8つの実験室や「恐竜・化石ギャラリー」など、学園内には科学的好奇心を高める環境が整えられています。

さらに「情操・教養教育」としては芸術科目の充実をはかり、多様な課外活動で豊かな経験を積み上げることを大切にしています。

学びをデザインする6年間

生徒の発達段階に応じて2年ずつ3つのステージに分けた教育を実践する成城学園。中1・中2は基礎基本の充実をはかるとともに、海や山での自然体験をとおし「広く学ぶ・協力して学ぶ」ことに主眼をおいています。中3・高1は応用的な内容を学習し、「主体的に学ぶ・深く学ぶ」段階へとシフトし、選択授業や課外教室（修学旅行）などでは興味関心に応じたプログラムを選択します。高2・高3は各自の進路に合わせたクラス編制で、希望進路に対応し、大学受験に向けたきめ細かな指導が行われます。

成城大学への内部推薦は高校3年間の成績をもとに決定され、ほぼ全員が進学できる枠が確保されています。他大学併願は全学部で自由化されており、この制度を利用し、大学受験に挑戦する生徒が多数います。結果、例年50〜60%の生徒が同大学に進学しています。

▼ SCHOOL DATA ▼

- ▶ 東京都世田谷区成城6-1-20
- ▶ 小田急線「成城学園前」徒歩8分
- ▶ 男子351名、女子375名
- ▶ 03-3482-2104
- ▶ https://www.seijogakuen.ed.jp/chukou/

青稜中学校 せい りょう

週6日制を堅持したていねいな指導

週6日制を堅持し、ていねいな指導を追求しつづける青稜中学校。校舎は「下神明」「大井町」「西大井」のいずれの駅からも徒歩10分圏内という、交通至便の地にあります。

教育の根底にあるものは「人間教育」です。どのような社会でも自ら幸せを築いていける人づくりを志し、心の教育を重視しており、教育目標には「意志の教育」「情操の教育」「自己啓発の教育」を掲げています。

困難にくじけない強い意志、他人の痛みを思いやる心や感謝する気持ち、美しいものに素直に感動する豊かな心、そして個性と能力を磨きつづけようという前向きな姿勢、このような心の力を育てることを教育の根幹に据えています。

英語学習への取り組み

こうした人間教育のもと、進学校として学力形成に全力をそそぎ、中高6年一貫体制を整えています。通常の授業だけではなく、生徒がじっくり向きあうことのできるさまざまな取り組みが目を引きます。

たとえば自学自習システムや「長期休暇講習」があります。講習は国語・数学・英語のみですが、高校では受験に向けて、もうひとつの学校と呼べるほど多彩な講座を設けています。

また、中1の夏休みには学校外にて3泊4日の英会話中心の「語学セミナー」が、中2・中3の夏休みには3週間の「セブ島研修」が実施されます。高校では「ニュージーランド英語研修」「海外短期留学」を実施しています。そのほか中学では「英語早朝学習」「English Fun Program」もあり、さまざまな角度からの英語学習への取り組みを実施しています。

高校では、国公立・理系大学への進学の対応を強化し、最も効率的に学べるように受験指導体制を整えています。この結果、進学実績が着実に向上し、さらなる伸びが期待されています。

▼SCHOOL DATA▼

- ▶ 東京都品川区二葉1-6-6
- ▶ 東急大井町線「下神明」徒歩1分、JR線・りんかい線「大井町」徒歩7分、JR線「西大井」徒歩10分
- ▶ 男子284名、女子280名
- ▶ 03-3782-1502
- ▶ https://www.seiryo-js.ed.jp/

世田谷学園中学校 せ た がや がく えん

Think & Share の精神で教育を実践

「Think & Share」の教育理念を掲げ、優秀な人材を輩出する世田谷学園中学校。

仏教の禅の教えをもとにした人間教育を行うとともに、進学校として独自の教育を展開しています。

世田谷学園の「Think & Share」とは、釈尊の言葉「天上天下唯我独尊」を英訳したものです。「この世界で、私には、私だけが持っているかけがえのない価値がある。それと同じように、私だけではなくすべての人びとにその人だけが持っているかけがえのない価値がある」ことを表します。

この言葉の「Think」とは考える力を極限まで高め、自己の確立をはかるとともに進むべき道を見つけることで、「Share」とはまわりの人びとの意見に耳を傾け、お互いに助け尊重しあう大きな心を育てることです。こうして、生徒の学力向上だけではなく、人間的な魅力と社会性を磨いていくことに力をそそいでいます。

志望大学合格のための体系的授業

6年間を前・中・後期の3期に分け、志望大学合格のための進路別・学力別のカリキュラムを組む世田谷学園。2021年度から本科コース、理数コースの2コース制となりました。本科コースはじっくりと幅広く学び、高2で文理選択をするコース、理数コースは中学入学段階から理系学部進学を決めている生徒が対象で、理系プログラムが充実しています。

なお、本科コースでは、中3より、東京大学をめざす特進クラス1クラスと、学力均等の3クラスの計4クラスを編成しています。特進クラスは固定的ではなく、1年間の成績により、必要に応じて編成替えが行われます。

綿密な教育システムにより、2023年度は東京大学6名、京都大学1名、東京工業大学5名、一橋大学1名、北海道大学3名、早稲田大学58名、慶應義塾大学49名、上智大学33名と多くの難関大学合格者を輩出しています。

▼SCHOOL DATA▼

- ▶ 東京都世田谷区三宿1-16-31
- ▶ 東急田園都市線・世田谷線「三軒茶屋」徒歩10分、京王井の頭線「池ノ上」徒歩20分、小田急線・京王井の頭線「下北沢」徒歩25分
- ▶ 男子のみ644名
- ▶ 03-3411-8661
- ▶ https://www.setagayagakuen.ac.jp/

高輪中学校

東京 / 神奈川 / 千葉 / 埼玉 / 茨城

高く・大きく・豊かに・深く

1885年創立の高輪中学校は、教育理念に「見えるものの奥にある　見えないものを見つめよう」を掲げ、「何事も表面を見るだけでなく、その奥にある本質を探究することが大切である」という精神を学び、さらに本質から得たものを、表現・伝達する方法・手段を身につけることをめざしています。教育方針は「高く・大きく・豊かに・深く」、教育目標は「大学へ進学させるための指導」と「人を育てる指導」です。

「大学へ進学させるための指導」は、学習指導・進路指導のことです。6年間を3期に分け、希望の大学に合格できる力を養っていきます。中1・中2の「基礎学力徹底期」は、国語・数学・英語の授業にじゅうぶんな時間をあてて基礎学力を定着させ、中3・高1の「進路決定・学力伸長発展期」で学力をさらに伸ばしていきます。そして中3からは6クラスのうち2クラスを発展的な内容をあつかう「選抜クラス」として設置します。高2・高3は「総仕上げ・進路達成期」で、高3の前半までに中高のカリキュラムをすべて学び終え、その後は演習に力を入れていきます。

宿泊行事でさまざまな経験を積む

「人を育てる指導」は生徒指導のことで、日々の生活や行事などをとおして、社会で活躍し、だれからも信頼される次代を担うリーダーを育てることを目標にしています。

行事は高学祭（文化祭）や体育祭などのほかに、ユニークな宿泊行事もあります。中1の「自然体験学習」は飯ごう炊さんや農場体験、工芸体験など盛りだくさんの内容で、中2の「農工芸体験学習」はグループごとに各農家に分かれての農作業体験や、伝統工芸の体験などをとおして日本の伝統や文化などを学びます。そのほか中3では「西日本探訪」、高2では「海外学校交流」を体験します。

このように学力の伸長と人格の育成の両方を大切にしている高輪です。

▼SCHOOL DATA▼

- ▶東京都港区高輪2-1-32
- ▶都営浅草線・京急線「泉岳寺」徒歩3分、地下鉄南北線・都営三田線「白金高輪」徒歩5分、JR線「高輪ゲートウェイ」徒歩6分
- ▶男子のみ715名
- ▶03-3441-7201
- ▶https://www.takanawa.ed.jp/

玉川学園中学部

あ行 / か行 / さ行 / た行 / な行 / は行 / ま行 / や行 / ら行 / わ行

「ゆめ」を抱くきっかけをつかみ、一歩、ふみだせる学校

61万㎡の敷地に大学・大学院、研究施設までが集う玉川学園。「全人教育」「探究型学習」「国際教育」を柱とする主体的・対話的で深い学びにより、大学の学修に必要な資質・能力を育てます。①スーパーサイエンスハイスクール（SSH）指定校（16年目、4期指定期間2023～2027年度）、②IBワールドスクール（MYP・DP）認定校、③国際規模の私立学校連盟ラウンドスクエアの日本で初めての正式メンバー校でもあります。

玉川学園中学部の授業は、専任教員が常駐し関連教材が置かれた専門教室で行われます。

一般クラスの数学・英語では「習熟度別授業」を実施。英語は個に応じて外国人教師による授業割合を変え、高い表現力・コミュニケーション能力の獲得をめざします。ほかの教科では、特性に応じ知識やスキルを効果的に得る多様な授業が展開されています。また、IBワールドスクール認定校としての指導方法や評価法も取り入れられています。

国際交流もさかんで、44カ国240校以上のメンバー校からなる国際的な私立学校連盟ラウンドスクエアのネットワークを活用し、多彩な国際教育プログラムを実施しています。また、高大連携プログラムとして、玉川大学への内部進学希望者が高3より大学の授業を履修でき、入学後単位認定される制度があります。

STEAM教育を取り入れた探究型学習

STEAM教育とは、Science（科学）、Technology（技術）、Engineering（工学）、Art（リベラルアーツ）、Mathematics（数学）の5領域に力を入れる教育方針で、科学技術の理解を深めると同時に、それらを利用して新しいものを生みだす力を養います。玉川学園では、理科教育の拠点「サイテックセンター」や探究型学習の拠点「マルチメディアリソースセンター」など充実した施設設備を活用し、ロボット研究やサンゴ研究などさまざまな分野の研究がさかんに行われています。

▼SCHOOL DATA▼

- ▶東京都町田市玉川学園6-1-1
- ▶小田急線「玉川学園前」徒歩15分、東急田園都市線「青葉台」バス17分
- ▶男子248名、女子318名
- ▶042-739-8931
- ▶https://www.tamagawa.jp/academy/

多摩大学附属聖ヶ丘中学校

学びの両輪 「探究学習」と「基礎学習」

「自主研鑽・敬愛奉仕・健康明朗」が教育目標。「少人数できめ細かい指導・本物から本質に迫る教育・主体性と協働性の育成」を3つの教育の柱として、時代の変化に対応したリーダーシップの養成と同時に、相互に支えあう心温かい精神を持ち、平和で平等な社会の実現をめざす人材の育成に努めています。キャンパスは緑豊かな丘の上にあり、室内温水プールや天体観測室などの設備も整い、生徒は充実した学園生活を送っています。

多摩大聖ヶ丘の探究学習「A知探Q」

調べ学習だけでは終わらない、体験をともなった探究学習が多摩大学附属聖ヶ丘中学校の探究「A知探Q」です。放課後に中高の有志がさまざまな取り組みに挑戦している「放課後活動」、教員と生徒が全力で学びを楽しむ夏期探究特別講座「A知探Qの夏」。そして、自分たちが生活する多摩地域をフィールドに、実際に行動することにより学びを深める、高校生の「探究ゼミ」。多摩大聖ヶ丘の探究は、"確かな自信"と"語れる経験"を手に入れるチャンスにあふれています。

授業を第一に基礎学習を反復

教科書を読むだけ、問題を解くだけ、PCで学習動画を見るだけ……そんな授業は多摩大聖ヶ丘にはありません。身につけてほしいのは知識だけでなく、学ぶ姿勢であるとの考えから、教員は工夫と研鑽を繰り返し、毎日の授業に熱心に取り組んでいます。

着実に学力を高めるために、「小テスト⇔フィードバック授業」の反復サイクルが、教科を問わず行われています。教育改革が進むなかでも、「覚えること」「立ち向かうこと」は重要であると同校ではとらえられています。生徒一人ひとりを想い、ときに厳しく、ときに励まし寄り添いながら、学びに向かう姿勢を身につけてもらうための授業が、多摩大聖ヶ丘にはあります。

▼SCHOOL DATA▼

- 東京都多摩市聖ヶ丘4-1-1
- 小田急線・京王線「永山」バス12分またはスクールバス10分、京王線「聖蹟桜ヶ丘」バス16分またはスクールバス15分
- 男子223名、女子121名
- 042-372-9393
- https://www.hijirigaoka.ed.jp/

多摩大学目黒中学校

夢の実現に向けて妥協のない学校生活

夢の実現のために進化しつづける

多摩大学目黒中学校では、生徒一人ひとりが自分の特性に気づき、個性に合った進路希望を可能なかぎり高いレベルで実現できるように、学力増進のための独自のカリキュラムを編成しています。

中学校では独自教材を使用し、反復練習によって基礎基本を徹底して身につけます。また、週3日の朝テストや、毎日2時間分の宿題がでるので、自然と家庭学習の習慣を身につけることができます。そして高校では、中学時代に養った基礎を土台に、大学受験に即した授業を展開することで、大学合格に結びつく学力を身につけていきます。高2からは理系・文系に分かれ、希望進路に沿った柔軟な選択科目が用意されています。

目黒キャンパスからバスで約50分の場所に、あざみ野セミナーハウスがあります。ここは緑豊かな住宅地にあり、広大な人工芝のグラウンド、冷暖房完備の教室、多目的体育館、テニスコート、宿泊設備などが整っています。クラブ活動での使用はもちろんですが、中学の間は、毎週1日あざみ野セミナーハウスで授業が行われます。いつもとはちがう自然豊かな環境で、心身ともにリフレッシュしながら学ぶことができるのです。

クラブ活動もさかんです。全国に名をとどろかせているサッカー部はもちろん、ダンス部や囲碁部など運動系・文化系にかかわらず、一流の指導者による指導と最高の環境がそろっています。

勉強も、クラブ活動も、大学進学も妥協しないのが多摩大目黒です。中学生のうちからしっかりとした進学指導が行われることで、多くの生徒が自分の進路目標を定め、希望の大学に合格していきます。近年では難関大学への合格者数も上昇し、国公立大学・早慶上理・G-MARCHの現役合格は138名を達成しました。今後への期待も高まっています。

▼SCHOOL DATA▼

- 東京都目黒区下目黒4-10-24
- JR線・東急目黒線・地下鉄南北線・都営三田線「目黒」徒歩12分、東急東横線・地下鉄日比谷線「中目黒」スクールバス
- 男子249名、女子82名
- 03-3714-2661
- https://www.tmh.ac.jp/

中央大学附属中学校

自分で考え、行動する力を身につける３年間

　中央大学附属中学校は2010年、100年以上の歴史を持つ附属高校のもとに開校しました。中央大学は「行動する知性。」をユニバーシティー・メッセージとして掲げ、実社会で役立つ実学の探究を重んじる大学です。これは附属中高にも受け継がれ、いかされています。中高大の一貫教育によって、受験勉強にとらわれない学力の充実が可能です。さまざまな活動に積極的に参加し、伸びのびとした６年間を送ることができます。

　そうした伸びやかさのなかで、知的好奇心を喚起する数々の授業を行い、きめ細かな指導で基礎学力の定着と発展をはかります。たとえば、「Project in English」ではネイティブ・スピーカーの指導のもと、身のまわりのさまざまなことがらに始まり、日本国内各地域について、グループ調査や英語でのプレゼンテーションを行います。また、中3では学校開設科目として「教養総合基礎」を設置しています。現在高校で実施されている「教養総合」（教科・分野横断型学習）へと連動する講座です。中3では確かな基礎学力の養成に加えて、探究型学習への対応力を磨きます。さらに、スクールランチと呼ばれる食育の時間では、実際に日本や世界の郷土料理を食べます。この食育も実学の象徴で、気候や風土などと合わせ、郷土料理が誕生した背景を五感で学ぶことになります。なお、2022年度中1よりICT環境が整えられ、生徒にはiPadが導入されています。

中央大学との強い連携

　スーパーサイエンスハイスクール（SSH）にふさわしく、理系、文系問わず、さまざまな授業で大学との連携がとられています。

　大学生が授業に参加したり、大学の先生が来て授業をしたりすることがあるほか、大学の単位の先取りも可能です。早いうちから大学を知ることで、将来の目標に沿った進路を選ぶことができます。

▼SCHOOL DATA▼

- ▶東京都小金井市貫井北町3-22-1
- ▶JR線「武蔵小金井」徒歩18分またはバス、西武新宿線「小平」バス
- ▶男子238名、女子280名
- ▶042-381-5413
- ▶https://www.hs.chuo-u.ac.jp/

筑波大学附属中学校

智育、徳育、体育のバランスのとれた生徒をめざす

伝統が生んだ独自のカリキュラム

　筑波大学附属中学校の歴史は古く、首都圏の大学附属校のなかで最も伝統ある学校のひとつです。筑波大学附属では、中等普通教育を行うとともに、筑波大学における生徒の教育に関する研究に協力し、学生の教育実習の実施にあたる使命を持っています。

　「強く、正しく、朗らかに」の校訓のもと、魅力的な授業と、多種多彩な活動をとおして、確かな知性と自主自律の精神の育成をめざしています。

　日本の教育の中枢を担ってきた東京高等師範学校、東京教育大学の歴史と伝統を引き継ぎながら、全人教育をめざし、どの授業も基礎・基本をふまえつつ、より高度で魅力的な学習内容となっており、自分の頭で考え、心で感じ、全身で表現する学習が繰り広げられています。

　生徒の自主性と独創性を育てる学校行事もさかんで、運動会や学芸発表会などはおおいに盛りあがります。また、中1での富浦海浜生活、中2での黒姫高原生活と、自然のなかでの共同生活をとおして、「生き方」を学びます。

約80％が併設の高等学校へ

　併設の筑波大学附属高等学校へは、およそ160名（約80％）の生徒が進学することができます。附属高校側の実施する試験を受け、その結果と中学在学中の成績との総合評価で進学が決定します。

　多くの生徒が附属高校へ進学することから、受験勉強にあくせくすることなく、中学の3年間を使って将来へ向けて自分を見つめ直すことができます。

　なお、高校入試での外部からの募集は男女約80名です。附属高校からは、毎年東京大学をはじめとする難関大学へ多くの合格者を輩出しています。

▼SCHOOL DATA▼

- ▶東京都文京区大塚1-9-1
- ▶地下鉄有楽町線「護国寺」徒歩8分、地下鉄丸ノ内線「茗荷谷」徒歩10分
- ▶男子305名、女子306名
- ▶03-3945-3231
- ▶https://www.high-s.tsukuba.ac.jp/

筑波大学附属駒場中学校

抜群の大学合格実績を誇る進学校

筑波大学附属駒場中学校は、首都圏随一の進学校としてその名声は高く、例年附属高校の卒業生の半数近くが東京大学に合格しています。2023年度は東京大学に87名（現役73名）、国公立大学に126名（現役96名、東京大学含む）合格しています。

筑波大附属駒場は抜群の大学合格実績にもかかわらず、むしろ受験勉強にとらわれることなく、すぐれた資質を有する生徒たちの個性を伸ばそうとする教育姿勢を貫いています。「学業」「学校行事」「クラブ活動」の3つの教育機能を充実させ、心と身体の全面的な人格形成をめざしています。

中学・高校ともに制服はなく、ほとんど校則もない自由な校風のなか、生徒の自覚に基づき、自ら考えて行動することの大切さを体得できる教育を具現化しています。

さまざまなテーマで行う探究活動

筑波大附属駒場では、教科の学習とは別に、総合学習として、より大きなテーマを設定し、さまざまな角度から学んでいきます。

「水田学習」は同校の前身である駒場農学校時代から伝承されてきた「学校田」で行われます。中1では田植え、稲刈り、脱穀など、米づくりの一連の流れを体験し、そのお米で餅つきをしたり、新入生や卒業生に赤飯として配ります。

また、「地域研究」として、中2では東京地区、中3で東北地方について、それぞれの地域の歴史、文化、産業、経済、自然などからテーマを設定し、文献にあたって事前調査し、現場でのフィールドワークを行い、レポートにまとめます。さらに中3では、高度で専門的な内容を学ぶ「テーマ学習」が用意されています。

原則的に全員が進学する筑波大学附属駒場高等学校では過去20年間のスーパーサイエンスハイスクール（SSH）認定の実績のもと、理数系分野の高度な研究活動が行われています。

▼SCHOOL DATA▼

▶東京都世田谷区池尻4-7-1
▶京王井の頭線「駒場東大前」徒歩7分、東急田園都市線「池尻大橋」徒歩15分
▶男子のみ367名
▶03-3411-8521
▶https://www.komaba-s.tsukuba.ac.jp/

帝京中学校

「一貫特進コース」充実躍進

創立者の遺訓「力むれば必ず達す」を基本に、知・徳・体のバランスの取れた、健全で責任感のある人材の育成をめざす帝京中学校。中学校で高校課程にもふみこむ先取り教育を行っていますが、週6日制でじゅうぶんな授業数を確保しているため、無理なく学習とクラブ活動を両立させることが可能です。

中学からの入学生は完全一貫制で、6年間という長い時間を使い、揺るぎない基礎の上に「主体性・思考力・表現力」を育成し、広い視野を育てていきます。

帝京には「一貫進学コース」、「一貫特進コース」のふたつのコースがあります。

「一貫進学コース」はさまざまな体験をとおして、知識を身につけ多様な進路目標に対応した教育をめざすのに対して、「一貫特進コース」は目的を明確化し難関大学進学をめざします。このコースでは長期休暇中の講座をはじめとして、授業・家庭学習・確認テスト・補習・個別指導のサイクルのなかで、生徒一人ひとりをサポートしながら、学力向上をはかる体制が整っています。6年後に全員が難関大学に現役合格することを目標に掲げています。

特待生制度は「一貫進学コース」、「一貫特進コース」の両方で設けています。

なお、系列大学への進学は医療系を含め3割程度です。

充実した学習支援

「一貫進学コース」では、夏期休暇の講座が充実しています。5教科を中心とした多くの講座が開かれ、さらに5教科以外の科目や防災探究など、日常の授業では体験できない内容も盛りこまれています。

先生と生徒の距離が近いのも特徴のひとつです。放課後や昼休み、生徒たちは当たり前のように職員室を訪ね、コミュニケーションがはかられ、生徒からの質問があれば、いつでもその場で補習授業が行われています。

▼SCHOOL DATA▼

▶東京都板橋区稲荷台27-1
▶都営三田線「板橋本町」徒歩8分、JR線「十条」徒歩12分
▶男子193名、女子105名
▶03-3963-6383
▶https://www.teikyo.ed.jp/

帝京大学中学校

チャレンジを応援する進学校

緑豊かな多摩丘陵の一角にある帝京大学中学校。「努力をすべての基とし、偏見を排し、幅広い知識を身につけ、国際的視野に立って判断ができ、実学を通して創造力および人間味豊かな専門性ある人材の養成を目的とする」という建学の精神に則り、心身ともに健やかで責任感に富む公人を育てることをめざしています。

生徒一人ひとりの夢の実現をめざす帝京大中は、生徒に多くの選択肢を持ってもらいたいと考えています。そのため、その中高一貫教育システムは、帝京大学の附属校でありながら大学受験を目標においた、志望大学への進学を実現させるものとなっているのです。

確実にステップアップする6年間

授業は週6日制で、クラスは約30名で編成されています。中1・中2では基礎学力の充実を目標に、学力均等クラス編成のもと、数学と英語で習熟度別授業が行われていま

す。中3より、難関大学進学をめざし応用力を磨くⅠ類、基礎学力を固めて弱点を克服するⅡ類に分かれます。そして、高2からは少人数による進学指導を行います。5教科必修型カリキュラムを組む「東大・難関国立大コース」と志望に応じて科目を選択する「早慶・国公立大コース」「難関私立大コース」に分かれ、さらにコース間でも文系と理系ごとのカリキュラムを用意しています。高3で行われる演習の授業では、志望大学に合わせたオリジナル教材による添削指導と個別指導により、難関大学受験で要求される記述力、表現力を育てていきます。

また、中3沖縄修学旅行やグローバル教育のさきがけとした高1ニュージーランド語学研修旅行、高2でのアジア地域への修学旅行も生徒の学ぶ意欲を高めます。生徒とともに進化をつづける帝京大中。熱意ある教員とそれに応える生徒たちの研鑽の結果、生徒たちはみんな笑顔で卒業していきます。

▼SCHOOL DATA▼

▶東京都八王子市越野322

▶小田急線・京王線・多摩都市モノレール「多摩センター」、JR線「豊田」、京王線「平山城址公園」スクールバス

▶男子185名、女子176名

▶042-676-9511

▶https://www.teikyo-u.ed.jp/

田園調布学園中等部

豊かな人生を歩める人になるために

建学の精神「捨我精進」（わがままを抑え、目標に向かって努力精進する、いまの自分を乗り越えていく）のもと、体験を重視した教育活動を展開している田園調布学園中等部。

卒業時には、より高い目標を定めて学びつづけることができる人、他者と協同しながら主体的に行動できる人、よりよい社会の実現に向けて探求し実践できる人となれるよう、生徒たちを育てています。

探究プログラムがスタート

生徒の主体性や協調性を養いながら問題を発見・解決する授業を展開。生徒がひとり1台所持するノートPCなどICT機器も積極的に活用しています。2022年度から週1コマ「探究」の時間を設置し、外部団体とも連携してデザイン思考を用いながら、課題解決学習に取り組んでいます。

数学と地理、音楽と理科などの教科横断型授業にも力を入れており、理系選択は45%

程度。理科実験は6年間で150種類、とくに中1・中2は毎週実験を行っています。また、英語では多読、ディスカッションなどの機会を多く設けて4技能をバランスよく育てる授業のほか、英語力が高い生徒には取り出し授業も実施。中3と高1の数学と英語では、到達度別授業を実施して興味関心を刺激しながら、苦手意識のリセットも行っています。

また、「土曜プログラム」を年8回開催。5つの分野・約170講座から自由に選択することができ、ほとんどの講座を外部講師が担当します。平常の授業ではできない体験をとおして将来の目標や夢につなげています。

「学習体験旅行」・「体験学習」に加え、中3対象の「ホームステイ」、高校生対象の「ニュージーランドターム留学」・「グローバル・スタディーズ・プログラム」といった海外研修や語学研修も充実。多くの体験を積み重ね、他者や社会、世界へと視野を広げ、どう生きるかを自分自身に問いかけるきっかけとなります。

▼SCHOOL DATA▼

▶東京都世田谷区東玉川2-21-8

▶東急東横線・東急目黒線「田園調布」徒歩8分、東急池上線「雪が谷大塚」徒歩10分

▶女子のみ652名

▶03-3727-6121

▶https://www.chofu.ed.jp/

東海大学菅生高等学校中等部

スローガンは「Dream ALL」

「Dream ALL」とスローガンを掲げる東海大学菅生高等学校中等部。この言葉には、生徒が自発的に行動し、熱意や探究心を持って努力するためには「Dream（夢）」、将来の目標がなければならないとの思いがこめられています。ALLとは「Act（活動）・Learn（学び）・Live together（共生）」を意味し、これら3つをキーワードに日々の教育が行われています。

ALLのA、「活動」とは、クラブ活動や国際交流をさします。クラブ活動では、全国制覇を4度果たしたテニスクラブ、全国大会ベスト8のバスケットボールクラブ、首都圏私立中学校サッカーチャンピオンズカップで4度の優勝に輝いたサッカークラブなど、どのクラブも活発に活動しています。

国際交流としては、国内でヨコタミドルスクールと交流するとともに、オーストラリア語学研修を実施しています。また、ふだんの学校生活でもネイティブスピーカーの教員と触れあう機会が多く設けられています。

2021年には、東海大学や他大学の医学部および難関大学への現役合格をめざす医学・難関大コース、2023年には、長期的視野で基礎学力と理解力・応用力を育む一貫進学コース（ともに6年一貫）をスタートしました。「世界標準（Global Standards）世界に適用する人間作り」を目標としています。

「共生」を学ぶ環境教育

東海大菅生では、広大な敷地と、キャンパスのまわりに広がる自然を存分に活用した環境教育が日常的に行われています。校内には畑もあり、野外体験学習や自然体験学習など、教室を飛びだした授業が多く取り入れられています。こうした教育をつうじて、生徒は自然と「共生」していくことを学ぶのです。

人間性にあふれた知性と感性を磨き、自らの力で生きていくたくましさを身につけ、これからの21世紀を担う真の創造性を持つ生徒を育む東海大菅生です。

▼SCHOOL DATA▼

▶東京都あきる野市菅生1468
▶JR線「秋川」「小作」バス、JR線「八王子」スクールバス
▶男子155名、女子67名
▶042-559-2411
▶https://www.tokaisugao-jhs.ed.jp/

東京家政大学附属女子中学校

KASEIからSEKAIへ　自主自律の精神を6年間の教育で

「愛情・勤勉・聡明」を生活の要として掲げ、確かな基礎学力や英語力、つねに学びつづけ、探究しつづける力を育成している東京家政大学附属女子中学校。創立以来142年にわたり、生徒の個性を引き出す女子教育を実践し、社会に有為な人材を輩出してきました。

都内にありながら広大で緑豊かな東京家政大学構内に校舎をかまえ、安心して学べる環境を整えています。

特進クラスを設置し、国公立大学や早慶など難関私立大学への進学をめざす一貫教育を行い、同時に人間として豊かな成長を遂げるためのプログラムを展開。2020年度よりIB（国際バカロレア）教育・MYP候補校として、教育のいっそうの充実をはかるとともに、自主自律の精神を育んでいます。

キーワードは「豊かな言葉」

東京家政大附属では「豊かな言葉」を持ち、学びつづける女性の育成をめざします。学習においては、共働学習（グループワーク）で多様な課題に主体的に向きあい、説明する力や聴く力を身につけます。

英語教育では、英検2級・準2級を目標とした受験指導や、Oxford Big Read Contestへの参加、中2以降はLE（ラーニングインイングリッシュ）週1時間、レシテーション、ALTによるプライベートレッスン、高円宮杯全日本中学校英語弁論大会への参加など、さまざまなプログラムに取り組んでいます。オンライン英会話の受講ができるほか、高1ではニュージーランド方面へのターム留学も可能です。

キャリア教育では「ヴァンサンカン・プラン」として、25歳の自分を思い描き、東京家政大学の学部・学科研究や体験授業、OG講演会の実施などをとおして夢の実現をめざします。総合探究の時間には、教科の枠を越えて身近な疑問から問いを立て、情報収集、ポスターセッションなどで探究力を高め、考えつづける態度を涵養します。

▼SCHOOL DATA▼

▶東京都板橋区加賀1-18-1
▶JR線「十条」徒歩5分、都営三田線「新板橋」徒歩12分、JR線「東十条」徒歩13分
▶女子のみ236名
▶03-3961-0748
▶https://www.tokyo-kasei.ed.jp/

東京純心女子中学校

FIND YOUR MISSION あなたの「使命」を見つけよう

新しいカトリックミッションスクールへ

東京純心女子中学校では「すべてのいのちを愛する心を育み、平和な未来に貢献できる人を育てる」というカトリック学校としての使命が、混迷の現代においてますます重要になるととらえられています。

そのうえで、個別最適な学びとともに、人とのかかわりや自然（いのち）と直接ふれあう教育が不可欠と考え、デジタル教材を駆使した、より効率的な学習と、人とのかかわりを中心とした自由で主体的な探究活動を推進することによって、カトリック学校としての使命を果たすことをめざしています。

2023年度より「FYMプロジェクト」始動

2023年度からカリキュラムが大幅に見直されます。その軸となるのが「FYMプロジェクト」です。「FYMラーニング」では13時に正課の授業を終え、放課後の3時間を使って「FYMアクティビティ」を実施していきます。その内容は受験学力養成講座、大学講義・研究体験をはじめ、企業との連携活動、地域貢献活動（ボランティア）、自分たちで育てた農作物の販売、各種コンクールや資格試験への挑戦など多種多様です。こうした活動に、個人や学年の枠を越えたグループで主体的に取り組んでいきます。

なお、併設の東京純心大学で看護学部の講義を受けることもできます。

「特進プログラム」と「セレクトデザイン」

高1から最難関国公立大学をめざす「特進プログラムコース」と、看護・薬学をはじめ芸術等、多様な進路をめざす「セレクトデザインコース」に分かれて学びます。

2月5日には「Sr. マリア・マダレナ江角特待生入試」（3年間授業料免除）を実施。合格者は「特進プログラムコース」に進み、自分の夢を実現していきます。

▼ SCHOOL DATA ▼

▶ 東京都八王子市滝山町2-600

▶ JR線「八王子」、京王線「京王八王子」、JR線・西武拝島線「拝島」バス15分

▶ 女子のみ88名

▶ 042-691-1345

▶ https://www.t-junshin.ed.jp

東京女学館中学校

135年の伝統と新たな時代への革新

東京女学館中学校は、1888年、「諸外国の人々と対等に交際できる、豊かな国際性と知性にあふれた気品のある女性の育成」を目標に設立されました。この建学の精神は、現在の教育目標である「高い品性を備え、人と社会に貢献できる女性の育成」に受け継がれています。中1は「スクール・アイデンティティ」という授業で、学校の歴史や伝統を学ぶとともに、20年以上前の卒業生から当時の学校や生徒のようすについて話を聞きます。こうした学びをつうじて東京女学館の一員としての意識を高め、女学館生としての誇りを胸に、自分自身やともに過ごす仲間を大切に思う気持ちを育んでいきます。

充実した英語教育と多彩な教育活動

東京女学館は全学年で習熟度別授業を展開しており、レベルに適した環境で学ぶことができるようになっています。中学では多様な活動をとおして4技能を伸ばすとともに、多読教材や学習アプリなどを活用して自宅でも多くの英語に触れるようにすることで、英語の基礎力を強化。また、授業では人前で話す機会を多く設け、英語で発信することに対して前向きな姿勢や他者と協働する力を育てています。さらに多くの国際交流プログラムや英語の学習プログラムも用意しており、臆することなく海外にでて、さまざまな問題を解決できる生徒の育成をめざしています。

高校の総合的な探究の時間では、2年かけて興味関心のあるテーマを研究し論文を執筆することで、自ら問いを見出す力を養います。

伝統的な自国文化も重視しており、中1では茶道、中2では華道の体験授業があり、おもてなしの心や日本独自の美意識を学び、自国文化への関心を高め、理解を深めています。

生徒一人ひとりが、中高の6年間をとおして品性を高め、国際性を身につけ、それぞれの個性をいかした進路に向けて羽ばたいていけるように全力で支援しています。

▼ SCHOOL DATA ▼

▶ 東京都渋谷区広尾3-7-16

▶ 地下鉄日比谷線「広尾」徒歩12分、JR線ほか「恵比寿」バス8分、JR線ほか「渋谷」バス10分

▶ 女子のみ706名

▶ 03-3400-0867

▶ https://www.tjk.jp/mh/

東京成徳大学中学校

夢が目標に変わり、未来につながる。

　東京成徳大学中学校は、2025年に創立100年目を迎える共学の一貫校で、世界が目まぐるしく変化している今日、日々進化している学校です。正解がひとつではないといわれるいま、一人ひとりが自分の人生を充実させるためには、自分自身で考えられる人間に成長することが重要だと東京成徳大中では考えています。そのため、未来を見据え、現代を生き抜いていくために求められる力の育成を実現しています。

　生徒は学力・豊かな人間性・心身の健康・創造性・グローバルマインド・対応力といった要素を6年間で主体的に獲得し、自分の可能性に気づいていくことで、自ら学ぶべき道に向かって自走していきます。東京成徳大中ではそうした力の獲得をあと押しするスタイルが確立されています。

未来を見据え、世界を知る、自分を拓く

　完全6年一貫教育体制で、6年間の時間を有効に活用し、各教科で基礎学力の構築だけにとどまらない実践的なコミュニケーション力や表現力など、社会で活用できる力を養っています。

　3学期・週6日制を基本に、数学と英語は中1より習熟度別の少人数授業を実施。英語は週7時間のうち3時間が外国人講師による授業となっており、中学では年間10時間以上のオンライン英会話も取り入れています。

　また校外学習などを含む探究活動の機会も豊富で、生徒それぞれが自発的な学びを行っています。そしてそこではICT機器を積極的に活用し、より深い学習をめざしています。自己のなかにインプットした体験をプレゼンテーションや動画作成をつうじて表現するなど、主体的な学びが可能となっているのです。

　2022年度より始まった新課程のなかでは、上記のような社会的なスキルの構築を目的としたオリジナルプログラムへの取り組みをさらに強化しています。

▼SCHOOL DATA▼

- ▶東京都北区豊島8-26-9
- ▶地下鉄南北線「王子神谷」徒歩5分、JR線「東十条」徒歩15分
- ▶男子145名、女子115名
- ▶03-3911-7109
- ▶https://www.tokyoseitoku.jp/js/

東京電機大学中学校

校訓「人間らしく生きる」にこめられた思い

　東京電機大学中学校の校訓は「人間らしく生きる」。この言葉には「人間だけが夢を見ることができ、人間だけが夢を実現する意志をもっている、夢の実現に向かって努力していこう」という熱い思いがこめられています。

3つの教育と体験学習プログラム

　3つの教育とは、基本的な文書作成方法からプログラミングまで学べる「情報教育」、充実した施設を使い楽しみながら自然科学への関心を高める「理科教育」、クラスを2分割しそれぞれネイティブがつく英会話の授業等をつうじて実践的な英語力を養う「英語教育」です。この3つの教育により、探求心と表現力を養いグローバルに活躍する人材を育みます。

　生徒一人ひとりが「自分が見守られている」と安心感を感じながら学べるように、教員が個々の学習状況を把握できる30名程度でのクラスが編成されている点も特徴です。また、中3からは習熟度別のクラスとなり、応用力養成クラスと基礎力充実クラスに分かれた指導が展開されます。生徒の学習到達度は、年5回の定期考査や模擬試験、年2回の到達度確認テストにより確認されます。さらに、各試験終了後に配布される試験内容の分析シートや成績一覧表をもとに講習・補習が行われるので、生徒が目標達成するための学力をしっかりと身につけることができます。

　ていねいな学習指導体制に加え、理科・社会科見学会・総合学習など、多彩なプログラムが用意されています。「人間らしく生きる」とは、自分の責任において生きる道を決めていくことです。そのための5つの力「視野の広さ」「向上心」「冒険心」「共感力」「専門性」を身につけていきます。

　着実に学力を伸ばしていける環境と、特色ある「探究学習」の授業や経験を重視する体験学習プログラムにより、生徒が夢を実現するための力を育む東京電機大中です。

▼SCHOOL DATA▼

- ▶東京都小金井市梶野町4-8-1
- ▶JR線「東小金井」徒歩5分
- ▶男子342名、女子165名
- ▶0422-37-6441
- ▶https://www.dendai.ed.jp/

東京都市大学等々力中学校

共学校

ノブレス・オブリージュとグローバルリーダーの育成

2009年、東横学園中学校から東京都市大学等々力中学校へと校名変更し、2010年には共学部がスタート。いま、時代に合わせてどんどんステップアップしている学校です。東京都市大等々力が理想とする教育像は「ノブレス・オブリージュ」です。これは、誇り高く高潔な人間には、それにふさわしい重い責任と義務があるとする考え方のことです。この言葉に基づいた道徳教育・情操教育で、将来国際社会で活躍できるグローバルリーダーを育成することをめざしています。

独自の４つの学習支援システム

東京都市大等々力では、独自の学習支援システムにより、基礎基本の修復から難関大学現役合格対策、自学自習力の育成から問題解決思考の育成まで、生徒にとって必要不可欠な力を具体的なプログラムで着実に実行しています。それが「システムＺ（ゼータ）」、「システムLiP」、「英語・国際教育プログラム」、

「理数教育プログラム」というシステムです。

「システムＺ（システム４Ａの発展形）＝TQ＋AI」は、AI（人工知能）が生徒の学力に応じて学習プログラムを作成し、生徒に提示するシステムです。

「システムLiP」はLiteracy（読み取り能力）とPresentation（意思伝達能力）を組みあわせた造語で、文章を正しく読み解く能力と、人を「その気にさせる」説明力を養う独自のシステムです。

「英語・国際教育プログラム」は、多読や速読を重視した読解重視の英語力を育成するものです。

そして、「理数教育プログラム」は工学系の大学である東京都市大学グループのメリットをいかした高大連携プログラムを展開しています。

こうしたさまざまな取り組みにより、東京都市大等々力では、生徒たちの高い進路目標の実現と高潔な人生を保証しています。

▼SCHOOL DATA▼

- ▶東京都世田谷区等々力8-10-1
- ▶東急大井町線「等々力」徒歩10分
- ▶男子326名、女子318名
- ▶03-5962-0104
- ▶https://www.tcu-todoroki.ed.jp/

東京都市大学付属中学校

男子校

BE THE NEXT ONE　最難関大学合格実績が急伸

中１からⅡ類（最難関国公立大学コース）とⅠ類（難関国公私立大学コース）のふたつを用意し、レベルに応じた授業で生徒の理解度アップをはかる東京都市大学付属中学校。早い段階から進路目標が明確になることで、東京大学や東京工業大学、一橋大学などの最難関大学への進学者が急速に伸びています。

そんな東京都市大付属の教育のなかで長い伝統を持つ科学実験は、主体的な学びにつながる授業です。中学校３年間で60テーマに取り組み、レポート作成をとおして観察眼や思考力を育みます。

また、心身が大きく成長する中高６年間、仲間と競いあい、助けあうなかで、自分をきたえるイベントを提供します。中１と中２の全員が参加する弁論大会は、弁士と聴衆の言葉による真剣勝負。そして中３のキャリア・スタディは、卒業生が社会や職業について熱く語ってくれます。高１では少人数のゼミ形式で4000字を超える論文を書き、進路を考

えます。

「勉強も部活も100：100」をモットーに、部活動もさかんです。中高一体で活動する部も多く、放課後も活気に満ちています。部活動の加入率は９割を超え、都大会や全国大会にも進出しています。

2023年度より2月1日「午前入試」開始

帰国生入試や英語を使うグローバル入試も実施しており、海外経験のある生徒が全校の６分の１におよびます。同じクラスの帰国生と国内生が、お互いの得意科目を教えあったり、同級生の話から等身大の世界の姿を知ったりすることもあります。こうした「内なる国際化」は、コロナ禍で海外渡航が制限されていても滞ることはありません。

2023年度入試からは、従来の2月1日「午後入試」に加え、新たに2月1日「午前入試」がスタートしました。第1志望の受験生にとって、新たな選択肢となるでしょう。

▼SCHOOL DATA▼

- ▶東京都世田谷区成城1-13-1
- ▶小田急線「成城学園前」徒歩10分、東急田園都市線・東急大井町線「二子玉川」バス20分
- ▶男子のみ784名
- ▶03-3415-0104
- ▶https://www.tcu-jsh.ed.jp/

東京農業大学第一高等学校中等部

知を耕し夢をかなえる力を育む

「実学で知を耕し、深めていこう」を意味する「知耕実学」を教育理念とし、さまざまな教育プログラムを実施している東京農業大学第一高等学校中等部。実学主義を掲げ、実験や体験を多数行うことで、確かな学力とともに、問題発見・解決能力を育んでいます。

特徴的な取り組みとして、「イネから学ぶ」をテーマとした学習が行われています。中1では稲作実習に挑戦。専門家の指導のもと、1年をかけて「実験・観察」の基礎を学習します。中2では東京農業大学と連携した「お米の科学」というプログラムが実施されます。大学教授の指導を受けながら、新米と古米を食べ比べたのち、大学の設備を使ってデンプンの数やかたちを調べたり、指示薬による色のちがいを確認したりするなど、「美味しいを目で見る」という取り組みを行っています。さらに中3では味噌づくりに挑戦します。専門家に学ぶ総合学習により、興味、関心の芽が育まれ、生徒たちは学びのおもしろさを感じるとともに、知的充実感も得られるようになるのです。

新スローガン「共創し、新たなステージへ」

2023年、2025年にはそれぞれ実技教科の教室や理科の実験棟が新たにつくられ、実学重視の学びをさらに深めることが可能になります。「実学の杜」と名づけられる校舎はそれぞれのフロア・エリアごとに「テクノロジーエリア」「アートエリア」「ラーニングエリア」「サイエンスエリア」「コラボレーションエリア」「ライブラリ」「ホール」と分かれており、美術館や博物館のなかに教室があるような趣となります。また、各エリアには生徒同士だけでなく教員と生徒が互いに刺激しあえるような共有、共同、共創スペースが配置され、さまざまな化学反応が期待されます。

加えて2025年には高校募集を停止し、完全中高一貫校となり、さらなるステージアップが期待されています。

▼SCHOOL DATA▼

- ▶ 東京都世田谷区桜3-33-1
- ▶ 小田急線「経堂」・東急世田谷線「上町」徒歩15分、東急田園都市線「用賀」バス10分
- ▶ 男子247名、女子334名
- ▶ 03-3425-4481
- ▶ https://www.nodai-1-h.ed.jp/

桐朋中学校

時代を拓く「自律的な学習者」に

毎年、難関大学合格者を数多く輩出している桐朋中学校のキャンパスは、創立時から大切にしている雑木林をはじめ、多摩地区ならではの豊かな自然を残しています。広がる青空の下に配置された校舎には、約6万5000冊の図書や500本以上のDVDを備えた図書館、英語4技能の習得に力を発揮するCALL教室、壁3面に黒板のある教室など、桐朋が日々の授業で大切にする「本質的な学び」を追求するのにふさわしい施設を備えます。

なかでも注目は理科に関する施設で、物理・化学・生物の各分野に特化した6つの実験室、口径40cmの反射式望遠鏡を設置した天文ドーム、本格的なデジタルプラネタリウム、太陽を安全に観測できる太陽観測所などがそろっています。桐朋ではこうした環境をいかして、教員作成の自主教材を積極的に取り入れながら、「豊かな教養と高い知性」を養うための授業を展開しています。それらは大学入試はもちろん、変化の激しい現代社会を生き抜くうえでも役立つものです。

個性を尊重する自主・自立の校風

開校以来、生徒の個性を尊重し、自主性を育む教育を実践してきたことも特筆すべき点です。自由な校風で知られ、生徒を規制するような校則はほとんどありません。そんな雰囲気のなかで、「自由だからこそ自分で判断することの大切さを自覚する」と、生徒は自律的なあり方を体得しています。

そのため、行事や部活動は生徒主体で行われています。行事は各行事ごとに結成された実行委員を中心に企画・運営がなされ、部活動は同好会を含め、42の部が活発に活動しています。全国レベルで活躍する部もあるなか、サイクリング部や交通研究部、パズル部などのユニークな部もあります。

充実した教育環境のもと、さまざまなことに全力投球しながら自らの意志で学びつづける姿勢を身につけられる桐朋です。

▼SCHOOL DATA▼

- ▶ 東京都国立市中3-1-10
- ▶ JR線「国立」「谷保」徒歩15分
- ▶ 男子のみ787名
- ▶ 042-577-2171
- ▶ https://www.toho.ed.jp/

桐朋女子中学校

東京 調布市 女子校

創造性にあふれた人間の育成をめざす

桐朋女子中学校は「こころの健康 からだの健康」をモットーに、創造性あふれる人間の育成をめざす教育に取り組んでいます。

中高6年間を2年ずつA・B・Cのブロックに分け、高2・高3のCブロックでは時間割を生徒自ら作成します。選択授業のなかには、「中国語」や「総合社会特講」、「素描特講」など、独自の学びも用意されています。

加えて、成績および評価は個人面談で伝達されます。伝えられた成績だけでなく、反省点や今後の目標を生徒本人が面談ノートにまとめて保護者と共有します。生徒自身が「なにを学び、自分がいかに成長しているか」を知ることで、同時に、将来を考える自主性が育まれていきます。

「ことば」の力を創造力に

「ことば」は、思考と表現のための道具（ツール）です。桐朋女子では、この「ことば」の力がすべての活動の土台になると考え、さまざまな活動を行っています。授業では、見学、実習、実験、制作などを数多く取り入れています。ほんものに触れ、自ら考えたことをレポートにまとめたり、スピーチやディベートをとおして考えを共有し互いに高めあったりするなかで、「思考力」「発想力」「表現力」などを伝統的に育んできました。

また桐朋女子には、ホームルームや生徒会、クラブ活動、文化祭や体育祭など、生徒が主体的に取り組み、活躍できる場が多くあります。生徒たちは学校生活のなかに自身の居場所を持ち、はたすべき役割を見出します。

こうした学校生活をとおして、自ら生き方を創造し切り拓いていく人材を育成します。実際に国公立大学や難関私立大学、芸術系大学、海外大学など進学先は多様で、さらにその後の多岐にわたる道へとつながっています。

なお、桐朋女子は長きにわたり積極的に帰国生を受け入れており、その存在は、学校生活全般において大きな刺激となっています。

▼ SCHOOL DATA ▼

▶ 東京都調布市若葉町1-41-1
▶ 京王線「仙川」徒歩5分
▶ 女子のみ477名
▶ 03-3300-2111
▶ https://www.toho.ac.jp/

東洋英和女学院中学部

東京 港区 女子校

キリスト教に基づく教育

「神から愛されて存在する私達だからこそ、神を敬い、互いに愛し合い、隣人のためにつくさねばならない」。聖書のこの教えは、初代校長マーサ・J・カートメルが1884年に東洋英和を創立して以来、一貫して受け継がれてきた建学の精神です。

この教えを柱に心と知性を養い、自分の将来の夢を実現し、他者のために自分をいかす女性を育てることを目標としています。

伝統ある英語教育

少人数クラス制で、聞き、話し、読み、書く。中1ではネイティブの教師による英会話の授業が週2時間。受験用の英語力の習得はもちろんのこと、英語圏の行事や文化を学び、将来、国際的なコミュニケーションの場で自分の意見が発信できる「対話力」を身につけることがめざされています。

英語で発信する力を培う特別プログラムも充実。中1はクリスマス英語劇、詩の暗唱、中2は自分の夢や尊敬する人物について原稿を書いて発表するスピーチコンテスト、中3は演説や詩の暗唱をするレシテーションコンテストと500ワード以上のスピーチを実施。英語を用いて自分で表現、発信する機会が豊富に用意されています。カナダミッションによって築かれた英語教育は、いまも新しい創意工夫を加えて継承されています。

希望進路に合わせた時間割を自分自身でつくる

高1から選択科目の履修が始まり、高2からは希望進路に合わせた時間割を自分でつくります。ホームルームは、理系・文系などのコース別ではなく、毎朝の礼拝後は各々が選択した授業に分かれ、終礼時に再びクラスに集まります。

このように進学希望先の異なる生徒が多様な価値観のなかで高校生活を送ることはよい刺激となり、かつ卒業後の幅広い友人関係を築くことにもつながります。

▼ SCHOOL DATA ▼

▶ 東京都港区六本木5-14-40
▶ 都営大江戸線「麻布十番」徒歩5分、地下鉄日比谷線「六本木」・地下鉄南北線「麻布十番」徒歩7分
▶ 女子のみ595名
▶ 03-3583-0696
▶ https://www.toyoeiwa.ac.jp

東洋大学京北中学校

本当の教養を身につけた国際人を育てる

充実した進学指導

東洋大学の附属校である東洋大学京北中学校。そのメリットをいかしつつ、高校では国公立大学の受験にも対応したカリキュラムを導入し、他大学進学のためのサポート体制も整えています。放課後には、講習・補習を行う「ASP（After School Program）」を設定。また自習室も完備し、集中して自主学習に取り組めます。自習室には大学生のチューターが5人常駐しており、いつでも質問が可能です。さらにひとり1台所持しているChromebookでは、予習・復習、発展学習など自分のペースで学習することができるWeb学習システム（スタディサプリ）で学習を深めます。

テーマは「より良く生きる」

建学の精神である「諸学の基礎は哲学にあり」の言葉を胸に「より良く生きる」ことを学校生活のテーマとします。自ら考え、論じ

あうことで、自問自答する力「哲学的に考える力」を養います。古今東西の「名著精読」、さまざまな分野で活躍する専門家による「生き方講演会」、また、実体験の学びとして「刑事裁判傍聴学習会」や「哲学ゼミ」などのプログラムを実践します。多様な価値観を理解するとともに自己の人生観、世界観を築き、社会に有用な人材を育てます。

東洋大学との中高大連携の学び

東洋大学に通う外国人留学生と英語でコミュニケーションをはかる「Let's Chat in English！」では、年齢が近いからゆえの親近感や身近な話題に花が咲き、英会話に対する照れや尻ごみの気持ちを克服させるのに大きな効果をもたらしています。さらに、食環境科学部や生命科学部などとの連携による「未来の科学者育成プロジェクト」では教授や学生たちといっしょにさまざまな理科実験に取り組み、科学への関心を高めています。

▼ SCHOOL DATA ▼

- ▶ 東京都文京区白山2-36-5
- ▶ 都営三田線「白山」徒歩6分、地下鉄南北線「本駒込」徒歩10分、地下鉄丸ノ内線「茗荷谷」徒歩17分、地下鉄千代田線「千駄木」徒歩19分
- ▶ 男子173名、女子224名
- ▶ 03-3816-6211
- ▶ https://www.toyo.ac.jp/toyodaikeihoku/

豊島岡女子学園中学校

「志力を持って未来を創る女性」の育成をめざして

豊島岡女子学園中学校では、毎朝授業前に全校に静寂のときが訪れます。1mの白布に赤糸でひたすら針を進める「運針」です。1日の始まりを心静かに迎えるこの時間は、集中力を養う心の鍛錬の時間です。

クラブ活動や学校行事もさかんです。クラブには生徒全員が所属します。文化部・運動部合わせて約50もあり、桃李連という阿波踊りの部もあります。

磨かれる個性と学力向上は隣りあわせ

生徒も先生もすべての授業に全力投球でのぞむ姿勢があり、多様な進路選択を可能にします。授業の密度が濃く大学入試を突破するための学力だけでなく、社会に存在する問題や課題を解決できるような力を育成しています。放課後の実力養成講座などのサポート体制も整えており、理学・工学系統、医学系統をはじめ、それぞれの希望する多様な進路への合格実績があります。

中高時代は、協調性や企画力、行動力、リーダーシップといった「人間力」を養うことも大切です。豊島岡女子学園では、さまざまな場面で、互いに刺激しあいながら高めあっていける環境があります。

豊島岡女子学園では、未来を生きる生徒たちが、自ら道を切り拓くたくましい人になることを願い、課外活動として、多種多様な取り組みを行っています。たとえば、教科の枠を越えた課題を探究する探究BasicやT-STEAM Pro、グローバルな視点を育む海外研修や模擬国連活動などです。こうした独自の教育と生徒たちの活動の成果が認められ、2018年度から文部科学省指定のスーパーサイエンスハイスクール（SSH）となりました。新しいことに挑戦し、つねに進歩する学校で、科学的思考力と主体的な課題解決能力、および国際性など、生徒自身が未来を創っていく力を育てるために、学園全体で探究活動によりいっそう力を入れています。

▼ SCHOOL DATA ▼

- ▶ 東京都豊島区東池袋1-25-22
- ▶ 地下鉄有楽町線「東池袋」徒歩2分、JR線ほか「池袋」徒歩7分
- ▶ 女子のみ808名
- ▶ 03-3983-8261
- ▶ https://www.toshimagaoka.ed.jp/

獨協中学校

教養と理性を重んじ人格を育てる

獨協中学校は、1883年に設立されました。近代国家としての日本の新たな社会制度を構築するうえで、当時ヨーロッパで急速に国力をつけていたドイツの社会制度に学ぼうと考えた元勲たちがつくった獨逸学協会を母体としています。日本で最初にドイツ語を第一外国語として教えた中学校（旧制）でもありました。

学問をつうじての人間形成をめざす

初代校長は明治を代表する啓蒙思想家で「日本近代哲学の父」と呼ばれる西周です。「百学連環」という言葉で、生徒たちをさまざまな学びの輪のなかにおいて教育することの重要性を説きました。以来、獨協は教養と理性を重視し、豊かな人間性を有した人格を育成することをめざしつづけています。

カリキュラムにおいて、教科教育と並んで重視しているのが、教科の枠を越えた多彩な学びや体験の機会を用意することです。

たとえば、いずれも希望者を対象に実施されるドイツ研修旅行やイエローストーン・サイエンスツアー（アメリカ）などは、他校に類をみない研修の機会といえるでしょう。

加えて、附属図書館（情報センター）が多くの学びの機会を発信していることが大きな特徴のひとつです。8万冊以上の蔵書を誇る規模自体も中高の図書館としては屈指のものです。さらに、生徒の学習活動においても、たんに調べ学習の拠点になるだけにとどまらず、読書会が開かれたり、文学散歩が定期的に企画・開催されたりと、生徒の学びを広げ、深めるためのプログラムがたくさん用意されています。

ほかにも緑のネットワーク委員会による環境教育活動など、獨協には私学らしい独自の学びの機会が数多くあります。

獨協生は幅広く深く学ぶことにより教養と理性、そして豊かな人間性を身につけた人材へと成長します。

▼SCHOOL DATA▼

- ▶東京都文京区関口3-8-1
- ▶地下鉄有楽町線「護国寺」徒歩8分、地下鉄有楽町線「江戸川橋」徒歩10分、地下鉄副都心線「雑司が谷」徒歩16分
- ▶男子のみ648名
- ▶03-3943-3651
- ▶https://www.dokkyo.ed.jp/

ドルトン東京学園中等部

世界に広がる教育メソッド「ドルトンプラン」を実践

創立から5年目を迎えたドルトン東京学園中等部。1期生・2期生は高等部へ進学し、全学年がそろうまであと1年となりました。校名の由来となった「ドルトンプラン」とは、約100年前にアメリカの教育家ヘレン・パーカスト女史が、詰めこみ型の教育への問題意識から提唱した学習者中心の教育メソッドのことです。世界各地で実践され高い評価を得ています。

生徒が主体的に学びを創出

「自由」と「協働」のふたつの原理に基づく「ハウス」「アサインメント」「ラボラトリー」を3本の柱にして、一人ひとりの知的な興味や旺盛な探究心を育て、個人の能力を最大限に引き出すことを大きな特徴としています。

「ハウス」とは、異学年混成でつくられるホームルームと考えればわかりやすいでしょう。生徒同士が交流するなかで視野を広げ、協力して学校行事をつくりあげる過程で社会

性や協調性、リーダーシップを身につけます。

「アサインメント」とは、教科ごと・単元ごとにつくられた「学びの設計図」です。生徒はこれをもとに「いつ・なにを・どのように学ぶか」を決め、学びを設計する力を培います。学びへの意欲を引き出し、計画性と責任感を養います。

「ラボラトリー」とは、教員と1対1、また少人数のグループで自分の学びを追究する時間です。知的好奇心や思考力・創造力を最大限に引き出します。

これらの学びを実践するため、校舎には「多様な学びや交流が生まれる仕掛け」が用意されています。図書館と協働学習スペースが一体化したラーニングコモンズ、学校中どこでも個人端末がつながる全館無線LAN。2022年9月にはSTEAM教育（Science、Technology、Engineering、Art、Mathematics）を展開するための新校舎「STEAM棟」が竣工し、学びの環境がさらに充実しました。

▼SCHOOL DATA▼

- ▶東京都調布市入間町2-28-20
- ▶小田急線「成城学園前」・京王線「つつじヶ丘」バス
- ▶男子163名、女子148名
- ▶03-5787-7945
- ▶https://www.daltontokyo.ed.jp/

中村中学校

なかむら

社会で必携の「非認知型智力」を育成

1909年に創立された中村中学校の建学の精神は「機に応じて活動できる女性の育成」です。114年前、すでに21世紀に求められる力を予見し、女子教育に邁進してきました。現在も中高一貫の女子校として、社会にでてから必要となる「非認知型智力」、あるいはその土台となる「認知型学力」や「EQ（心の知能指数）」をバランスよく身につけ、正解のない問いに満ちたこれからの時代にふさわしい、従来の枠組みや価値観にとらわれない柔軟な対応ができる人材の育成に努めています。

非認知型の5つの「チカラ」を身につける

「非認知型智力」とは①「地球規模で考え、足元から行動を起こすチカラ」②「人と上手な関係を構築するチカラ」③「思考・判断し文字化するチカラ」④「考えて行動するチカラ」⑤「自らサイクルを回し続けるチカラ」の5つです。しかし、これらは、一朝一夕で身につくものではありません。そのため6年間の全教育活動のなかで、その素地を一つひとつていねいに育んでいるのです。

もちろん学力も身につける

数値化できる「認知型学力」の育成にも力をそそいでいるのが特徴です。⑥「論理的にものごとを考えるチカラ」や⑦「俯瞰的にものごとを考えるチカラ」は、国語や数学を中心に多くの授業で、⑧「ものごとの本質を追究するチカラ」は、豊富な探究活動のなかで身につけることが可能です。⑨「英語を使いこなすチカラ」は、日々の英語の授業はもちろん、サマースクール、English Dayなどのイベントをつうじて養われます。

そして、正解のない問いに満ちた時代だからこそ、⑩「最適解をひねり出すチカラ」が必要だと中村では考えています。そのためグループワークなど、さまざまなアクティビティーをつうじて、仲間と最適解を模索していく練習を日々行っています。

▼SCHOOL DATA▼

- ▶東京都江東区清澄2-3-15
- ▶地下鉄半蔵門線・都営大江戸線「清澄白河」徒歩3分
- ▶女子のみ264名
- ▶03-3642-8041
- ▶https://nakamura.ed.jp/

日本工業大学駒場中学校

にっぽんこうぎょうだいがくこまば

「進学型運営」を掲げる日駒の教育実践

日本工業大学駒場中学校では、110年以上の歴史のなかで大切にしてきた教育理念をいかしながら、変化の激しい時代に生きる若い人たちの成長をさらに応援するため「日駒教育構想」を展開しています。大学進学実績のさらなる伸長をめざすとともに、①国語教育と言語技術を教育の中核に据えること、②英語教育と海外留学の充実化、③日本工業大学駒場らしい新たな理数教育の開発、④新しいコミュニケーション教育とキャリア教育の展開、⑤ものを創る感動体験の追求、の5つを基本骨格としてさらなる躍進をめざします。

高校普通科は3コース

基礎基本に重点をおいた中学3年間を送ったあと、高校進学時には担任や保護者との面談を重ねて3つのコースに分かれます。

「特進コース」は国公立大学や難関私立大学をめざすカリキュラムが組まれたコースです。学習支援も充実しており、校内の講習はもちろん、国公立大学や最難関私立大学合格をめざすための日本工業大学駒場付属の学習塾・「光風塾」の運営も魅力のひとつです。

「進学コース」は私立大学への進学をめざすコースです。高2から、文系、理系に分かれます。放課後は部活動や委員会など、挑戦したいことに思いきり打ちこめる環境が整っています。

「理数コース」は工学基礎力を高校のうちに身につけ、難関大学理工系学部の現役合格をめざすコースです。入試科目の数学・英語・理科を3年間で徹底的にきたえ、入試に備えます。

英語の学習環境としては、専任ネイティブ教員が7名おり、中学では週2回、クラスを2分割して英会話を行っています。身につけた英語力は、中3全員が参加する台湾研修旅行においても発揮されています。

生徒全員の夢をかなえるよう、教員一丸となって応援する日本工業大学駒場です。

▼SCHOOL DATA▼

- ▶東京都目黒区駒場1-35-32
- ▶京王井の頭線「駒場東大前」徒歩3分、東急田園都市線「池尻大橋」徒歩15分
- ▶男子446名、女子75名
- ▶03-3467-2130
- ▶https://www.nit-komaba.ed.jp/j/

日本学園中学校

東京
世田谷区

男子校

2026年度より明治大学系列校・共学に

日本学園中学校では日々の学習習慣を身につける「デイリーレッスンノート」や放課後の自学自習の時間「にちがく講座」で基礎的・基本的な学力と主体的な学習態度を身につけます。オリジナルプログラム「創発学」では「体験」を核に新たな"好奇心"と、学びつづけるための原動力である"動機"を生みだします。そのうえでALTを交えた合科型の授業やICT、グループワークやディベートを用いた問題解決型授業を導入し、思考力・判断力・表現力を磨きます。

新たな「気づき」を生む創発学

創発学は、「自ら創造・発信できる力」を伸ばすための日本学園のオリジナルプログラムです。第一次産業（林業・農業・漁業）の現場で〈体験・取材〉して〈まとめ→発表〉します。一連の学習過程をとおして、創造的な思考力を伸ばし、プレゼンテーション能力を向上させます。中3では「15年後の自分」を

テーマにして、職業人にインタビューし研究論文を作成・発表します。また、全員で「オーストラリア語学研修」（ホームステイ）に行きます。創発学は、日本語と英語を駆使し、両輪で育てる21世紀型教育プログラムです。

高い倫理観を持つ真の国際人育成

英語教育では、英会話でのALTのみの授業、ふだんの授業のなかに、ALTとのチーム・ティーチングを取り入れるほか、中1では東京英語村、中2ではブリティッシュヒルズで実際に英語を使う機会を設けて中3でのオーストラリア語学研修へつなげていきます。創発学で育む高い日本語力の土台の上に英語力を伸ばすことを目標としています。

1885年、東京英語学校として創立した日本学園は日本人として主体性を確立し、さらにグローバルな人材を育成することを目標としてきました。なお、2026年度より明治大学の系列校となり、共学化します。

▼SCHOOL DATA▼

- ▶ 東京都世田谷区松原2-7-34
- ▶ 京王線・京王井の頭線「明大前」徒歩5分、京王線・東急世田谷線「下高井戸」徒歩10分、小田急線「豪徳寺」・東急世田谷線「山下」徒歩15分
- ▶ 男子のみ209名
- ▶ 03-3322-6331
- ▶ https://www.nihongakuen.ed.jp/

日本大学第二中学校

東京
杉並区

共学校

確かな学力と自己肯定力を育む

静かな住宅街の緑豊かで広大な敷地内には、杉並区百景にも選ばれた銀杏並木があり、四季折りおりの美しい姿が見られる日本大学第二中学校。卒業生は4万5000余名を数え、実業・研究・スポーツ・芸能などの各界に多彩な人材を数多く輩出。日本大学の建学の精神「自主創造」を重んじ、生徒自ら将来の進路を切り開けるよう、学園一体となった支援を展開しています。おおらかで明るいという校風のもと、6年間をかけて、さまざまな人とのであいや、多様な経験の繰り返しを経て、温かみと思いやりあふれるひとりの人間として大きく成長していきます。

基礎・基本の徹底、底力を養う

中学の授業は、全教科にわたって基礎・基本の徹底に重点をおき、とくに授業進度が速いということはありません。むしろ、あわてず急がずに「授業に集中すること」・「家庭学習の習慣つけること」の2本柱を軸に立て、

じっくりと基礎学力の定着をはかり、確かな学力を身につけさせます。なかでも英語と数学については、週2時間を「演習」の分割授業にあて、現在の理解に合わせた授業を行うとともに、放課後も週ごとに「学習点検の時間」（補習）を設け、学習の遅れが取り戻せるように配慮しています。

付属校随一の進学実績

併設高校へは、ほぼ全員が進学。高校生活は、新たに入学してきた仲間との混在クラスでスタート。併設の日本大学への推薦制度は、2年次および3年次の4月、3年次9月の3回に分けて行われる基礎学力到達度テストや在学中の成績により決まります。

付属校ながら進路選択先は多彩で、理系選択者が多いのが特徴です。2022年は日本大学へ進学する生徒が約34%、難関私立大学への指定校・公募推薦での進学は約36%で、約70%の生徒が推薦で進路決定をしました。

▼SCHOOL DATA▼

- ▶ 東京都杉並区天沼1-45-33
- ▶ JR線・地下鉄丸ノ内線・地下鉄東西線「荻窪」徒歩15分
- ▶ 男子351名、女子364名
- ▶ 03-3391-0223
- ▶ https://www.nichidai2.ac.jp/

日本大学第三中学校

明るく、正しく、強く～自求自探～

日本大学第三中学校では「自ら求め、自ら探る」力を育み、現代社会で求められる基礎的な素養や教養、困難に立ち向かう体力や精神力、集団で生きるための社会性や協調性を身につけた「社会で活躍できる人材の育成」をめざしています。キャンパスは緑豊かな多摩丘陵にあり、東京ドーム3個分もの広さを有する恵まれた学習環境となっています。

「大自然のなかで学ぶ最先端の教育」の実現をめざし、Wi-Fi環境は最高レベルで、5G（第5世代移動通信システム）を整備しています。また、生徒にひとり一台のiPadを貸与し、教室には短焦点プロジェクタ（電子黒板機能つき）を設置しています。

20年以上前から複数の教員によるチームティーチングが英語と数学で行われ、英語では複数名のネイティブスピーカー教員による英会話、数学では演習授業を効率的に行っています。また、3年生ではより深い知識と高い学力を養うために「選抜クラス」（1～2ク

ラス）を設置しており、このクラスの出身者の多くは高校で「特進クラス」に進学し、東京大学や京都大学、一橋大学などの国公立大学・難関私立大学の合格を手にしています。

幅広い選択肢から希望の大学へ進む

高校3年間の学業成績・人物評価による内申と日本大学26付属校約1万人と同時に受ける基礎学力到達度テストの成績によって、日本大学への推薦資格を得ることができます。

さらに、校内外で行われる模擬試験などから生徒の実力を多角的に分析し、国公立大・難関私立大への入試にも対応できるような指導体制を整え、生徒個々の進路希望をサポートしています。

その効果もあり、近年は東京大学、京都大学などの国公立大や難関私立大などの日本大学以外への進学者が約60％となり、日本大学進学者（約40％）を超えるほどになっています。

▼SCHOOL DATA▼

- ▶東京都町田市図師町11-2375
- ▶JR線・小田急線「町田」、京王相模原線ほか「多摩センター」、JR線「淵野辺」バス
- ▶男子480名、女子348名
- ▶042-789-5535
- ▶https://www.nichidai3.ed.jp/

日本大学豊山中学校

校訓は「強く　正しく　大らかに」

日本大学豊山中学校は、日本大学の付属校で唯一の男子校として、凛とした人間の育成をめざしています。校訓「強く　正しく　大らかに」を掲げ、さまざまなタイプの生徒がときに支えあい、ときに競いあい、つねに笑いあいながら生活しています。「等身大の自分」を受け入れてくれる友人や叱咤激励してくれる教員など、生涯においてかけがえのない仲間にであえます。

将来を見据えながら青春を謳歌

池袋から電車で5分ほどの都心に位置しながらも、護国寺の四季折りおりの自然にかこまれた落ちついた雰囲気です。エスカレーターもある地上11階建ての校舎には、最上階に25m×10コースの屋内プールが備えられ、授業に部活動に日々活用されています。冷暖房が完備された剣道場やアリーナのほか、蔵書数約4万冊の図書館などもあり、施設の面でも生徒の生活をサポートしています。

教育の特徴は、中学の間は基本を重視し、どの教科もバランスよく学び、基礎学力をつけることです。自ら計画・実行・反省をする学習サイクルを確立させる機会を設け、つぎのステップに挑戦できるよう、うながします。

多くの生徒が部活動と学習を両立させ、大学進学まで達成しています。講演会や大学訪問などの多彩なプログラムをつうじて、興味を持てるものを見つけ、これから進みたい道を選んでいきます。現在大学現役進学率は約95％で、多様な進路への道が切り拓かれています。日本大学への進学者は例年約75％を超えています。大学だけでなく、そのさきを見据えた将来設計を行うことができる学校です。

男子校だからこそ、異性の目を意識することなく、安心して自分を表現できます。心も身体も大きく成長する6年間に、自分を受け入れてくれる仲間と過ごすことで、人として大きく成長するでしょう。好きなことに存分に熱中し青春を謳歌できる学校です。

▼SCHOOL DATA▼

- ▶東京都文京区大塚5-40-10
- ▶地下鉄有楽町線「護国寺」徒歩1分
- ▶男子のみ714名
- ▶03-3943-2161
- ▶https://www.buzan.hs.nihon-u.ac.jp/

日本大学豊山女子中学校

女子校

多様性の未来へ 充実した国際交流・キャリア教育

生徒の多様な未来に向けて、高1から3つのクラスが用意されています。国公立大学・難関私立大学をめざす「A特進クラス」、日本大学への進学を中心とした「N進学クラス」、理数分野のスペシャリストを育成する「理数Sクラス」です。また、中学では基礎学力の定着をはかる授業を大切にすることはもちろん、教育の2本の柱として「国際交流教育」と「キャリア教育」が整備されています。可能性に満ちた生徒たちの未来が花開くよう教育環境だけでなく、全教員が全力でフォローする体制が整えられています。

国際交流教育

日本大学豊山女子中学校では、急速にグローバル化する21世紀を生きていくうえで必要となる国際的な視野を身につけるためのプログラムが数多く用意されています。学年行事では、中1はネイティブと楽しむ林間学校、中2はBritish Hills英語研修、中3はネイティブと交流する沖縄修学旅行、そして中1・中2の3月にニュージーランド英語研修、高校では夏休みにカナダ英語研修があります。また、「英語に親しむ」「英語を感じる」空間として校内にEnglish Roomがつくられ、多様なイベントをとおして自由に英会話を楽しみ、英語を身近に感じることができます。英語力向上を目的としたプログラムとしては、全員参加スピーチコンテスト、英検対策講座、英語クッキング教室など学びも多彩です。

キャリア教育

年5回実施されている校外学習は、付属校のメリットをいかした学部見学、浅草や鎌倉を班別研修する巡検型、外部講師を招いてのキャリアデザイン講演会、職場体験学習など、各学年の学習・発達段階に合わせた内容です。体験的な学習が多く取り入れられ、主体的に学び、「思考力」「判断力」「表現力」を楽しみながら習得することができます。

▼SCHOOL DATA▼

- ▶東京都板橋区中台3-15-1
- ▶東武東上線「上板橋」・都営三田線「志村三丁目」徒歩15分、JR線「赤羽」・西武池袋線ほか「練馬」スクールバス
- ▶女子のみ380名
- ▶03-3934-2341
- ▶https://www.buzan-joshi.hs.nihon-u.ac.jp/

八王子学園八王子中学校

共学校

21世紀型人材の育成をめざす

1928年に地元有志により設立された「多摩勤労中学」をルーツに持つ、八王子高等学校。その併設校として2012年に八王子学園八王子中学校は誕生しました。学園モットーである「人格を尊重しよう」・「平和を心につちかおう」を基盤として、難関大学への合格を実現させる確かな学力の養成と、広く社会で活躍できる人材となるための人間力の育成を掲げています。

生徒の主体的学びを支える取り組み

授業は2クラス制で行われています。「東大医進クラス」では戦略的語学教育に加え、反転学習なども積極的に取り入れ、グローバル社会が求める人材を育成します。また、医学部志望者には各種ガイダンスを実施しており、一人ひとりの進路実現を強力にサポートしています。「特進クラス」は経験豊富な教員によるきめ細やかなサポートで、自主的に学ぶ力を育むクラスです。進級時には「東大医進クラス」へ挑戦する機会も設けられています。

創立100週年に向け、世界で活躍できる21世紀型人材の育成をめざし、アクティブラーニングを中心に据えた学習を展開しています。教員が一方的に知識を伝えるのではなく、生徒同士の学びあいとディスカッションをとおして、深い理解とともに思考力・判断力・表現力、そして協調性やリーダーシップが育まれていきます。全教室に電子黒板が導入され、ひとり1台のタブレットとともに主体的な学びを支えています。

大学のゼミナールをイメージした「探究ゼミ」も開設されています。生徒1人ひとりが自分の興味関心に基づき、自由に学ぶテーマを設定し、担当教員と相談しながら学びを進めていきます。探究ゼミ発表会では、毎年レベルの高いプレゼンテーションが繰り広げられています。伝統を大切にした自由な校風のもと、主体性を育む最先端の学びが行われ、希望の進路を実現させていきます。

▼SCHOOL DATA▼

- ▶東京都八王子市台町4-35-1
- ▶JR線「西八王子」徒歩5分
- ▶男子146名、女子149名
- ▶042-623-3461
- ▶https://www.hachioji.ed.jp/

広尾学園中学校

東京
港区

共学校

自律と共生をめざす教育

首都圏でも有数の志願者を集めている広尾学園中学校。その原動力は、特色あるコース制と学習プログラム、そして飛躍的に伸びてきている国公立大学をはじめとする難関大学への進学実績です。これは、広尾学園の教育の特色が、一人ひとりの夢を全面的にサポートしているからこそなのです。自ら課題を掘り起こし、解決に向かって、国籍や言語のちがいを越えて協調性を発揮できる「高い問題解決能力とコミュニケーション能力」を持つ人物の育成をめざし、きめ細かな指導を実施しています。

本科コース／医進・サイエンスコースは、東京大学・京都大学・一橋大学、各大学の医学部、早稲田大学・慶應義塾大学・上智大学など、インターナショナルコースは、国内に加え海外大学へと進学しています。

最強といわれる教育内容

広尾学園独自の学力アッププログラムには「P.L.T」（Personalized Learning Test）プログラムがあります。生徒たちの基礎学力の定着をはかるプログラムです。また、質の高い授業を実現するため年間3回の教員研修を実施しています。

さらに、グローバルなデジタル環境に対応できる人物の育成をにらみ、新入生全員にひとり1台の情報機器を導入、学園生活や学習に活用しています。キャリア教育も充実しており、DNA鑑定講座や天文合宿、司法裁判講座、各研究分野の最先端で活躍する研究者が結集するスーパーアカデミアも用意されています。

学年を問わず、中学高校ともに定期試験には多数の大学入試問題が無理なく組みこまれており、日常の定期試験勉強がそのまま大学入試対策になっています。部活動や委員会活動もさかんで、3つのコースの生徒たちがお互いを認めあい、多様性を尊重する環境があります。

▼ SCHOOL DATA ▼

- ▶ 東京都港区南麻布5-1-14
- ▶ 地下鉄日比谷線「広尾」徒歩1分
- ▶ 男子329名、女子478名
- ▶ 03-3444-7272
- ▶ https://www.hiroogakuen.ed.jp/

広尾学園小石川中学校

東京
文京区

共学校

世界をめざすことのできる人材を育成

広尾学園小石川中学校は、広尾学園と教育連携をして今年で6年目を迎え、「自律と共生」の理念を共有した両校の連携がいっそう強化されました。2024年度からは高校募集を停止し、完全中高一貫校になります。広尾学園小石川は世界基準の教育をめざし、次世代にリーダーシップを発揮できる人材を育成していきます。

ふたつのコースで生徒を伸ばす

広尾学園小石川では「本科コース」と「インターナショナルコース」のふたつのコースを用意。「本科コース」は、国公立大学や難関私立大学をめざし、先取り教育を取り入れながら、学力を高めていきます。一方、「インターナショナルコース」は、日本人教員と外国人教員がふたりで担任を務めるなど、日常的に異文化に触れられるコースです。おもに帰国子女や外国籍の生徒など、高い英語力を持った生徒と、日本の小学校を卒業した生徒がそれぞれの個性をいかしてともに学びます。

海外研修やICT機器を使った学びも

「インターナショナルコース」を設置していることからもわかるように、グローバル教育に力を入れる広尾学園小石川。オーストラリアのクイーンズランド州立校と提携を結び、ホームステイをしながら現地の生徒とともに学ぶ海外研修を実施しています。さらに広尾学園で行われている海外研修にも参加できます。

また、ICT教育に力を入れているのも特徴です。一人ひとりがMacBookを持ち、授業に加え定期試験の振り返りや予習復習、さらには課題の提出、委員会や部活動などでは学年を越えた連絡手段として、安全性をじゅうぶん考慮したうえで、学園生活における利便性を追求したICT機器の活用を進めていきます。

こうした教育により、世界をめざすことのできる人材を育てる広尾学園小石川です。

▼ SCHOOL DATA ▼

- ▶ 東京都文京区本駒込2-29-1
- ▶ 都営三田線「千石」徒歩2分、地下鉄南北線「駒込」徒歩12分、JR線・都営三田線「巣鴨」、JR線「駒込」徒歩13分
- ▶ 男子204名、女子269名
- ▶ 03-5940-4187
- ▶ https://hiroo-koishikawa.ed.jp

富士見中学校

東京 練馬区 女子校

「17の力」と「探究心」を育む

「17の力」を身につける

富士見中学校の3年間は、探究の基本スキル「問う」「調べる」「伝える」を段階的に養います。

中1は、学びの基本である「問う」。モノに注目して問いを重ね、循環型のモノづくりについて探究します。中2は「調べる」。練馬の街をフィールドに、観察したり、インタビューをしたりして、「住み続けられるまちづくり」についてそれぞれの考えをまとめ発表します。

そして中3は「伝える」。中学3年間の学びの集大成となる「my探究」を実施し、自分の興味があることを問いながら見つけて調べ、文章にまとめて電子書籍をつくります。

高校の探究では中学の基本スキルを土台に、「社会の課題を知る」「自分と社会をつなげる」「自分のキャリアを考える」ことを目標としています。

探究学習をとおして、学校の外に一歩ふみだし、チャレンジをする経験が、生徒をさらに主体的な活動へと導いています。だれもが生きやすい社会について考えてもらうために校内で手話ワークショップを実施する生徒、地域のイベント企画にかかわりボランティアをする生徒など、活動は多岐にわたります。いずれもひとりではなく多くの人を巻きこみ、自分たちで考え実行する姿勢は、「17の力」を育む富士見の教育の成果ともいえます。

多文化交流

多文化交流もさかんで、海外研修は高1希望者を対象にアメリカ、オーストラリアで実施。留学はニュージーランドとオーストラリアでタームステイ。また、この2カ国に加え北米とイギリスで1年の留学も実施。台湾の姉妹校との交流では、春に富士見の生徒が、夏に台湾の生徒が訪れてホームステイを行っています。

▼ SCHOOL DATA ▼

- ▶ 東京都練馬区中村北4-8-26
- ▶ 西武池袋線「中村橋」徒歩3分
- ▶ 女子のみ745名
- ▶ 03-3999-2136
- ▶ https://www.fujimi.ac.jp/

富士見丘中学校

東京 渋谷区 女子校

SGHプログラムで進化するグローバル教育

2020年に創立80周年を迎えた富士見丘中学校は、グローバル化の到来を見据え、早くから世界の多様な人びとと協働するために必要な英語力や国際感覚、そして自己表現力を高める教育を実践してきました。

高大連携で開発したグローバル教育は高く評価され、2015年度からは文部科学省よりSGH（スーパーグローバルハイスクール）の指定を受け、さらに2020年度からはWWL（ワールドワイドラーニング）コンソーシアム構築支援事業のカリキュラム開発拠点校に選定されました。進学面でも、早慶上智などの国内難関大学に加え、海外大学への進学者が増加するなど、グルーバル教育の成果がでています。

富士見丘のグローバル教育の特徴は6年をかけ思考力・判断力・表現力を育成することです。中1の「ICT学習」でICTリテラシーやグループ学習の方法を学び、中2・中3のロングホームルーム（LHR）で探究学習を実践します。高校では、慶應義塾大学大学院メディアデザイン研究科の大学院生・留学生とともに学ぶ「グローバルワークショップ」、国内外の大学、研究機関と連携した「災害」「環境問題」「海洋開発」についてのゼミ形式の授業や海外フィールドワーク（台湾・マレーシア・グアム）などがあります。

多種多様な海外研修プログラム

修学旅行は中学がオーストラリア、高校がアメリカで、姉妹校との交流が中心です。ほかにも希望制のイギリス短期留学や海外に6校ある姉妹校へのターム留学などさまざまな海外研修制度が用意されています。さらに海外姉妹校から留学生が定期的に来日するので、校内における異文化交流もさかんに行われています。

このように多彩なプログラムを実践しながら「国際性豊かな若き淑女」を育成している学校こそが富士見丘なのです。

▼ SCHOOL DATA ▼

- ▶ 東京都渋谷区笹塚3-19-9
- ▶ 京王線・都営新宿線「笹塚」徒歩5分
- ▶ 女子のみ200名
- ▶ 03-3376-1481
- ▶ https://www.fujimigaoka.ac.jp/

東京 神奈川 千葉 埼玉 茨城

あ行 か行 さ行 た行 な行 は行 ま行 や行 ら行 わ行

藤村女子中学校

～自分好みの放課後にカスタマイズ～

「『知・徳・体』を兼ね備えた個性豊かな女子」を育成する藤村女子中学校は、週6日制で、1コマの時間を45分、1日を6時間授業に設定しています。そのため、1時間目から5時間目までの授業を午前に、午後に6時間目の授業を行ったあと、14時30分には放課後の時間になるという特徴があります。こうしたかたちをとる目的は「生徒一人ひとりが放課後に活動する際の選択肢を増やし、充実させること」です。

放課後には、各種検定に関する講座や基礎学力向上講座といった学習講座だけでなく、ピラティス体験や文武両道応援講座など、さまざまな種類の講座が開かれます。また、部活動に励む生徒も多くいます。

「自主性」を大切にしている藤村女子では、こうした放課後の取り組みを強制することはいっさいありません。自らの興味関心に合わせて選ぶことができるのです。

さらに、「探求」に特化したオリジナル授業を実施しているのも特色です。そのなかのひとつである「自己探求」では、エンターテイメント論を学び、他者の感情を動かすようなイベントを企画・運営します。

そのほかにも、吉祥寺の街を学び場とする「ふじ活」という取り組みを行うなど、生徒の視野を広げながら社会性を身につける取り組みを実践しています。

個性を発揮できる入試制度

藤村女子では一般入試以外にも「適性検査型入試」「国語1科目表現力入試」など、受験生の個性に合わせて選択できる多様な入試制度を用意しています。

さらに2024年度入試からは、より種類を増やし、「自己アピール入試」「得意科目入試」も行います。これらの入試で問われる力はそれぞれ異なるため、自分に合った入試を選ぶことができます。これらの入試の詳細は学校説明会などで確認してください。

▼SCHOOL DATA▼

- ▶東京都武蔵野市吉祥寺本町 2-16-3
- ▶JR線・京王井の頭線・地下鉄東西線「吉祥寺」徒歩5分
- ▶女子のみ58名
- ▶0422-22-1266
- ▶https://www.fujimura.ac.jp/

雙葉中学校

カトリック精神に基づく全人教育

雙葉中学校は、カトリック精神を基盤に健全な人格を育むことをめざした教育を実践しています。

校訓として「徳に於ては純真に、義務に於ては堅実に」を掲げています。これは神と人の前に素直で裏表なくさわやかな品性を備え、人間としてやるべきことを最後までやりとおす強さを持つということです。

校舎は地上7階・地下1階で、近代的ななかにも随所に木のぬくもりを持たせた構造となっています。教室はすべて南向き、床はフローリングで温かみを感じさせ、クローゼットや個人用ロッカーを備えるなど、さまざまな配慮がなされています。また、2クラスにひとつずつ生徒ラウンジが設けられ、生徒たちの歓談の場となっています。

充実したカリキュラムときめ細やかな学習指導

雙葉では、どの教科も基礎の定着において個別に面倒をみるなど、学習面での手助けがきちんと行われています。多くの実験・観察・実習などをとおして自らの体験を重ねる学びも重視されます。1875年に開設された女子語学学校を前身としており、外国語教育は伝統的にさかんで授業時間も多く、外国人教師による少人数の授業も充実し、中3では全員がフランス語を学びます。

一貫校の利点をいかし、総合的にバランスのとれたカリキュラムを組み、中学校でも高校の内容を必要に応じて取り入れています。進度も速く、内容を深く掘り下げたレベルの高い授業が行われています。高校では一人ひとりの興味・関心や志望に沿った学習ができるよう選択科目が数多く設けられ、本人の意思を尊重した進路指導がなされています。

中学校・高校をとおして、各教科の教育内容はできるかぎり高い水準をめざすとともに、力をだしきれない生徒に対してはその個性に応じてきめ細かく対応しています。その結果としての高い進学実績なのです。

▼SCHOOL DATA▼

- ▶東京都千代田区六番町14-1
- ▶JR線・地下鉄丸ノ内線・地下鉄南北線「四ツ谷」徒歩2分
- ▶女子のみ559名
- ▶03-3261-0821
- ▶https://www.futabagakuen-jh.ed.jp/

普連土学園中学校
ふ れん ど がく えん

Let Your Lives Speak（汝の生き方をもって語りなさい）

キリスト教フレンド派の創始者ジョージ・フォックスの言葉"Let Your Lives Speak（汝の生き方をもって語りなさい）"をモットーに、あらゆる権威・伝統からの「自由」、神の前での「平等」、粘り強い「対話」、絶対的「平和主義」という4つの価値観を基に教育を行う普連土学園中学校は、創立以来個々の生徒にいきとどいた指導を行う学校として知られています。こうした教育理念のもと、大学進学においては現役合格率が大変高いことが特徴です。

また普連土学園は、さまざまなかたちで奉仕活動を行っているのも特徴で、奉仕活動についての基本的な知識を学び、体験するプログラムを組んでいます。中学では、視覚・聴覚・身体障害について学び、高校では知的障害や高齢者問題について学びます。高3ではそれまでの奉仕活動についてまとめ、今後の生き方においてどのように位置づけるかなどを話しあっていきます。

グローバルな視野を育成する

「海外にむけて開かれた心」を育てている普連土学園では、異文化理解のための国際交流にとくに力を入れています。高1のニュージーランドターム留学、高2のアメリカ・スミスカレッジプログラム、高1・高2のイギリス・ジョージフォックス・ツアーなどの海外研修に加え、カンボジアの地雷撤去活動を支援する活動も行っています。

また、近年では理科系の課外活動で国際大会への出場がつづいています。電子工作やプログラミングに取り組むグループ「Friends Fab」は、レゴを使用した国際的なロボットコンテスト「FLL」において発足から4年間でデンマーク、トルコ、ブラジルでの国際大会へ出場を決めました。理科部のロケット班も2019年にパリの国際ロケット大会に出場し、2022年にはロンドン大会にて世界一の栄冠に輝いています。

▼ SCHOOL DATA ▼

- ▶東京都港区三田4-14-16
- ▶都営浅草線・都営三田線「三田」徒歩7分、JR線「田町」徒歩8分、地下鉄南北線・都営三田線「白金高輪」徒歩10分
- ▶女子のみ399名
- ▶03-3451-4616
- ▶https://www.friends.ac.jp/

文化学園大学杉並中学校
ぶん か がく えん だい がく すぎ なみ

中1から展開するカナダの授業　中学で50%が受講

ハイレベルな国際教育が魅力

文化学園大学杉並中学校では、中1は、週9時間ある英語の授業のうち、7時間をネイティブ教員が主導する授業を受けることができます。

英語の授業はレベル別に展開しますが、英検2級以上の希望者の生徒に対しては「Advanced7」または「DD7」を設定しています。1年次からカナダブリティッシュコロンビア州（BC州）の教員が英語の授業を指導します。

「DD7（1年次）」～「DD9（3年次）」では、理数科目7時間を含めた週17時間の英語の授業を展開し、高校ダブルディプロマコースへの接続を強化します。

カナダの授業はPBL型授業がベースとなり、生徒が主体的に学ぶ仕掛けが多く用意されています。また、英語初心者も中2から「DD準備8」でカナダのカリキュラムを学ぶ

ことが可能です。中学全体では、英語初心者も含めておよそ半数の生徒がカナダの授業を受けています。

2022年度最終の中学全体の英検取得状況は、英検2級が95名、準1級が32名、1級が7名。英語上級者も多く在籍しています。

高校は、進学コース、特進コース、ダブルディプロマコースの3コース制です。

進学コースは、文化学園系列や日東駒専レベル以上の大学進学をめざします。

特進コースは、バランスのよいカリキュラムで国公立大学や早慶上理、G-MARCHの大学をめざします。

ダブルディプロマコースは、日本とカナダのカリキュラムを同時並行で行い、卒業時には日本とカナダのふたつの卒業資格を取得することができる日本初のコースです。国内生としてだけでなく国外生としても出願でき、さらにBC州の生徒として海外大学へダイレクトに出願ができます。

▼ SCHOOL DATA ▼

- ▶東京都杉並区阿佐谷南3-48-16
- ▶JR線・地下鉄東西線「阿佐ケ谷」、JR線ほか「荻窪」、地下鉄丸ノ内線「南阿佐ケ谷」徒歩10分
- ▶男子168名、女子209名
- ▶03-3392-6636
- ▶https://bunsugi.jp/

文京学院大学女子中学校

女子校

グローバル×探究　～描くのは、自分だけのストーリー～

　1924年に島田依史子が「女性の自立」を願って開校した文京学院大学女子中学校は、2024年で創立100周年を迎えます。伝統を受け継ぎ、「運針」「ペン習字」「礼法（茶道・華道）」「食育（給食）」を教育活動に取り入れています。

英語運用能力を高めるグローバル教育

　英語運用能力を高めるため、「英語を学ぶ」ではなく「英語で学ぶ」を主眼としたグローバル教育を行っています。インターナショナルスクールとの教育提携、ネイティブ教員と日本人教員がペアで行うコラボ授業に加え、ネイティブ教員が学年を担当したり、学級担任を務めたりするなど、自然と英語に触れられる教育環境を整えました。

　コラボ授業では、中1の段階ではまず英語に親しむことからスタートします。高校生になると英語で聞き、考え、発信するものへと発展していきます。

「好き」を究めて進路につなげる「探究活動」

　「仮説・検証」のプロセスを繰り返す「探究活動」に6年間をとおして取り組み、思考力や発信力をきたえます。文部科学省指定スーパーサイエンスハイスクール（SSH）、スーパーグローバルハイスクール（SGH）アソシエイトの活動を基盤に、昨年は高校生・高専生科学技術チャレンジでソニー賞を受賞、今年は国際学生科学技術フェアに日本代表として参加し4等に入賞しました。今年度はゼミ形式の研究活動もスタート。「好き」と「得意」を伸ばし、進路へと結びつけます。

世界を広げる！　海外研修・留学プログラム

　また海外修学旅行、語学研修、留学（10カ国以上から選択可）に加え、中学生を対象としたBritish Hillsでの異文化体験、タイ科学交流なども魅力のひとつ。豊かな経験を積み重ね、生徒は視野を広げていきます。

▼ SCHOOL DATA ▼

- ▶東京都文京区本駒込6-18-3
- ▶JR線・地下鉄南北線「駒込」、JR線・都営三田線「巣鴨」徒歩5分
- ▶女子のみ294名
- ▶03-3946-5301
- ▶https://www.hs.bgu.ac.jp/

法政大学中学校

共学校

自由と進歩のもと、自主自律を育てる

　1936年に創立された法政中学校を前身とし、1948年より法政大学第一中学校として男子校の歴史を歩んできました。

　2007年4月、三鷹市に校舎を移転するとともに、法政大学中学校と校名を変更、共学化し、校舎や制服なども一新されました。

　法政大学の建学の精神である「自由と進歩」、中高の「自主・自律」の校風のもと、確かな学力と、概念にとらわれない自由な発想で考え、新しい問題に積極的にチャレンジする自立した人間を、中高大の一貫教育のなかで育てます。

多彩な英語プログラム

　確かな学力と習慣を着実に身につけさせるためのカリキュラムを、中高それぞれの段階に応じて設けています。

　中学では国数英に力を入れ、基礎的な学力と学習習慣を育成します。高校では大学進学や将来を見据え、文系・理系にとらわれない教養の育成と、自分の進路に応じた選択学習、論文作成や英語力の向上などに力をそそぎます。教科によっては、習熟度別や少人数による授業もあります。

　また、英語教育にも力を入れています。英語の文章を読み取り、それに関する批評を英語でプレゼンテーションすることをめざして学習に励んでいます。海外語学研修プログラムも実施しています。

卒業生の多くが法政大学へ

　卒業生は例年約95％以上が法政大学への推薦資格を取得しています。推薦資格を得るためには、学内での総合成績で一定の成績基準をクリアすることと、法政大学が定めるいくつかの基準をクリアすることが必要です。

　また、法政大学の推薦権を保持したまま、国公立・私立を問わずに、一定の条件のもとで、他大学を受験することが可能になっています。

▼ SCHOOL DATA ▼

- ▶東京都三鷹市牟礼4-3-1
- ▶京王井の頭線「井の頭公園」徒歩12分、JR線「吉祥寺」徒歩20分、JR線「三鷹」・京王井の頭線「久我山」・京王線「調布」バス
- ▶男子194名、女子225名
- ▶0422-79-6230
- ▶https://www.hosei.ed.jp/

宝仙学園中学校共学部 理数インター

共学校

「知的で開放的な広場」でともに学ぶ

国公立大学39名、早慶上理73名合格

　この春、214名の卒業生を送りだした宝仙学園中学校・高等学校共学部理数インター。東京大学をはじめとする国公立大学（大学校含む）への合格者は39（うち既卒4、以下同）名。そのなかには、北海道大学、東北大学、京都大学、九州大学といった難関国立大学の現役合格者も含みます。さらに、早慶上理73（12）名、G-MARCH162（32）名、医学部医学科23（5）名の合格者をだしました。

　宝仙学園を母体とし、21世紀の社会で活躍できる人材の育成をめざして2007年に設立された学校です。世界で通用するコミュニケーション能力と、ものごとを論理的に考え、相手に的確に伝えられる理数的思考力を兼ね備えた生徒を育成しています。

　そして、中高6年間を「基礎定着期」、「意識改革期」、「自己実現期」の2年間ずつに分けた進路指導を行うことで、生徒は自らの夢へと着実に歩むことができます。

世界にも、理系にも強い理数インター

　学力の向上・大学進学と同等に大切にしているのが「心の教育」です。部活動や学校行事をとおして学ぶコミュニケーション能力・プレゼンテーション能力の育成を大切にしています。

　部活動は文武両道がはかれるように週3日のなかでそれぞれのクラブが工夫をしています。中学生は「明るく、楽しく、一生懸命」、高校生は「自己ベストの更新」をモットーに学校生活を過ごしています。

　また、修学旅行では、中3でシンガポールを訪れ、高2ではアメリカ・サンフランシスコのスタンフォード大学での学術研修を行います。先輩のなかには、サンフランシスコの自主研修で大学病院を訪れ、自分の生涯の進路に大きく影響を受け、医者になる夢を実現させた人もいます。

▼SCHOOL DATA▼

- ▶東京都中野区中央2-28-3
- ▶地下鉄丸ノ内線・都営大江戸線「中野坂上」徒歩3分
- ▶男子364名、女子331名
- ▶03-3371-7103
- ▶https://www.hosen.ed.jp/jhs/

本郷中学校

男子校

つねに芯のある男子教育を展開

　「スマートであれ！　紳士であれ！」をモットーにした本郷中学校。「自ら考え、自分で判断できる人材を育てる」という教育方針のもと、21世紀の社会に役立つリーダーを育むためになにが必要かをつねに模索しています。あるべき男子教育の姿を「時代が変わっても変わらないものがある」として推し進め、よい意味での「厳しさ」を教育のなかに体現しています。本郷は派手なPRはしませんが、ほんとうの知性と人格を磨く教育を行っているといっていいでしょう。

中高一貫校としての密度の濃さ

　カリキュラム編成は6年を1サイクルとしてとらえているために、ムダを省き、ゆとりのある学習計画が可能になっています。

　主要科目の国語・数学・英語などは、中2までに中3課程の内容を無理なく終わらせ、中3からは高1の内容に進みます。そして高3では、大学入試問題演習を中心に授業が展開されるので、受験にも余裕を持ってのぞむことができます。

　この「先取り授業」システムは、たんに授業進度が速いというものではなく、教材や指導法において先生がたの長年の経験の積み重ねから最も効率的な内容を精選したことにより構築されています。そのため、進度の速さによって理解ができないということはないように工夫された授業が展開されています。

　また、学校独自の検定試験や、先輩が後輩に教える合同授業を学期ごとに行うことで、教育目標である「自学自習」をうながし、夏期の教養講座や教科講習では学年の枠を取り払い、希望すれば下級生が上級生といっしょに受講できる講座を数多く設けるなど、学習効果を高める工夫がなされています。

　大学進学実績も、国公立大学などが年々伸び、近年は理系の大学・学部への進学希望者が多く、実際に毎年半数以上の生徒たちが理系に進学しているのが大きな特徴です。

▼SCHOOL DATA▼

- ▶東京都豊島区駒込4-11-1
- ▶JR線・都営三田線「巣鴨」徒歩3分、JR線・地下鉄南北線「駒込」徒歩7分
- ▶男子のみ884名
- ▶03-3917-1456
- ▶https://www.hongo.ed.jp/

三田国際学園中学校
みたこくさいがくえん

自由な発想があふれる「世界標準」の教育

2015年に校名変更・共学化し、三田国際学園中学校として生まれ変わりました。「THINK &ACT」「INTERNATIONAL」「SCIENCE」をキーワードに、多様性あふれる国際環境のなかで、科学的アプローチを身につけた自ら考え行動できる人材を育んでいます。

挑戦しつづける学校文化のもと大きく成長した3期生が今春卒業。2022年度より新たな教育デザインが始まり、2023年度も、発想の自由人を育てるべくより進化した「世界標準」の教育を実践しています。

めざすのは「発想の自由人」の育成

「相互通行型授業」を取り入れ、「解なき問い」を自ら発見し解決策を考える力を育む授業を全教科で実施。2022年度からの新教育デザインで深い思考力を育成しています。

その大きな特徴は全クラスでサイエンス教育を充実させたこと。中1のサイエンスリテラシーで身につけた科学的アプローチを、中2・中3のゼミナール形式の授業で実践し、文理の枠を越えた自由な発想力を養います。

また、全クラスに帰国生を配し英語力に関係なくホームルームクラスを構成。進路指導や学校運営など、各場面にネイティブスピーカーの常勤教員（31名）がかかわるため、日ごろから生きた英語に触れることができます。

インターナショナルクラス（IC）は、帰国生を中心に主要教科を英語で学ぶAcademyと、英語ゼロベースから段階的にオールイングリッシュで学んでいくImmersionの2グループを編成。インターナショナルサイエンスクラス（ISC）も英語力に応じた3グループで授業を展開し、帰国生や帰国してから時間が経ち英語力に不安のある生徒、英語ゼロベースの生徒もバランスよく英語4技能を伸ばせます。理数系や情報分野への意欲が旺盛な生徒は、中2からメディカルサイエンステクノロジークラス（MSTC）に在籍できる可能性があり、研究者たる姿勢で学びを深めます。

▼SCHOOL DATA▼

- ▶東京都世田谷区用賀2-16-1
- ▶東急田園都市線「用賀」徒歩5分
- ▶男子237名、女子479名
- ▶03-3707-5676
- ▶https://www.mita-is.ed.jp

三輪田学園中学校
みわだがくえん

未来へつながる、未来をつなぐ、「徳才」兼備の女性へ

三輪田学園中学校が育てたい女性。それは、「誠実で、だれとでもつながることができ、自らの人生を切り拓いて生きる、徳才兼備の女性」です。千代田区九段にありながら、都心とは思えない静かな環境のもとで、創立以来、136年間変わらぬ教育理念を根幹にしています。また、多様化する現代社会に対応できるスキルを兼ね備えた女性を育成します。

さあ、ここから　進め、私。

三輪田は以下の教育を実践しています。

・「英語を伸ばす三輪田」へ

英語の授業は、Honors Class、Advanced Class、Standard Classの3つに分けて行うほか、English Camp（中2）、カナダホームステイ（中3）、イギリス語学研修（高1）、オーストラリア留学制度（高1・高2）といった海外研修や外部英語プログラムを用意。さらにイギリス・アメリカなどの協定大学が求める英語力と高校の成績で推薦進学が可能です。

・「理系を育てる三輪田」へ

理科実験を中学3年間で100回実施しています。その結果、卒業生の4割が理系に進学し、その半数が医歯薬看護系に進んでいます。

・「ICT先進校」へ

全校生徒がiPadを保有し、Office365 Pro Plusを導入。Python、Swift（プログラミング言語）を使用したプログラミングや、Webページ作成などクリエイター教育を実践しています。

・「読書教育の三輪田」をさらに進化

中1国語読書では、心の世界を広げて表現力を高め、中3社会科読書では、社会への視野を広げて考察力を高めます。さらに、中3全員が卒業論文に取り組みます。

・探究学習「HUB」から「LAB」へ！

中学では自分が興味のある講座を選び、ゼミ形式の探究を実施。高校では探究をさらに発展させ自分の進路へとつなげていきます。自分なりの考えを探していくことで変化が当たり前の世の中でも対応できる力を育てます。

▼SCHOOL DATA▼

- ▶東京都千代田区九段北3-3-15
- ▶JR線ほか「市ケ谷」徒歩7分、JR線ほか「飯田橋」徒歩8分
- ▶女子のみ601名
- ▶03-3263-7801
- ▶https://www.miwada.ac.jp/

武蔵中学校

（むさし）

東京
練馬区

男子校

「自調自考」を身につけるための6年間

武蔵中学校では、学問を学ぶ姿勢が重視され、安易に解答を得るよりも、徹底的に自分で調べて自分で考える「自調自考」の精神が尊重されています。授業内容も外部から「大学院のような」と言われる独自のものが多く、生徒の創造性の育成に努めています。

多くの卒業生がめざす大学に合格し、開成、麻布と男子難関3校のひとつと称されながらも、大学進学が目的ではなく学びを究めるための選択肢のひとつと泰然自若を貫きます。

「考える」ことを重視する授業を展開

自由な校風で知られていますが、それは「生徒の面倒を見ない」ということではありません。とくに学習習慣をしっかりと身につけるべき中1～中2の間は、生徒一人ひとりに教員が寄り添いながら手をかけています。そうして、学びや日々の生活の「型」をつくったうえで、そのレールを少しずつはずしていくことで、「自ら調べ自ら考える」力を培っ

ていきます。

授業においても、基礎基本をきちんと定着させ、それを基盤に、簡単に答えを求めるのではなく、そこにいたるプロセスを徹底的に考えさせることで、生徒は独創性を養い、個性の伸張と独立性を獲得していきます。

「思い切って外へ、もっと先へ」の支援

提携校と交換留学を行う「国外研修制度」に加えて、生徒一人ひとりの主体的な校外活動を応援するため、国内と海外の「チャレンジ奨励奨学金」制度が新設されました。

国内活動チャレンジ奨励が国内での研修を支援するのに対して、日本を離れて海外に、「思い切って外へ、もっと先へ」チャレンジする生徒を支援し、奨励するのが海外活動チャレンジ奨励です。建学の三理想にもあるように、「自ら調べ自ら考える」精神のもとで「世界に雄飛する」生徒が、これまで以上に増えてくることが期待されます。

▼ SCHOOL DATA ▼

▶東京都練馬区豊玉上1-26-1
▶西武有楽町線「新桜台」徒歩5分、西武池袋線「江古田」徒歩6分、都営大江戸線「新江古田」徒歩7分、西武池袋線「桜台」徒歩8分
▶男子のみ525名
▶03-5984-3741
▶https://www.musashi.ed.jp/

武蔵野中学校

（むさしの）

東京
北区

共学校

武蔵野で学ぶ、かなえる。

武蔵野中学校には、100年以上変わらない「他者理解」という教育理念があります。「他者理解」とは、多様な文化、価値観のなかで、お互いに認めあい、他者のために行動すること、と武蔵野ではとらえられています。

グローバル化が進んでいる近年において、それらを実行するための力は重要であるとの考えから、日々の授業はもちろん、行事においてもしっかり伸ばすことで、世界で通用する人材育成をめざしています。

充実の英語教育・海外研修

現代のグローバル社会やデジタル社会で求められているのは、たんに知識だけを持った人間ではなく、それをいかすことのできる知恵と実践力を持つ人材であると武蔵野では考えています。

そうした力を育むため、たとえば「LTE（Learning Through English）」では、ディスカッション、ディベート、プレゼンテーショ

ンを、いずれもiPad※を活用しながらオールイングリッシュで週6時間行い、コミュニケーション力・実践的な英語力を高めます。

さらに、日々の授業での英語力をはかるため、中3では長崎で国内留学「クロス・カルチュラル・プログラム」を実施。外国人ファミリーと過ごし、海外生活を疑似体験するなかで、英語を話す喜びを感じ、話せるようになりたいという気持ちを高めます。同時に、歴史・文化についても触れていきます。また、高1の1月には「ニュージーランド3ヶ月留学」や「マルタ島語学研修」などを行い、ホームステイをしつつ現地の高校で学びます。

こうした多様な活動のなかでかけがえのない経験を積み重ね、他者理解のためのスキルだけでなくグローバルな視野も身につけていくのです。一方で、日ごろの学習は教科担任がしっかりサポート。夜9時まで利用できる「進学情報センター」も併設し、自身のさらなるスキルアップをめざすことができます。

※「iPad」はApple Inc.の商標です。

▼ SCHOOL DATA ▼

▶東京都北区西ヶ原4-56-20
▶都電荒川線「西ヶ原四丁目」徒歩3分、都営三田線「西巣鴨」徒歩8分、地下鉄南北線「西ヶ原」・JR線ほか「巣鴨」徒歩15分
▶男子51名、女子36名
▶03-3910-0151
▶https://www.musashino.ac.jp/mjhs

武蔵野大学中学校

キーワードは「グローバル＆サイエンス」

武蔵野大学中学校は、「仏教精神に基づく、真の人間教育、人間成就の教育」を建学の精神とし、明るい知性と豊かな情操とを兼ね備えた聡明にして実行力のある人間の育成をめざしています。2020年度より高校が男女共学化しました。

キーワードは「グローバル＆サイエンス」。正解のない未来に向かって自らが主体的に考え、身のまわりだけでなく世界中の人と協力し、クリエイティブな発想を持つ中学生を育成します。

一人ひとりの将来を見据えた教育の実践

親身な指導で基礎をしっかり学んで土台を築き、学力をまんべんなく引きあげていきます。家庭学習の習慣を身につけ、高校の各コースへとつなげます。iPadを生徒全員が保有し、各教科や総合学習ではICTを駆使した授業を展開。英語は４技能をバランスよく習得する授業を実施。また教科の枠を越えて展開する「言語活動」の授業も実施しています。

高校は本科、PBLインターナショナル、ハイグレードの３コースを設置。

本科は大学受験を前提に、学習・クラブ活動・学校行事にバランスよく打ちこみたい人のコースです。併設の武蔵野大学には薬学部や看護学部など12学部20学科があり、基準を満たせば優先的に進学できる推薦制度を利用することもできます。

PBLインターナショナルではPBL（課題解決型学習）の手法も用いて、正解のない問いに対して、仲間と取り組み、主体的協働的な学びを実現します。また在学中の長期留学も可能です。進学については国際系学部や海外大学をめざします。

ハイグレードは国公立大学や難関私立大学への進学をめざすコースです。学年があがるタイミングで文理を選択。インタラクティブ（双方向型）な授業によって自ら学ぶ意欲を引き出します。

▼ SCHOOL DATA ▼

- ▶ 東京都西東京市新町1-1-20
- ▶ JR線・西武多摩川線「武蔵境」バス7分、西武新宿線「田無」徒歩15分またはバス10分、JR線・地下鉄東西線「三鷹」バス10分
- ▶ 男子181名、女子340名
- ▶ 042-468-3256
- ▶ https://www.musashino-u.ed.jp/

明治学院中学校

キリスト教に基づく人格教育

キャンパスでひときわ目を引く洋館、「ライシャワー館」は、「東村山30景」にも選定された明治学院中学校のシンボル的な存在です。名前の由来は、元駐日大使であったライシャワー氏の父親が明治学院で教鞭をとりながら居住していたことによるものです。

学院創立150周年事業として行われた正門の改修、ビオトープの整備、約２万㎡あるグラウンドの全面人工芝化が完了し、生徒たちに好評です。

「道徳人」「実力人」「世界人」

明治学院が長い歴史のなかで掲げてきた教育目標が「道徳人」「実力人」「世界人」の育成です。

「道徳人」とは、「自分に与えられている使命に気付き、権利と義務をわきまえ、規律を守って、神さまと人びとのために働くことのできる人」のことです。

「実力人」とは、自分の使命や目標に向かって、与えられている自分の能力を高め、学問と技術を身につけ、その能力を必要に応じて発揮することのできる人のことです。

「世界人」とは、世界的視野と行動力とを持ち、世界の平和を祈念しつつ、世界を活躍の場とする力を持つ人のことです。

そして、これらの教育目標にかなった人材を育成するために、明治学院では①〜⑤のような特色のある教育を行っています。①タブレット端末を全員に貸与したICT教育。②英語の授業を重視し、英語脳をつくり４技能を伸ばすカリキュラム。③中・高とも英語の授業の一部をネイティブ教師が担当。英検取得目標は中学卒業時準２級、高校卒業時２級。④東京歴史散歩（社会）、多摩動物公園、三浦半島または生田緑地（理科）、音楽鑑賞会（音楽）など校外授業が充実。⑤高２で文系か理系に分かれ、さらに高３で文系は明治学院大学推薦進学か他大学受験進学かに分かれて学習するなど、学習面も強くサポートしています。

▼ SCHOOL DATA ▼

- ▶ 東京都東村山市富士見町1-12-3
- ▶ 西武拝島線・西武国分寺線「小川」徒歩8分、JR線「新小平」徒歩25分
- ▶ 男子214名、女子215名
- ▶ 042-391-2142
- ▶ https://www.meijigakuin-higashi.ed.jp/

明治大学付属中野中学校

男子校

「質実剛毅・協同自治」の校風

「質実剛毅・協同自治」を校訓とする男子中高一貫校の明治大学付属中野中学校は、大学付属校の長所を存分にいかし、受験勉強のみに力をそそぐことなく、興味や関心を抱いたことにもじっくりと取り組める学校です。

中学では5項目の実践目標

じゅうぶんな授業時間の確保と円滑な学校行事運営のため、従来から一貫して週6日制をとっています。

中学校での教育課程は、高等学校との中高一貫教育の関連を重視し、独自のプログラムを組んでいて、先取り学習などは行わず、確かな基礎学力をしっかり固めるためのさまざまな工夫がされています。

また、中学時代における大切な要素として、基本的な生活習慣の体得を掲げ①時間を大切にし遅刻をしない学級づくり②勉学に励む学級づくり③清潔できれいな学級づくり④決めごとを守る生徒づくり⑤挨拶のできる生徒づくりの5項目を実践目標としています。

高校では、中学校で養った基礎学力を維持しつつ、さらなる伸長を目標に勉強を進めます。

高1では、高校からの入学者が加わり、混合の学級を編成。キャリアサポートが本格的にスタートします。2学期には「明大特別進学講座」が実施され、明治大学の各学部長から、学部の説明やアドバイスもなされます。

高2は、自己の能力や適性を見極める時期です。そのため、文科系・理科系のふたつのコースによる学級編成を採用しています。

高3では、選択・演習科目を数多く導入、個々の進路志望に応じた専門的な学習に入っていきます。明治大学への推薦は、高校3年間の総合成績によって決定され、約80%が進学しています。さらに大きな特色でもある、明治大学の内部推薦の権利を保持して国公立大学を「併願」する制度を利用し、合格する生徒もいます。

▼ SCHOOL DATA ▼

- ▶ 東京都中野区東中野3-3-4
- ▶ JR線・都営大江戸線「東中野」徒歩5分、地下鉄東西線「落合」徒歩10分
- ▶ 男子のみ753名
- ▶ 03-3362-8704
- ▶ https://www.nakanogakuen.ac.jp

明治大学付属八王子中学校

〈2024年度より明治大学付属中野八王子中学校から校名変更〉

共学校

未来につながる知力と人間力を育成

硬く強いけれどポキリと折れてしまう針金でもなく、しなるだけの鞭でもなく、しなやかさのなかにも強さがある竹のように、世の中の流行に流されずに、しっかりと根を張って成長していく。そして、周囲の人びとと支えあい、互いの考え方を尊重しあいながら、ものごとを成し遂げていく人材の育成をめざす明治大学付属中野八王子中学校。2024年度から明治大学付属八王子中学校へと校名を変更します。

キャンパスは7万坪を超える広大な自然のなかにあり、充実した学校生活を送りながら、建学の精神に掲げる「質実剛毅」「協同自治」をもって、どんな時代の、どんな社会状況にも対応できる能力を育んでいます。

きめ細やかな学習指導と進路指導

学習面では「基礎学力の獲得」を目標に、ていねいかつ中身の深い授業で教科書の内容を理解、習得し、高校卒業までに大学でもじゅうぶんに通用する学力を身につけます。特徴的なのは自分を表現するための能力を育てていることです。

各教科や学級活動において、作文やスピーチなど、自己表現をする機会を多く取り入れ、英語では少人数授業やネイティブ教員と日本人教員のティームティーチング授業を実施し、きめ細やかに指導しています。

そして、家庭学習の方法も綿密に指導し、個々の学習スタイルを確立させることで生徒を「自律／自立的学習者」へと導きます。また、学習指導と両輪をなす進路指導では、職業観や人生観に基づいた大学・学部探しを行います。大学卒業後の職業選択までを視野に入れた計画的かつ段階的な指導によって、早い時期から将来に対する興味や関心を喚起していきます。

生徒が自己実現できるよう「自ら伸びる力」を引き出し、未来につながる知力と人間力を育てる学校です。

▼ SCHOOL DATA ▼

- ▶ 東京都八王子市戸吹町1100
- ▶ JR線「八王子」「秋川」・京王線「京王八王子」・JR線ほか「拝島」バスまたはスクールバス
- ▶ 男子252名、女子247名
- ▶ 042-691-0321
- ▶ https://www.mnh.ed.jp/

明治大学付属明治中学校

東京 調布市　共学校

10年一貫教育で21世紀社会を担う人材を育成

　1912年に旧制明治中学校として神田駿河台の明治大学構内に開校した明治大学付属明治中学校。明治大学唯一の直系付属校として、建学の精神「質実剛健」「独立自治」のもと、21世紀のグローバル社会を担う国際人として活躍するために必要な力を持った人材を育てています。

　中学では、通常授業に加えて、数学と英語の補習講座を実施し、つまずきを解消しながら基礎をしっかりと固めます。そうして基礎を身につけたうえで、ものごとを深く分析し、問いの本質を見抜く力も伸ばしていきます。

　付属校とはいえ、進級基準・進学基準などがあり、緊張感のある学びの場となっています。推薦基準を満たせば、ほぼすべての生徒が明治大学の第1希望の学部に進学できるという恵まれた推薦制度を有しており、これをいかして、生徒たちは受験勉強にとらわれず、自分を高めるために資格取得、部活動、学校行事などに励んでいます。

　そして、教員からの生活指導や宿泊行事などもとおして、生徒たちは社会で活躍する力を育んでいます。

明治大学との連携教育で早くから大学を知る

　明治大学との連携教育として、明治大学各学部の教員が直接授業をする「高大連携講座」（高2・高3対象）や、明治大学の講義を受けて修得した単位を明治大学進学後に単位として認定する「プレカレッジプログラム」（高3対象）、長期休暇中に行われる、司法試験や公認会計士試験への挑戦を支援する各種セミナーなどを用意するほか、進路決定をサポートするための取り組みとして、明治大学の各学部説明会や、現役の明治大学生や卒業生による進路相談会などを実施しているのも大きな魅力です。

　明治大学付属明治は、中高大10年一貫教育によって創造性や個性を伸ばし、社会で活躍できる生徒を育成しています。

▼SCHOOL DATA▼

▶東京都調布市富士見町4-23-25
▶京王線「調布」「飛田給」・JR線「三鷹」「矢野口」スクールバス
▶男子268名、女子272名
▶042-444-9100
▶https://www.meiji.ac.jp/ko_chu/

明法中学校

東京 東村山市　男子校

少人数教育でめざす「社会貢献できる人間」の育成

少人数教育と本物に触れる教育

　明法中学校では、東京ドーム1.2倍の広大なキャンパスと充実の施設のなかで、教員1名あたり生徒14名という少人数制をとり、教師と生徒の人間的なつながりを深める教育が行われています。中学では「本物に触れる教育」が大切にされ、アドベンチャープログラムやフィールドワークなどの体験学習に加え、理科専門棟での理科授業も実験・観察が豊富で魅力的です。

　また、サイエンス教育での独自な取り組みとして「サイエンスGE」があり、ロボットを使ったプログラミング教育などで論理的思考力や問題解決能力・協働性を伸ばしています。来年度からは高校の国際教育プログラム「GSP」の基礎を、中学でも学べるようになります。

　部活動も少人数ながら活発で、関東大会に連続出場しているソフトテニス部、科学部や

バドミントン部などががんばって活動しています。

基礎基本を徹底

　中学では「起床時間」「就寝時間」「学習開始時間」を固定する「3点固定」により学習中心の生活リズムをつける指導を実施。さらに学力向上に向けて、1週間の学習サイクルをつくる「週末課題と週明けテスト」、学習内容を定着させる「定期考査の解き直し」をつうじて、基礎学力の徹底をはかっています。

卒業生の1割が国公立大学に現役合格

　ていねいな進学指導によって、2023年春は、東北大学などの国公立大学の現役合格者が、学年の1割を超えました。国公立大学への現役合格はこの3年で3.3倍、難関私立大学への現役合格も1.6倍に増加しています。また「GSP」でターム留学した生徒が海外大学へ進学した実績もでています。

▼SCHOOL DATA▼

▶東京都東村山市富士見町2-4-12
▶西武国分寺線・拝島線「小川」徒歩18分、JR線「立川」・西武新宿線「久米川」・西武拝島線「東大和市」バス
▶男子のみ97名
▶042-393-5611
▶https://www.meiho.ed.jp/

目黒日本大学中学校

「ひとりの輝き、ひろがる喜び」

　開校110余年、次代を担うすぐれた人材を輩出してきた目黒の日出学園が、2019年4月、日本大学の付属校となりました。これまでの特色「オリジナリティ」と日本大学の持つ「総合性」をリンクさせ、教育システムやカリキュラムなどをバージョンアップさせる目黒日本大学中学校に注目が集まります。

進学指導の安定化と高い学力の醸成

　中高一貫となる中学は第一にグローバル教育を掲げます。中学のうちでの英検2級取得を目標に、ネイティブ教員とのやりとりと、全員が持つタブレット端末によるオンライン会話でハイレベルな英語力を身につけます。

　グローバル化といっても、日本の文化を理解していなければ海外でアイデンティティーを発揮することはできないと考え、目黒日大では「日本」をテーマにした授業、行事、課外活動など、さまざまな場面で日本の文化を知る体験を用意しています。そのうえで中3

では、約1カ月間の短期留学を実施します。

　学力の醸成には、タブレット端末や電子黒板を活用し、わかりやすく参加型のアクティブラーニングを展開。試験の電子化により成績や学習時間の管理を共有できる学習支援クラウド「classi」を導入した、生徒主体のICT教育も充実しています。さらに一人ひとりとしっかり向きあい、全員に向かっていっせいに「授業を教える」のではなく、生徒同士の学びあいや教員と生徒のコミュニケーションを取り入れた「授業で教える」指導により、個性を伸ばします。こうすることで自己肯定感を高め、「自分はやればできる」という自己効力感につながるよう、導きます。

　高校では中高一貫生のみのクラス編成となり、国際教育・理数教育を推し進め、国公立大学や難関私立大学・医歯薬系学部への進学をめざします。日本大学へは、全付属校共通の「日大到達度テスト」を経て進学することができます。

▼SCHOOL DATA▼

- ▶東京都目黒区目黒1-6-15
- ▶JR線・東急目黒線・地下鉄南北線・都営三田線「目黒」徒歩5分
- ▶男子142名、女子163名
- ▶03-3492-3492
- ▶https://www.meguro-nichidai.ed.jp/

目白研心中学校

グローバル社会で活躍する人材を育てる

3つの力を重視

　目白研心中学校では、グローバル社会で活躍する人材になるためには、3つの力が重要だと考えられています。

　その力とは、相手の話に耳を傾け共感するコミュニケーション力、与えられた仕事をただこなすのではなく、情報を収集・分析して問題を発見し、解決する問題発見・解決力、そして、困難なことに立ち向かうとき、「自分ならできる」という自信を持てる自己肯定力です。この3つの力の育成をめざし、日々の教育を実施しています。

複数の目で生徒を見守る「2人担任制」

　中1・中2では「2人担任制」が導入されています。成長の著しいこの時期に、複数の目で生徒を見守り、一人ひとりのいいところをたくさん見つけるようにしているのです。担任を配置する際は、担当教科や個性のちが

う教員を組みあわせるなど配慮されています。いつでも話を聞いてもらえる安心感が生まれ、相談しやすい環境となっています。

　また中学校の教科学習は、基礎学力をつけることを重視し、中3からの「総合コース」「特進コース」「Super English Course」のコース選択につなげていきます。

学習支援センター

　生徒の学びをサポートする「学習支援センター」があるのも魅力です。放課後に、プリントや動画を活用した予習、復習、問題演習、大学受験対策を実施。また、国公立大学・早慶上理・G-MARCHを志望する場合は、志望校別個別指導を受けることができます。事前にスタッフと面談をしながら計画を立て、その計画に沿って学習を進めます。週4回以上活動しているクラブの生徒は、希望により20時（中学生は19時）まで利用することが可能です。

▼SCHOOL DATA▼

- ▶東京都新宿区中落合4-31-1
- ▶都営大江戸線「落合南長崎」徒歩9分、西武新宿線・都営大江戸線「中井」徒歩12分、地下鉄東西線「落合」徒歩14分
- ▶男子57名、女子110名
- ▶03-5996-3133
- ▶https://mk.mejiro.ac.jp/

八雲学園中学校
（やくもがくえん）

次世代のグローバルリーダーを育てます！

グローバル教育に力を入れる八雲学園中学校は、中１で週８時間、中２・中３で週９時間の英語授業を確保。ネイティブ教員による授業を多く設け、生きた英語を学びます。こうした授業とあわせて、英語劇や英語祭、スピーチコンテストなどの英語行事を行い、コミュニケーションツールとしての英語力を伸ばし、より高い目標に向けて英語習得への意欲を高めます。また、独自のｅラーニングシステムを利用しながら、基礎から大学入試、英検、TOEFL対策を行い、CEFRのC1レベルをめざします。2017年、世界50カ国の私学230校所属のラウンドスクエアに加盟。加盟校との交流などの体験を重ねることで次世代のグローバルリーダーを育てます。

学習面と生活面の両面から支える

生徒全員がタブレット端末を持ち、日々の学習を記録しながら授業や放課後補習に取り組みます。また、6年間を「基礎学力の蓄積」・「海外研修・留学プログラム体験」・「受験体制の確立」と3ステージに分け、国公立大学・難関大学への進学をめざします。

また、2020年、新たに海外協定大学推薦制度（UPAA）を導入しました。これは高校での成績・英語力を基準として、アメリカ、イギリス、オーストラリアの協定大学の推薦入試を受けられる制度です。この制度を利用するなどして、2023年にはサンフランシスコ州立大学、エクセター大学などの海外大学に7名が合格しました。

そのほかの特色として「チューター（学習アドバイザー）」を採用しており、担任とは別に相談相手が生徒一人ひとりにつきます。3年間にわたり、学習面と生活面の両方でアドバイスを受けることができ、生徒が抱える不安や悩みを解決する体制が整います。

特色ある教育体制のもと、安心して各自の個性や能力を伸ばし、より高い目標に向かって意欲的に学校生活を送ることができます。

▼ SCHOOL DATA ▼
- ▶ 東京都目黒区八雲2-14-1
- ▶ 東急東横線「都立大学」徒歩7分
- ▶ 男子200名、女子204名
- ▶ 03-3717-1196
- ▶ https://www.yakumo.ac.jp/

安田学園中学校
（やすだがくえん）

ハイレベルな英語教育に充実の探究学習

安田学園中学校は、「自学創造〜21世紀のグローバル社会に貢献できる人材を育成する〜」を教育目標に掲げています。とくに英語教育については長年にわたり積みあげてきたノウハウをいかし、中１から週７時間、英語4技能5領域のバランスのとれた授業を行っています。その成果、中１の生徒のうち92％が学年の目標である英検4級以上を取得（2023年3月現在）。生徒は学年ごとに、より高い目標をめざして英語力を磨きます。

2023年度入学生からは全員が先進コースでのスタートです。先進コースでは、全員参加の中３ニュージーランド語学研修や高2英国探究研修、希望制ですが高１ではニュージーランド・オーストラリアでの3カ月留学の機会などもあり、英語学習に対するモチベーションが非常に高くなっています。また、中１から高３までの全学年で週１時間、フィリピンとのオンライン英会話レッスンを行い、さらなる英語力の向上に取り組んでいます。

論理的思考力を育成する「探究学習」

もうひとつ、安田学園が力を入れているのが探究学習です。「疑問・課題⇒仮説の設定⇒検証（調査・観察・実験）⇒新しい疑問や仮説・・・」の活動を繰り返すことで、論理的・批判的思考力をきたえていきます。

中１は、干潟にいる生物の採集・観察からスタート。2学期からは「一番飛ぶ飛行機選手権」を開催し、紙でつくった飛行機にどのような工夫をすればより飛ぶようになるのか検証します。中2は、新潟県十日町で耕作放棄地の調査を行い、その再生に取り組みます。そして中３では地域の歴史や文化を研究調査し、情報収集法などを学ぶことによって、翌年に取り組む論文制作のための下準備をします。教科と探究学習により、根拠をもって論理的に追究して考える、本質的な学びとなり、地球規模の問題を解決できるグローバルリーダーの資質を育てます。

▼ SCHOOL DATA ▼
- ▶ 東京都墨田区横網2-2-25
- ▶ 都営大江戸線「両国」徒歩3分、JR線「両国」徒歩6分、都営浅草線「蔵前」徒歩10分
- ▶ 男子364名、女子278名
- ▶ 03-3624-2666
- ▶ https://www.yasuda.ed.jp/

山脇学園中学校

社会でいきいきと活躍するいしずえを築く6年間

山脇学園中学校は、120年の女子教育の伝統を受け継ぎつつ、一人ひとりの「志」を育てる教育に力をそそいでいます。国際社会で活躍する志と資質を育てる「イングリッシュアイランド（EI）」や、科学をとおして社会に貢献する志を育てる「サイエンスアイランド（SI）」、探究活動の拠点としてプレゼンテーション・グループワークエリアも備える「ラーニングフォレスト（LF）」の施設では、課題解決型の実践的な学習を行っています。

志を育てる、多様な教育プログラム

山脇学園では「志」を育てることが生徒の人生設計の根幹となると考えています。この「志」とは1本の樹木のように自分を貫く指針であり、かつ人生をかけて高め実現していくもので、自分の道を歩くための原動力となる強い想いです。

6年間で自分を開拓するため、多様な探究学習の機会が設けられています。2022年度から自然・人文・社会科学分野の学びを融合させ、「総合知」を育むカリキュラムがスタート。統計・データサイエンスといった理論の学習とそれらを活用した実地調査などにも取り組み、高校での探究活動へつなげます。

希望選択制のプログラムも充実しています。中3には自分で定めたテーマについて1年間の研究を重ねる「マイチャレンジ」のほか、本格的な研究を行う「科学チャレンジ」を用意。科学研究は「高校サイエンスクラス」で継続できます。語学分野では「中3英語チャレンジ」のイギリス研修、高1でのイギリス、アメリカ、カナダ、オーストラリア1年留学、オーストラリア語学研修などを実施。ほかにも英語だけを使う3日間の夏期集中講座「英語イマージョンウィーク」（中1・中2対象）など、多くの体験をすることが可能です。

このように、山脇学園は未来社会を生き抜く創造的な学力を、豊かな体験をとおして学びながら身につけることができる学校です。

▼ SCHOOL DATA ▼

- ▶ 東京都港区赤坂4-10-36
- ▶ 地下鉄銀座線・丸ノ内線「赤坂見附」徒歩5分、地下鉄千代田線「赤坂」、地下鉄銀座線・半蔵門線・都営大江戸線「青山一丁目」徒歩7分ほか
- ▶ 女子のみ848名
- ▶ 03-3585-3911
- ▶ https://www.yamawaki.ed.jp/

立教池袋中学校

一人ひとりの能力を引き出し、人生のいしずえを築く

生き方にテーマのある主体的な人間の育成

立教池袋中学校の前身は1874年、ウィリアムズ主教が築地に建てた私塾です。キリスト教に基づく人間教育を基盤に、教育目標を「テーマをもって真理を探究する力を育てる」「共に生きる力を育てる」と定め、生き方にテーマのある主体的な人間を育成しています。中学校を含め小学校から大学という立教学院のなかで一貫連携教育を推進しており、一貫校だからこそできる大学との連携教育や、充実した国際交流プログラムも特色です。

「新しいリーダーシップ」を育む

立教池袋では日々の教育のなかで、個人の能力やカリスマ性を高めることよりも周囲と協調してチームに貢献する「新しいリーダーシップ」の育成を推進しています。たとえば「リーダーシップ概論」（高3自由選択講座）はリーダーシップを「だれもが発揮できる能力」ととらえ、5人1組で与えられたテーマに対してグループワークを行う取り組みです。取り組み後は成果についてプレゼンテーションをしたり、学んだことを下級生とのかかわりのなかで実践したりします。そのほか「運動部リーダーシッププログラム」や企業との課題解決型学習なども実施しています。

ICT機器を用いた最先端の教育環境

2018年度から校内全域に無線LANを、中高全教室に大型プロジェクターを導入した立教池袋。「情報統合力を養う」「思考力を養う」「コミュニケーション力を養う」「情報モラルを身につける」の4つをICT教育における目標と定め、推し進めています。2022年度には中学生にタブレット端末をひとり1台ずつ導入し、高校生は自分のパソコンやタブレット端末も使用できるBYOD方式を採用。ふだんの学習だけでなく卒業論文の執筆、プレゼンテーションにも活用しています。

▼ SCHOOL DATA ▼

- ▶ 東京都豊島区西池袋5-16-5
- ▶ 地下鉄有楽町線・副都心線「要町」徒歩5分、JR線ほか「池袋」・西武池袋線「椎名町」徒歩10分
- ▶ 男子のみ449名
- ▶ 03-3985-2707
- ▶ https://ikebukuro.rikkyo.ac.jp/

立教女学院中学校

真の自由と豊かな人間性を求めて

立教女学院中学校の創立は、1877年。プロテスタントの宣教師・ウイリアムズ（Channing Moore Williams）によって設立されました。創立以来、キリスト教信仰を基盤に、「精神的、倫理的なものに価値をおき、他者に奉仕できる人間を育てる」こと、「グローバルな視野を持った知的に有能な人間に育てる」こと、「自由で自立した女性としての行動力ある調和の取れた人間を育てる」ことを目標とした教育が実践されてきました。めざす女性は、「知的で、品格のある、凛とした女性」です。

立教女学院の1日は礼拝で始まります。礼拝では、授業前の20分間、自分の心を見つめます。人に仕える精神、平和への意志はここで生まれているのです。また、年間をつうじてさまざまなボランティア活動への参加を奨励しているのも、立教女学院の特徴です。

授業においては、国語、数学、英語、理科は中3で高校の学習内容を先取りして行っています。中学・高校とも、英語は習熟度別クラス編成を行い、ホームルーム・クラスよりも少人数での授業を展開しています。国際社会において英語で意見を表明できる「発信型英語能力」の育成をめざしています。

特色ある「ARE学習」

独自の学習に「ARE学習」があります。自らテーマを求め（Ask）、調べ（Research）、言語化して発表する（Express）学習で、一般的な総合学習にあたります。この「ARE学習」をとおして中学では、学力を養い広く社会に貢献できる人間になることをめざし、高校では、卒業論文を作成します。

また、立教女学院では、創立者を同じくする立教大学への推薦制度があります。他大学を受験する生徒へのサポート体制も整っており、高2・高3では理系コース、文Iコース、文IIコースに分かれるコース制を導入しています。

▼ SCHOOL DATA ▼
▶ 東京都杉並区久我山4-29-60
▶ 京王井の頭線「三鷹台」徒歩1分
▶ 女子のみ593名
▶ 03-3334-5103
▶ https://hs.rikkyojogakuin.ac.jp/

立正大学付属立正中学校

自分の力を発揮する人を育てる。

中高の6年間は、自立をめざし、自分で考え、進んで学び、自分で道を選ぶ力を身につけるための時間です。立正大学付属立正中学校がめざす自立は、社会やチームのなかで、自分の力を最大限に発揮することです。ときには道を切り拓くリーダーとして、ときには仲間を支えるスタッフとして、理想や目標を実現するために力を尽くせる人が、自立した人だと立正大立正は考えます。そのためには自分を知ることが欠かせません。仲間の個性を認め、自分と異なる意見を受け入れ、自分の主張をしっかり伝えることも大切です。周囲から認めてもらえるように基本的な学力や人間力も必要です。授業や部活動、行事などの学校生活全体をつうじて、仲間とともに社会のために「自分の力を発揮する」生徒を育てる。それが、立正大立正の学びです。

R-プログラムの実践と学習効果

毎日の授業だけでなく、将来にわたって必要な力、Research（調べる力）、Read（読み取る力）、Report（伝える力）を蓄えるのが「R-プログラム」です。

毎朝のホームルーム（HR）で新聞や雑誌のコラムを読み、200字で意見や感想をまとめる。翌朝のHRでクラスの数名ずつが自分の意見を発表する。このルーティーンをつづけると、最初は書けなかった文章がかたちになり、人前に立つのが苦手だった生徒も徐々に慣れ、スピーチができるようになります。いままで自信を持てなかった生徒が自らの成長を体感し、授業にも好影響がでています。毎日読む記事やコラムをつうじ、「単純に知識が増えた」と感じた生徒が、「授業にしっかり取り組めば、もっといろいろなことがわかってくる」ことに気づき、「読解問題の文章は、確実に速く読めるようになった」と実感しています。立正大立正は、R-プログラムと授業の相乗効果で「自分の力を発揮できる能力」を育てています。

▼ SCHOOL DATA ▼
▶ 東京都大田区西馬込1-5-1
▶ 都営浅草線「西馬込」徒歩5分
▶ 男子337名、女子150名
▶ 03-6303-7683
▶ https://www.rissho-hs.ac.jp/

早稲田中学校

わせだ

男子校

「誠」を基本とする人格を養成

早稲田大学、早稲田キャンパスのすぐそばに校舎をかまえる早稲田中学校は、早稲田大学のおひざもとにある早稲田大学系属校のひとつです。創立は1895年と長い伝統を誇ります。

早稲田大学への進学ばかりではなく、他大学進学者も5割程度と、進学校としての趣が強い学校です。男子だけの中高一貫教育を行い、高校からの募集はありません。

教育目標として、「常に誠を基本とする人格の養成に努め、個性を伸張して、国家社会に貢献し得る、健康で民主的な人材を育成すること」を掲げています。

「誠」とは、人間の基本となるべき心の持ち方であり、言行の一致に基づく誠意・真剣さなどとして発現されます。この精神は坪内逍遥により校訓として掲げられ、早稲田中の人間教育の基本精神となっています。

「個性」の立つべき根幹を早稲田中では独立・自主・剛健においています。これは、大隈重信の人格の主要な一面でもありました。早稲田中では、こうした個性の発揚・伸長をうながすことに努めています。

推薦入学制度で早稲田大学へ

早稲田中は早稲田大学の系属校として、その歴史を刻んできました。

1981年度高校卒業生からは早稲田大学への推薦入学制度も発足し、学校所定の推薦基準により早稲田大学への進学の志のある生徒を各学部に推薦しています。

早稲田中では、生徒自身が進学したい大学・学部を決めるため、推薦枠をいっぱいに使わない厳しい選抜を行っていることが大きな特徴です。

このような方針のもと、日々の授業は密度が濃く高レベルになっています。ここで培われる確固たる基礎学力と柔軟な思考力が、早稲田大学および難関国公立大学・私立大学や医学部への多数の進学を可能にしています。

▼ SCHOOL DATA ▼

▶ 東京都新宿区馬場下町62

▶ 地下鉄東西線「早稲田」徒歩1分、都電荒川線「早稲田」徒歩10分、地下鉄副都心線「西早稲田」徒歩15分

▶ 男子のみ959名

▶ 03-3202-7674

▶ https://www.waseda-h.ed.jp/

早稲田実業学校中等部

わせだじつぎょうがっこう

共学校

多種多様な生徒が集い、伸びのびと個性を磨く

早稲田実業学校中等部は、併設する初等部からの進学者が約半数、中等部からの受験入学者が約半数で構成されています。そして、高等部に上がると、高等部からの入学者が加わり、1学年は360名ほどになります。異なるルーツを持つ生徒が集い、さまざまな能力を発揮しあうことで、とても活気のある学校生活が実現しています。

早稲田実業は早稲田大学の系属校であり、2023年春は卒業生394名のうち、他大学医学部進学者など19名をのぞく375名が早稲田大学に推薦入学しています。

カリキュラムは基礎学力確立のために主要5教科に重点をおきつつ、「国分寺巡検」や「るるぶ特別編集」など独自の企画を行い、探究活動の基礎を身につけられるものです。中3では卒業レポートに取り組み、高2からは文系・理系に分かれます。早稲田大学の講義を受講できるのも魅力です。

海外の提携校との交換留学やカナダでのホームステイなど、多くの海外研修プログラムがあり、またユニークなテーマを持つひとり旅に対し、補助金を支給する制度もあります。

PC教室、各種実験室、芸術教室など、充実した施設もそろっています。

「自分はこれに打ちこんだ」という経験

早稲田大学の中核を担う学生となるべく、高い学力を養うとともに、系属校の強みをいかし、勉強以外にも「自分は中高6年間でこれに打ちこんだ」と言えるものを持ってほしいと早稲田実業では考えています。

文武両道の気風があり、部活動や行事が盛んな学校です。行事の目玉は秋の体育祭といなほ祭（文化祭）。いなほ祭では、高3がクラスごとに舞台発表を行っており、その完成度の高さは後輩の目標になっています。また、中2、中3、高2の校外教室も、思い出に残る行事です。生徒は「あっという間の6年間だった」と言って卒業していくそうです。

▼ SCHOOL DATA ▼

▶ 東京都国分寺市本町1-2-1

▶ JR線・西武線「国分寺」徒歩7分

▶ 男子433名、女子244名

▶ 042-300-2121

▶ https://www.wasedajg.ed.jp/

早稲田大学高等学院中学部

「学びの自由」が、次代を生き抜く力と探究力を育む

早稲田大学の中核となる人材を育成

早稲田大学は創立以来、「学問の独立」「進取の精神」といった建学理念のもと、時流に流されることなく、たくましい知性としなやかな感性を持った人材の育成をめざしています。早稲田大学高等学院は、1920年、この理念に基づき大学附属の旧制高校として発足しました。早稲田大学高等学院中学部は、その長い歴史と伝統を継承し、2010年に併設された早稲田大学で唯一の附属中学校です。生徒たちは、受験から解放された自由でアカデミックな校風のもと、早稲田大学建学理念に基づく10年間の一貫教育により、将来早稲田大学の中核となる人材へと成長することを期待されています。

各学年は120名（1クラス30名）という少人数で編成。生徒一人ひとりの個性を伸ばすことをめざし、自学自習の習慣を身につけながら、いまなにをすべきかを自分で考え、主体的に行動できる生徒へと育てることを目標としています。

つねに探究心を持つ生徒を望む

早稲田大学高等学院は「入学すれば早稲田大学に進学できるから安心だ」という学校ではありません。自分自身や社会・科学等について、深く広く考えることを求められます。

そのため、学問に対する探究心や好奇心を喚起する授業が展開されているほか、生徒の自主的な活動もさかんに行われています。

たとえば、「環境プロジェクト」「模擬裁判プロジェクト」といった、生徒が主体的に環境問題や法律・司法について考え、取り組んでいく活動もあります。

クラブ活動や行事もさかんで、高校では軟式野球部、アメリカンフットボール部、雄弁部、理科部などの活躍が光っています。中学部は奈良（1年生）、長野（2年生）、長崎・佐賀（3年生）の宿泊研修があります。

▼ SCHOOL DATA ▼

- 東京都練馬区上石神井3-31-1
- 西武新宿線「上石神井」徒歩7分、西武池袋線「大泉学園」「石神井公園」・JR線「西荻窪」バス
- 男子のみ360名
- 03-5991-4156
- https://www.waseda.jp/school/jhs/

和洋九段女子中学校

「この先100年の教育」がスタート

PBL型授業の徹底

創立125年以上の歴史を誇る和洋九段女子中学校では、21世紀の読み書きそろばんとして、「考える力」「英語」「ICT」「サイエンスリテラシー」「コミュニケーション力」に重点をおきながら、課題解決型の相互通行型授業（PBL型授業）を実践しています。

トリガークエスチョン→ワンマンブレインストーミング→グループブレインストーミング→解の選択→プレゼンテーション→検証を繰り返しながら、グローバル社会での多様な価値観を統合し、ものごとを論理的に思考する力と、他者への敬意を忘れない表現力を身につけていきます。

グローバルマインドを育成するためのホームステイやターム留学制度は、シドニーの姉妹校提携のもと四半世紀以上の歴史があります。これに加え、アメリカ、カナダ、ニュージーランドへの留学プログラムなどにも参加可能です。

グローバルクラス

2017年度より、本科クラスに加えグローバルクラスが設置されました。このクラスは、英語の授業がオールイングリッシュで実施されるほか、朝礼やホームルームなどの学校生活が英語で運営され、インターナショナルスクールに近い学校生活を送ることができます。

将来的には海外大学への進学も視野に入れており、帰国生も在籍する活発なクラスになっています。ただし、英語の授業はアドバンストとインターメディエイトのレベル別になっており、英語ゼロベースの生徒も入学可能です。オールイングリッシュの授業が聞き取れるようになった時点で、アドバンストの授業に移行することができます。また、放課後の英会話サロンなどと合わせて、英語を話す場面を増やしています。

▼ SCHOOL DATA ▼

- 東京都千代田区九段北1-12-12
- 地下鉄東西線・半蔵門線・都営新宿線「九段下」徒歩3分、JR線・地下鉄有楽町線・南北線・都営大江戸線「飯田橋」徒歩8分
- 女子のみ253名
- 03-3262-4161
- https://www.wayokudan.ed.jp/

HACHIOJI TONE
Communication

HACHIOJI TONE
School Events

HACHIOJI TONE
Growth

HACHIOJI TONE
Advanced Class

HACHIOJI TONE
Respect

HACHIOJI TONE
Friendship

HACHIOJI TONE
Academic
Success

HACHIOJI TONE
School Spirit

響き合い、高め合う。6年間のHACHIOJI TONE

Hachioji Junior High School

八王子学園
八王子中学校
Hachioji Junior High School

〒193-0931
東京都八王子市台町4-35-1
Tel.042-623-3461（代）
URL https://www.hachioji.ed.jp
E-mail info@hachioji.ed.jp

JR中央線「西八王子駅」から徒歩5分

男女共学

［ 東大・医進クラス ］［ 特進 クラス ］

■課題解決型授業の導入で実践的思考を育てます。

■少人数で行う探究ゼミ活動で知的好奇心を育てます。

■英会話能力を育て中2までに英検®3級、中3までに英検®準2級を取得。英語で発信できる力を育てます。

■アクティブ・ラーニングとタブレット活用でOut put能力を育てます。

■個性に応じた学びで高い進路目標を実現します。

※説明会は本校公式サイトにて完全予約制です。　※詳しい学校紹介は公式サイトまたは学校案内をご覧ください。　│　英検®は、公益財団法人 日本英語検定協会の登録商標です。

国立・私立中学校プロフィール

神奈川

大切なものを、みつけよう。

浅野中学校

〒221-0012　神奈川県横浜市神奈川区子安台1-3-1　TEL.045-421-3281(代)

説明会や学校行事、出願についてなどの最新情報や
詳しい情報は本校WEBサイトをご覧ください。

 @asanogakuen

  浅野中学校　検索

青山学院横浜英和中学校

共学校

グローバルな視点をもつ生徒の育成をめざす

青山学院横浜英和中学校は、1880年、アメリカの婦人宣教師、ミスH.G.ブリテンにより横浜山手の地に創立されて以来、キリスト教主義学校として、隣人に奉仕できる心の育成に努めるとともに、生徒一人ひとりの個性と能力をいかす教育を行ってきました。

2016年度に青山学院大学の系属校となり、2018年度に男女共学化、さらに生徒会活動の中心となる「スチューデントセンター・オリーブ」が完成し、生徒の活動がますます活発に行われています。

重視されている英語・国際教育

授業は完全週5日制・2学期制で、青山学院大学への進学はもとより、国公立大学や難関私立大学受験にも対応できる教育課程と授業内容を組んでいるのが大きな特徴です。

中1前半の英語は少人数で行われ、中1後半からは習熟度別、少人数クラス編成で授業を行うなど、生徒の学力到達度に合わせたクラス編成が行われています。

また、第2校舎にある「アイリス学習センター」では、生徒一人ひとりの弱点をAIが分析して補充する個別最適化学習で、放課後や土曜日の自学自習を効率よく進めていくことができます。

青山学院横浜英和は、オーストラリアに2校、韓国に1校、アメリカに1校、ニュージーランドに2校、計6校の姉妹校・提携校を海外に持っています。短期留学や海外研修旅行、留学生の受け入れプログラムなど、多様な交流が行われており、希望者はカナダへターム留学や1年間の単位認定留学ができます。このような機会をとおしてグローバルな視野を養い、世界の人びととともに生きることを学んでいます。また、大学生とのワークショップ、学問入門講座、大学教員による出張講義など青山学院大学との連携プログラムが充実しており、早い段階から自己実現を考える力を育成しています。

▼SCHOOL DATA▼

▶神奈川県横浜市南区蒔田町124

▶横浜市営地下鉄ブルーライン「蒔田」徒歩8分、京急線「井土ヶ谷」徒歩18分

▶男子132名、女子393名

▶045-731-2862

▶https://www.yokohama-eiwa.ac.jp/chukou/

浅野中学校

男子校

「九転十起」で育む不屈の精神

1920年、実業家・浅野總一郎によって創立された浅野中学校。大学進学実績のよさに加えて、2つの校訓「九転十起」の不屈の強さと、「愛と和」の奉仕の精神を伝統とする明るい校風は、多くの保護者からの熱い支持を受け、今日にいたっています。

青春の真っただ中に位置する中学・高校時代。浅野は、たくさんの経験・であい・ふれあいを大切にし、自分を高め、さらに高い目標をめざしてステップアップする生徒を育成することをめざす学校です。

希望大学への進学を実現するカリキュラム

授業は6カ年を見通してカリキュラムを構成し、大学受験と関連した内容ならびに時間配分になっています。

中1・中2では中学の学習内容を履修しながら、基礎力を身につけます。国語、数学、英語、理科などの教科では、中3で高校レベルの内容もあつかいます。これは、高2から

の希望進路に応じた授業体系・クラス分けに移行するためです。オリジナルテキストの導入や中身の濃い授業で進度をあげ、長年のノウハウと実績に裏づけされた授業展開で、大きな成果をあげています。

忘れてはならないのは、浅野ではなによりも日常の授業を第一に考えていることです。日ごろから予習・復習の学習習慣を身につける指導が行われています。また、体育での安全のため、広いグランドを含む屋外の運動場の全てが人工芝化され、新しい体育館が整備されるなど施設がとても充実しています。

徹底した学習指導がある一方、「学校は人間形成の場である」という基本をふまえ、日常のあいさつから人との接し方、ルールを守るといったことができて、初めて学習に言及するべきだとも考えています。

中高一貫独自の指導体制と、当たり前のことを大切にする教育のなかで、浅野生は明るく自由な学園生活を送っています。

▼SCHOOL DATA▼

▶神奈川県横浜市神奈川区子安台1-3-1

▶JR線「新子安」徒歩8分、京急線「京急新子安」徒歩8分

▶男子のみ823名

▶045-421-3281

▶https://www.asano.ed.jp/

東京

神奈川

千葉

埼玉

茨城

栄光学園中学校

<small>えい こう がく えん</small>

理想的な教育環境を実現

JR線「大船駅」から徒歩15分。緑多き小高い丘陵地に栄光学園中学校のキャンパスは立地します。

恵まれた教育環境のなか、栄光学園では、つぎの6つを教育理念として掲げています。「自分の力を喜んで人々のために生かすことのできる人間。真理を求め、たえず学び続ける人間。素直な心を持ち、人々に開かれた人間。確信したことを、勇気をもって実行する人間。己の小ささを知り、大いなる存在に対して畏敬の念をもつ人間。多くを与えられた者として、その使命を果たすことができる人間」。

そして、この理念に基づき、社会に奉仕できるリーダーの育成にあたっています。大学への良好な進学実績はあくまで結果であり、他者に貢献できる人間教育こそが本来の目的です。自分で考え、判断し、実行することができ、さらに謙虚な反省をとおして自己を向上させられる人間の育成をめざしています。

その例をあげると、たとえば、毎週1時限「倫理」の授業があり、人間について幅広い理解力や判断力を養う場として、創立以来大事にされています。

自立をめざす学習指導

じっくりと人間教育にあたる栄光学園の姿勢は、学習においてもつうじるものがあります。自ら学ぶ「自学自習の精神」を養うことに努め、また学習内容の消化・定着をはかるため、毎日最低2時間の家庭学習の習慣化を課しています。

中高6年間は2年ごとに3つのブロックに分けられます。初級段階では基本の学習習慣と生活習慣を学び、中級段階でそれを発展させ、自発的・意欲的に学ぶよう指導します。そして6年間の最終段階では学んで体験してきたことを総合し、自らの可能性を追求する指導が行われます。

各ブロックで生徒の発達段階を考慮し、効率的に生徒たちの能力を育成していきます。

▼ SCHOOL DATA ▼

- ▶ 神奈川県鎌倉市玉縄4-1-1
- ▶ JR線・湘南モノレール「大船」徒歩15分
- ▶ 男子のみ551名
- ▶ 0467-46-7711
- ▶ https://ekh.jp/

あ行
か行
さ行
た行
な行
は行
ま行
や行
ら行
わ行

神奈川大学附属中学校

<small>か な がわ だい がく ふ ぞく</small>

信頼感のある「地域で一番の中高一貫共学校」をめざす

横浜市緑区に17万㎡もの広大なキャンパスを有する神奈川大学附属中学校。ぜいたくなほどの豊かな緑ときれいな空気が学校全体をやさしく包んでいます。

建学の精神は「質実剛健・積極進取・中正堅実」です。「質実剛健」は「伝統・古典を尊重し良識を重んじ正義を貫くこと」。「積極進取」は「困難なことに積極的に挑戦すること」。そして、「中正堅実」は「質実剛健・積極進取の精神を自覚したうえで、ものごとの本質を見極め、自ら主体的に行動すること」です。

この建学の精神のもと、神奈川大附属は、人間性豊かに伸びのびとした校風を維持しながら、先進的な教育を取り入れ、つねに学びつづける学校をめざしています。

学校としての基本姿勢は「進学校」ですが、そのなかであくまでも「個」を大切にし、自主独立の精神を尊重することで、生徒一人ひとりが主体的に考え、判断し、行動することのできる自立した人間の育成に努めています。

生徒の希望を実現する「高い進学実績」

進路指導は、6年間かけて生徒の「生き方探し」をすることと考えています。中1から卒業生を招いた講演会を行い、職業観の育成を始めます。神奈川大学との高大連携プログラムでは、DNA組換え実験や宇宙エレベータロボット製作などの高度な大学の授業を体験し、自らの将来を見据えた大学選択を行います。

また、神奈川大附属では今年度から「放課後自習室学習支援プログラム」を開始し、部活動と勉強を両立するための学校完結型・自律型の学習環境を整えています。必要に応じて学習コーチのサポートを受けることもできるなど、生徒の希望する進路実現を手助けしています。

神奈川大学への内部推薦入学の権利を持ちながら他の難関大学を受験することが可能で、毎年、3分の2程度の生徒が国公立大学や早慶上理・G-MARCHに進学しています。

▼ SCHOOL DATA ▼

- ▶ 神奈川県横浜市緑区台村町800
- ▶ JR線・横浜市営地下鉄グリーンライン「中山」徒歩15分、相鉄線「鶴ヶ峰」バス
- ▶ 男子362名、女子368名
- ▶ 045-934-6211
- ▶ https://www.fhs.kanagawa-u.ac.jp/

鎌倉学園中学校

かまくらがくえん

男子校

校訓に掲げる「礼義廉恥」

　古都鎌倉、建長寺の境内に隣接する鎌倉学園中学校は、周囲を深い歴史と豊かな自然がおおいます。中国の書物「管子」のなかにある「礼義廉恥」を校訓に、「知・徳・体」三位一体の教育が行われています。

　「礼」とは、節度を守ること、「義」とは、自分を実際以上に見せびらかさないこと、「廉」とは、自分の過ちを隠さないこと、「恥」とは、他人の悪事にひきずられないことです。

　豊かな宗教的環境から醸しだされる家庭的な友愛精神のなか、社会の進歩に適応できる能力・適性を育むための進路指導を重視しています。

適切な進路指導で高い進学実績

　情操あふれる人間形成に努める鎌倉学園は、進学指導にも定評があります。中高一貫の徹底したカリキュラムにより、着実なステップアップがはかられています。

　中学では、学ぶ習慣と意欲を身につけるとともに、基礎学力をしっかりと養います。そのため、日々の補習をはじめとして、学期末の特別講習や、土曜日に行われる「鎌学セミナー」などをとおして、徹底した基礎学力づくりが行われています。

　そして、忘れてはならないのが、中高一貫教育のもとに行われる、国語・数学・英語の先取り授業です。一歩一歩完璧な理解を積み重ねながら展開されています。

　真の「文武両道」をめざす鎌倉学園では、自由で伸びのびとした校風のなか、多くの生徒が自主的にクラブ活動に参加しているのも、特色といってよいでしょう。

　また、建長寺の子弟教育のために創立された「宗学林」を前身とする鎌倉学園では、心身のバランスのとれた成長をめざすため、中1から高1まで坐禅教室の時間が設けられています。そのほかにも多彩な行事を行うことで、バランスのとれた人格形成を心がけています。

▼SCHOOL DATA▼

- ▶神奈川県鎌倉市山ノ内110
- ▶JR線「北鎌倉」徒歩13分
- ▶男子のみ522名
- ▶0467-22-0994
- ▶https://www.kamagaku.ac.jp/

鎌倉女学院中学校

かまくらじょがくいん

女子校

湘南地区女子中学校の草分け的存在

　鎌倉女学院中学校は「真摯沈着」、「尚絅」（しょうけい）を校訓として特色ある女子教育を実践し、多くのすぐれた女性を世に送りだしてきました。現在は、心身ともに健康で国際性豊かな人間教育を目標として、国際社会で活躍できる知的で洗練された女性エリートの育成に努め、各々のめざす上級学校への進学に対応した、6年一貫教育を行っています。

　そのなかで、中学校の3年間は、将来に向けて基礎学力をしっかり身につける大切な時期と考え、主要5教科（国数英社理）を重視する教育課程を編成し、日々のきめ細かい指導によって、無理なく着実に実力を養成していきます。

　また、生涯にわたって楽しむことができる教養を身につけることを目的とし、茶道・華道・書道・バイオリン・フルートの5講座が学べる「特修」の設置など、生徒一人ひとりの能力を引き出す、いきとどいた教育をめざしています。

鎌倉から世界に発信する

　学習面とともに重視されているのが、国際的な社会人となるためのさまざまな経験です。

　たとえば、異文化を理解し、それと共生していくためには、自国の文化理解が不可欠です。古都鎌倉という学校環境をいかして歴史遺産に触れ、体験的に学ぶことによって、自国の歴史・文化の特色を理解していきます。

　また、40年以上前から国際交流プログラムに取り組んでおり、現在は海外姉妹校交流プログラム（アメリカ）とカナダ英語研修（どちらも高校の希望者が対象）に加え、アジア研修を実施しています。

　湘南地区の女子中学校の草分け的な存在としての伝統を持ちながらも、社会の国際化に対応する教育を柔軟に取り入れるなど、つねに進化をつづけているのが鎌倉女学院のよさだといえるでしょう。

▼SCHOOL DATA▼

- ▶神奈川県鎌倉市由比ガ浜2-10-4
- ▶JR線・江ノ島電鉄線「鎌倉」徒歩7分
- ▶女子のみ458名
- ▶0467-25-2100
- ▶https://www.kamajo.ac.jp/

カリタス女子中学校

生徒の自律をうながす校舎

カリタス女子中学校の「カリタス」とは、ラテン語で「慈しみ・愛」を意味する言葉です。カナダの聖マルグリット・デュービルが創立した修道女会の名称に由来しています。「祈る」「学ぶ」「奉仕する」「交わる」の4つの心を持った人間像をめざし、思いやりの心と自律した学びの姿勢を育んでいます。

現在、カリタス学園は、幼稚園から高校までを擁し、中学・高校は6年間の一貫教育を展開しています。

国際的センスを磨くふたつの外国語

カリタス女子では、創立当初から英語とフランス語の教育に取り組んできました。複言語教育によって異文化理解を深め、より幅広く国際的な視野を身につけられます。電子黒板やiPadなどのICTを使った授業も取り入れられています。また、海外で自分の国や自分の考えをしっかり語ることができる、真の国際人を育てる教育が行われています。

自律的な学習姿勢を育む環境

2006年に現在の校舎となってから、カリタス女子では「教科センター方式」を採用しています。

この方式は、すべての教科が教科ゾーンを持ち、生徒たちは毎時間「教科教室」に出向いて授業を受けるというものです。

教師が教室に「来る」のを待つのではなく、生徒が授業を受けに「行く」ことで、主体的に学習に携わる雰囲気を生みだします。この目的意識がほんとうの「学び」へと生徒を導きます。各教科ゾーンには教科センターが設置され、教科への関心を高めるさまざまな展示がほどこされています。

校舎は緑と光にあふれ、学校全体がコミュニケーションの場となるように設計されています。2020年に60周年を迎えたカリタス女子は制服も新しくなり、新たな教育活動を展開しています。

▼SCHOOL DATA▼

- ▶ 神奈川県川崎市多摩区中野島4-6-1
- ▶ JR線「中野島」徒歩10分、JR線・小田急線「登戸」バス5分
- ▶ 女子のみ575名
- ▶ 044-911-4656
- ▶ https://www.caritas.ed.jp/

関東学院中学校

新教育ビジョン "Olive STREAM"

実践的な力をつける授業

関東学院中学校では、土曜日にも授業を行う週6日制カリキュラムを実施しています。また2018年度より2学期制（年間授業35週＋定期試験・行事）と中学校50分授業を導入し、従来より年間約300時間多く授業時間を確保しました。増加分は先取りにあてるのではなく、練習や演習を徹底し基礎の確実な定着に重きをおいています。

英語を例にとると、4段階の指導が特徴的です。クラス単位で行う①通常の英語授業や②チームティーチングの英会話では語彙や文法だけでなくペアワークを中心とした練習に多くの時間を費やします。③ベルリッツ・メソッド®は1クラスを3分割し、ネイティブの講師より密度の濃い英語によるコミュニケーションを経験します。そして④オンライン英会話では習熟度に合わせて1対1の指導を行っています。このように6年間の生徒の成長のなかで計画的・有機的なつながりを持った一連のカリキュラムとなっています。

"Olive STREAM" とは

"Olive STREAM" は、関東学院が提唱する教育ビジョンです。アメリカから始まった理系重視のSTEM（Science、Technology、Engineering、Mathematics）教育に人間の創造性を豊かにする芸術・教養（Art・liberal Arts）を加え、現代社会に必須なコミュニケーションツールであるEnglishの意味もこめられています。さらにその中心には関東学院の建学の精神でもあるキリスト教（宗教）"Religion" が据えられています。Oliveは、同校の校章のモチーフであり、聖書に登場する平和の象徴といわれる植物です。

「人になれ　奉仕せよ」の校訓のもと、幅広い知識と技能を持ち、混迷の時代において優しさとしなやかさを合わせ持つサーバントリーダーを育てています。

▼SCHOOL DATA▼

- ▶ 神奈川県横浜市南区三春台4
- ▶ 京急線「黄金町」徒歩5分、横浜市営地下鉄ブルーライン「阪東橋」徒歩8分
- ▶ 男子548名、女子254名
- ▶ 045-231-1001
- ▶ https://www.kantogakuin.ed.jp

慶應義塾湘南藤沢中等部

神奈川 藤沢市　共学校

貫かれる「独立自尊」「実学」の精神

　1992年、慶應義塾湘南藤沢中等部は、藤沢市にある慶應義塾大学と同じキャンパス内に男女共学・中高一貫6年制の学校として開校しました。

　創立以来、情操豊かで、想像力に富み、思いやりが深く、広い視野に立ってものごとを判断し、社会に貢献するために積極的に行動する人、知性・感性・体力にバランスのとれた教養人の育成をめざしてきました。

　慶應義塾の各小・中・高等学校は、創立者・福澤諭吉の「独立自尊」という共通する教育理念を持っていますが、各学校の教育方針はそれぞれ独立しています。

　慶應義塾湘南藤沢は、「社会の良識が本校の校則」という考えのもと、校則のない自由な雰囲気が特徴となっています。

異文化交流と情報教育

　各クラスは、2名の担任教員制をとっています。そのため、生徒は、状況に応じて異な

る担任の先生にアプローチすることが可能です。生徒の多様な感性と、ふたりの担任の異なる個性が融合して独特の雰囲気がつくりだされています。

　「異文化交流」を教育の柱とする慶應義塾湘南藤沢では、帰国生入試を経て入学してきた者が全体の約20%という高い割合を占めていることも特徴です。ネイティブ・スピーカーの教員も多数おり、異文化の交流が自然なかたちで学校のなかに生まれています。

　また、ふだんよりパソコンを利用した授業が行われ、中等部では情報活用・解析・プレゼンテーション能力の育成、高等部ではコミュニケーション・データ解析能力の育成を主眼においた情報教育が行われています。

　こうして、これからの次代を担う生徒に最も必要だと思われる、外国語やコンピューターによるコミュニケーション能力、データ解析能力をしっかり身につけさせることがめざされています。

▼SCHOOL DATA▼

- ▶神奈川県藤沢市遠藤5466
- ▶小田急江ノ島線・相鉄いずみ野線・横浜市営地下鉄ブルーライン「湘南台」バス15分、JR線「辻堂」バス21分
- ▶男子331名、女子312名
- ▶0466-49-3585
- ▶https://www.sfc-js.keio.ac.jp/

慶應義塾普通部

神奈川 横浜市　男子校

「独立自尊」の精神を胸に

　慶應義塾の起源は、1858年に福澤諭吉が江戸に開いた蘭学塾です。「普通部」の名称は1889年、慶應義塾が大学部を開設するに先立って、従来の課程の総称として定められ、1898年に16年間の一貫教育の仕組みができてからは、中学校の課程をさす名称となりました。

　慶應義塾普通部では、「独立自尊」の4字に集約される慶應義塾建学の理念を体現する有為の人を育てるため、大学までの独自の一貫教育体制のもと、長い歴史のなかで育まれた伝統を受け継ぎながら、日々の「学ぶ場」が営まれています。生徒は日常の学業や多くの行事をとおして、自ら学び自ら考えることを繰り返すことで、また多くの人とのであいから、「普く通じる」ゆるぎない知性と豊かな感性を身につけていきます。

将来を見据え、深く学ぶ

　入学後は「受験」はなく、ほぼ全員が慶應

義塾の高校を経て、慶應義塾大学へ進学します。そのためどの教科もかたよりなく学ぶとともに、基礎基本を重視しつつ、いたずらにつめこみ主義におちいらないよう、多様な授業形態で深い理解をめざしています。たとえば、理科では2時間つづきの実験がほぼ毎週あり、レポートを作成します。英語ではグループワークや多読の授業で実践的な学力をつけていきます。また3年生は教科の枠にとらわれない多彩な選択授業もあります。

　1927年からつづく「労作展」、実社会で活躍する先輩がたから直接学ぶ「目路はるか教室」などの行事でも生徒たちは多くのことを学んでいます。

　1年生は24名×10クラスの少人数学級編成、2・3年生では40名×6クラスになります。卒業後は慶應義塾ニューヨーク学院も含めて4つの併設高校に普通部長の推薦で進学が可能です。ここで育った多くの卒業生が「社会の先導者」として活躍しています。

▼SCHOOL DATA▼

- ▶神奈川県横浜市港北区日吉本町1-45-1
- ▶東急東横線・目黒線・新横浜線・横浜市営地下鉄グリーンライン「日吉」徒歩5分
- ▶男子のみ711名
- ▶045-562-1181
- ▶https://www.kf.keio.ac.jp/

サレジオ学院中学校

神奈川　横浜市

男子校

キリスト教精神に基づく人間形成

サレジオ学院中学校は、1960年にカトリック・サレジオ修道会により創立された目黒サレジオ中学校を前身とするカトリック・ミッションスクールです。創立以来、キリスト教精神に基づく豊かな人間形成をめざした教育が行われています。また、他人や動物、自然環境にいたるまで、すべてを大切なものとして受けとめる「存在の教育」にも力を入れています。

中1では週に2時間「宗教の授業」があり、聖書を教材として、「人間らしく生きること」についてサレジオ会の神父や先生といっしょに考えます。また、世の中のさまざまなできごとからテーマを見つけ、人生の道しるべとなるような話を聞く「朝の話」を、朝のホームルームのなかで週3回放送により行っています。

このようなキリスト教精神に基づいた人間教育に加え、生徒の夢をかなえるための進路指導もきめ細やかに行われています。

高校での募集を行わないサレジオ学院の6カ年一貫教育では、高2まですべてが終えられる先取りのカリキュラムを組み、高3では大学受験のための演習を行います。毎日の授業に加え、勉強合宿や、春・夏休みの講習なども実施します。6年間の積み重ねは、国公立大学、難関私立大学へのすばらしい進学実績となって表れています。

「家庭との協力」を重視

サレジオ学院は、家庭と協力した教育を重視して、「父親聖書研究会」や「母親聖書研究会」をつくり、聖書に触れながら教育の問題について考える機会を持っています。さらに、教育懇談会や地区別懇談会などをとおして、家庭との相互理解を深め、積極的に協力しあい、生徒の教育にあたっています。

家庭と学校に見守られ、「愛と信頼の教育」を受けることのできる場がサレジオ学院なのです。

▼ SCHOOL DATA ▼
▶ 神奈川県横浜市都筑区南山田 3-43-1
▶ 横浜市営地下鉄グリーンライン「北山田」徒歩5分
▶ 男子のみ548名
▶ 045-591-8222
▶ https://www.salesio-gakuin.ed.jp/

湘南学園中学校

神奈川　藤沢市

共学校

湘南学園ESDの推進　毎日のすべてを学びに

ユネスコスクールである湘南学園中学校は「持続可能な社会のつくり手」であると同時に、自分らしく幸せに生きていける力や人間性を育むことをめざしています。独自の総合学習や多様なグローバルプログラムの実践とともに、日常のすべてのできごとが「学び」であるという視点に立ち、それらの学びをつなげ、発展させていくことで、社会のなかで主体者として考えて歩んでいく力を養います。

6年間の学びのプログラム

中学では基礎学力の定着を、高校からはそれぞれの願う進路への学びを強化します。そのため、中学の夏期講習（数学・英語）は習熟度別で行い、確実な理解をめざします。また、高校対象の夏期講習は希望制で実施し、自身の進路に合わせた講座を選択できるようにしています。

総合学習は、自己から他者、身近な地域から世界へと発達段階に合わせて段階的に視野

が広がる設定となっており、高校ではSDGsにも着目し、地球規模の課題に目を向けられる広い視野と豊かな認識を身につけ、人間らしく生きられる社会をつくる主体者として、どう生きるのかを考えます。

学校は自分たちで変えていくもの

社会のなかで主体者として考えて歩んでいく力を育む「生徒自治活動」も湘南学園の特色です。3大行事と呼ばれる体育祭・学園祭・合唱コンクールがすべて生徒主体の実行委員会形式でつくられることはもちろん、日常生活においても中高合同で行われるクラスの代表者によるクラス委員会など、「主体者」として学校をともにつくっていくための仕組みが多く存在しています。同世代の仲間とともに試行錯誤をし、異なる立場の人たちとの対話や協同により願いを実現させていく、この力を育むことは湘南学園の建学の精神そのものだといえるでしょう。

▼ SCHOOL DATA ▼
▶ 神奈川県藤沢市鵠沼松が岡4-1-32
▶ 小田急江ノ島線「鵠沼海岸」・江ノ島電鉄線「鵠沼」徒歩8分
▶ 男子330名、女子280名
▶ 0466-23-6611
▶ https://www.shogak.ac.jp/highschool/

湘南白百合学園中学校

愛の心を持ち社会に奉仕できる女性へ

今年創立87周年を迎える湘南白百合学園。フランスのシャルトル聖パウロ修道女会を設立母体に、キリスト教精神に根ざした世界観・価値観を養い、愛ある人として社会に奉仕し、貢献できる女性の育成をめざしています。湘南の高台に立つ校舎からは、江の島や相模湾を望むことができます。そのような自然あふれる環境のなか、豊かな情操教育と本物に触れる理科教育が行われ、生徒たちは興味・関心の幅を広げていきます。施設面では、生徒がリノベーションをした憩いの「リリースペース」や、紙の書籍とICT機器を集約させた、探究的な学習の中核を担う「メディアネットラボ」が完成し、創造的な学びの場となっています。

高度な学問と教養を身につける

中高6年間の学校生活のなかでは、個として自立しながらも互いを尊重し、他者とともに課題を見つけて解決する力を育成します。

その実践の場として、部活動や生徒主体の行事があるだけでなく、「探究」もその一環です。「探究」の授業は中1から高2まで体系的に展開し、とくに中3では環境問題をテーマに各自で実験を組み立て、論文執筆を行います。その他の学習面では、中1から数学と英語は少人数授業を実施。英語では中1よりオールイングリッシュの取りだしクラス「Eクラス」が設置されており、全員が取り組む「タラント・リリア」と名づけられた語学研修プログラムも充実しています。

また中2までを「基礎学力の定着」期間、中3・高1を「進路への意識付け」期間と位置づけ、高2からは選択授業制と無料補習でそれぞれの進路に向けて実力を養います。放課後や長期休暇中にも学内やオンラインで自習ができる「学習サポートセンター」を完備。併設大学があるものの、理系大学や医学部、国公立大学への進学者が増加しており、多様な進学サポート体制が充実しています。

▼ SCHOOL DATA ▼

- ▶ 神奈川県藤沢市片瀬目白山4-1
- ▶ 湘南モノレール「片瀬山」徒歩7分、江ノ島電鉄線「江ノ島」徒歩15分、JR線・小田急線「藤沢」バス15分
- ▶ 女子のみ517名
- ▶ 0466-27-6211
- ▶ https://www.shonan-shirayuri.ac.jp/

逗子開成中学校

伝統をいしずえとして新しい時代を開く

逗子開成中学校は1903年の創立から120年の歴史を刻んできた伝統ある学校です。夏は海水浴客でにぎわう逗子も、海岸から1歩入れば、静かな学び舎が広がっています。

校名の開成とは、中国の古典「易経」にある「開物成務」に由来します。これは「人間性を開拓、啓発し、人としての務めを成す」という意味で、逗子開成の教育の原点にもなっています。

6年後の難関国公立大学合格をめざす

逗子開成では国公立大学現役合格を進学目標としています。中高6年間一貫教育から生まれるゆとりをいかし、まず入学後は基礎学力の定着を徹底してめざします。その土台をもとに、中3〜高1では大学進学への意識・動機づけ、高2〜高3は受験の準備期間としています。授業は週5日制で、放課後は自習室が開放されています。

土曜日には行事やクラブ、多彩な土曜講座

があり、平日とは趣を変えたさまざまな体験ができます。

立地をいかした歴史ある「海洋教育」

海が近いことを誇りに、創立当初から行われているのが「海洋教育」です。クラブ活動などで一部の生徒が行うのではなく、カリキュラムとして全生徒に対して行っています。

その柱でもある、中1〜中3までの生徒全員で行う逗子湾でのヨットの帆走実習は、生徒にとって貴重な体験です。また、ヨットを操るだけでなく、中1では自分たちが乗るヨットの製作も行います。

海洋に関する講義も開かれ、生徒たちはヨットに関する基礎知識を学んだり、世界の海が抱える環境問題について考える機会を持ちます。

海が近く、長い歴史のある逗子開成だからこそできる海洋教育で、生徒たちは自然に向きあい自立の心を育んでいます。

▼ SCHOOL DATA ▼

- ▶ 神奈川県逗子市新宿2-5-1
- ▶ JR線「逗子」・京急線「逗子・葉山」徒歩10分
- ▶ 男子のみ836名
- ▶ 046-871-2062
- ▶ https://www.zushi-kaisei.ac.jp/

聖光学院中学校

カトリックを基盤とした中高一貫教育

聖光学院中学校は、神奈川県屈指の進学校として知られ、毎年高い人気を博している学校です。

根岸森林公園にも隣接し、豊かな自然にかこまれた教育環境のもと、キリスト教精神を根幹とした6カ年一貫教育が行われています。聖書の学習をとおして、キリスト教精神とキリスト教文化を学び、豊かな心を育てることを教育の目標としています。

ていねいな授業づくり

大学進学実績においてめざましい成果をあげている聖光学院。その第一の要因は、充実した授業の成果にあります。

聖光学院では、手づくりのていねいな授業の実施が心がけられています。多くの授業が、教員自ら執筆・製本したオリジナル教材によって進められています。それを可能にするのが、校内に完備された町の印刷所ほどの印刷システムです。これにより、教員によっ

て製本された教材の作成が可能なのです。

教材をはじめ、カリキュラムや授業の進行方法など、すべてにわたって生徒のための工夫と気配りがなされており、生徒一人ひとりの個性を大切に、その能力を伸ばす教育が実践されています。

ひとりの教員が全クラス担当する授業も

特徴的な授業方法のひとつに、ほとんどの科目で、ひとりの教員が学年5〜6クラス全部を教えていることがあります。これは中1〜高3まで、各学年で行われていることです。教員側は大変なことですが、それぞれの教員がより学年全体の生徒とかかわることが可能となり、大きな成果を生んでいます。

また、職員室の入り口には個別相談用のブースと立ち机が並び、職員室を訪れた生徒が気軽に教員に質問できる場所となっています。生徒と教員の距離が近く、生徒思いの教育が随所に見られる聖光学院です。

▼ SCHOOL DATA ▼

- ▶ 神奈川県横浜市中区滝之上100
- ▶ JR線「山手」徒歩8分
- ▶ 男子のみ706名
- ▶ 045-621-2051
- ▶ https://www.seiko.ac.jp/

聖セシリア女子中学校

「学力」と「心」をバランスよく育む

聖セシリア女子中学校は1929年、「カトリック精神による豊かな人間形成」を教育目標に掲げて誕生しました。学園の校訓は「信じ、希望し、愛深く」です。1クラス約30名、1学年3〜4クラスという少人数制で、温かな校風で誠実な生徒が多いことに定評があり、卒業生の100%が「入学してよかった」と回答するほど充実した学校生活を送ることができる学校です。

授業は、「言語教科が進路を拓く」という理念のもと国語、英語はもちろん、数学も言語教育のひとつとして考え、重点的に学習しています。

なかでも英語は、国際理解・文化交流のためにも必要であることから、読解力を高める「英語R」、英文法力を強化する「英語G」、タブレットを利用した「オンライン英会話」をバランスよく履修し、「英語4技能」の取得をめざします。さらに体験学習として、英語芸術学校との連携による「イングリッシュエク

スプレス」を開講。英語でのミュージカル上演に向けて、英語の歌や台詞を仲間とともに覚えていくなかで、英語力と表現力、協調性を育んでいきます。

心を豊かにする情操教育・特徴的な課外活動

宗教の授業や教養選択科目（「外国事情」、「平和学習」など）を設置するほか、社会福祉の理念を学ぶ錬成会を実施したり、6年間継続的にボランティア活動に取り組んだりするなかで、他者のために生きる喜びを実感し、愛にあふれた人間へと成長していきます。

部活動は週1〜4日行われており、（公財）井上バレエ団の講師によるクラシックバレエ部が取り入れられていることも大きな特徴です。バレエをとおして芸術に親しむとともに、豊かな情操や感性を育てます。

学校を「人間形成の場」ととらえる聖セシリア女子は、多様な教育を実践し、魅力的な女性を社会へ輩出しています。

▼ SCHOOL DATA ▼

- ▶ 神奈川県大和市南林間3-10-1
- ▶ 小田急江ノ島線「南林間」徒歩5分、小田急江ノ島線・東急田園都市線「中央林間」徒歩10分
- ▶ 女子のみ353名
- ▶ 046-274-7405
- ▶ https://www.cecilia.ac.jp/

清泉女学院中学校

すべての人が幸せになるように働くこと、それが本当の愛

スペインで創立されたカトリックの聖心侍女修道会を母体として今年創立75周年を迎えた清泉女学院中学高等学校。自然豊かな湘南鎌倉の高台、玉縄城跡の7万㎡の敷地に立ち、江の島、箱根、富士山が一望できます。「互いに愛し合いなさい」というキリストの教えに基づき、喜びをもってまわりの人に尽くすことを自らの使命とし、その使命を実現する力を身につけることを学びの本質としています。

65分授業と英語の習熟度別授業

清泉女学院の授業は1コマ65分。これにより、導入からまとめ、振り返りまでのつながりを重視した授業を展開し、「主体的・対話的で深い学び」につなげています。

また、充実したICT環境を活用するため中学1年生からChromebookを配付。プレゼンテーションソフトや表計算ソフトなどの基本からプログラミングまでを学ぶとともに、協働作業や発表の機会が多いことも特徴です。

中学1年生は、きめ細かな学習・生活指導ができるように5クラス編成を導入。英語は入学時からSE（一般生）、AE（英検3級程度の力がある生徒対象）、ARE（帰国生・グローバル入試合格者）の3つのクラスで4技能をていねいに伸ばします。

中学3年間をかけて取り組む「My Story Project」では、生徒が自分の興味関心のあることについて深く主体的にかかわり、発信力、論理的思考力などを自身の体験から学びます。

ほかにも、多様な価値観を知り視野を広げるために、ニュージーランドでの語学研修や留学、清泉インターナショナル学園への1週間国内留学、ベトナムスタディーツアー、ボストンカレッジリーダー研修プログラムなどが用意されています。大学進学時には、姉妹校の清泉女子大学に進学先を確保したまま他大学の受験が可能となる高大接続入試の制度があります。

▼ SCHOOL DATA ▼

- ▶ 神奈川県鎌倉市城廻200
- ▶ JR線・湘南モノレール「大船」バス5分
- ▶ 女子のみ550名
- ▶ 0467-46-3171
- ▶ https://www.seisen-h.ed.jp/

洗足学園中学校

謙愛の心で社会に有為な女性を育てる

洗足学園中学校は、社会に有為な女性を育てることを教育の目標に掲げ、前田若尾先生によって創立されました。

大学進学において、国公立大学や難関私立大学へ多数の合格者を輩出し、高い実績を残しています。もちろん、大学への実績だけが洗足学園の教育の成果ではありません。社会のなかで活躍し、社会に奉仕・貢献できる女性を育むことにその主眼はあります。

綿密に練りあげられたカリキュラムと進度や学習内容を保証するシラバス。9名のネイティブ教員との協力で進められる、英語教育における先進的な取り組み。調査・研究・考察・発表・議論を随所に取り入れた各教科での学習と、総合的な学習をつうじての、生きるための力となる学習。

このように洗足学園では、たんに大学合格だけをめざすのではなく、社会で必要とされる力を育てる魅力的な教育が実践されているのです。

そして教科横断型の授業をはじめ、哲学対話などの洗足学園独自の教育により、生徒が自らの将来を切り拓く力を育成しています。

感性を磨き世界に視野を広げる

音楽大学を併設していることから、音楽の授業では楽器の演奏を取り入れています。中1はヴァイオリン、クラリネット、トランペット、フルートから楽器を選択し、専門の指導者のもと、グループで楽しく学ぶことができます。

また、洗足学園には25年以上にわたって実施されてきた海外留学と海外語学研修制度があります。夏休みに行うアメリカやイギリスをはじめとする国での短期間のホームステイから、1年間の長期のものまで選ぶことができます。

これらのプログラムによって生徒は視野を広げ、英語力アップにも大きな効果をもたらしています。

▼ SCHOOL DATA ▼

- ▶ 神奈川県川崎市高津区久本2-3-1
- ▶ JR線「武蔵溝ノ口」、東急田園都市線・大井町線「溝の口」徒歩8分
- ▶ 女子のみ788名
- ▶ 044-856-2777
- ▶ https://www.senzoku-gakuen.ed.jp/

捜真女学校中学部

そうしんじょがっこう

女子校

キリスト教に基づき、真理を探究

捜真女学校中学部の歴史は1886年、宣教師ミセス・ブラウンが7名の少女たちを教えたところから始まります。その後、2代目校長のカンヴァース先生が、教育の究極の目標は「真理を捜すことである」と考え、1892年に校名を現在の「捜真女学校」と決めました。

「本物」体験・「ことば」にフォーカスした教育

捜真女学校では「本物」に触れ、「本当の力」を身につけることを教育の柱に据えています。4技能を重視した英語教育、多くの実験を行う理科教育、レベルの高い体育実技など、全科目にわたって本質的な力をつける教育を展開しています。そうした教育によって、社会や人生を歩んでゆくうえで、「本当に必要な力」を身につけられる学校です。

活躍する捜真生

レベルの高い合唱が繰り広げられる「合唱コンクール」、約5000名の来校者を迎える「捜真祭」、学年を超えて先輩・後輩がチームを組んで競う「体育祭」は、学校全体が大きな盛りあがりをみせる三大行事です。これらをつくりあげているのは生徒たちです。捜真女学校では、生徒会（共練会）が中心となって、三大行事をはじめとする多くの行事に生徒が主体的に取り組んでいるのです。そうした活動をとおして一人ひとりがやりたいことを見つけ、活躍の場を広げています。

やさしさとたくましさと

捜真女学校ではキリスト教教育を土台に、他者への愛である「やさしさ」、社会のために行動できる「たくましさ」をあわせ持った女性の育成をめざしています。「自分はなにをしたいのか」「なにができるのか」を考え、他者や社会への意識を持つ機会が多くあります。そしてそれを活動につなげるチャンスも豊富です。生徒はいつも隣人や社会の問題を他人事で終わらせず、行動しつづけています。

▼ SCHOOL DATA ▼

▶ 神奈川県横浜市神奈川区中丸8

▶ 横浜市営地下鉄ブルーライン「三ツ沢下町」・東急東横線「反町」徒歩15分

▶ 女子のみ454名

▶ 045-491-3686

▶ http://soshin.ac.jp/

中央大学附属横浜中学校

ちゅうおうだいがくふぞくよこはま

共学校

学びの循環で人間の土台を築く

中央大学附属横浜中学校は、横浜市営地下鉄のセンター北駅から徒歩7分の閑静な住宅街に位置しています。2016年度から完全共学化となり、現在は中学生589名、高校生1026名が同じ校舎で学んでいます。「謝恩礼節・自立実践」という校訓のもと、社会の構成員としてのしかるべき社会性を身につけ、主体的な行動を心がけることで、生徒一人ひとりが自分らしく生きていく力をつけることをめざしています。

中学課程では、中2から始まる古典の授業や、数学の先取り教育、ネイティブスピーカーの教員による少人数制の英語授業などにより、国数英の基礎学力を定着させます。日常の学習は小テストや長期休暇中の講習などでフォローアップします。

校外研修では事前準備を丹念に行うことで、知識だけではなく教養の幅を広げます。能・狂言の鑑賞や座禅を体験するなど「見て、触れて」自国文化への理解を深め、国際理解

教育の土台を築きます。また、希望者を対象に海外研修も行われています。

こうして日常の授業や学校行事で身につけた知識・教養を学校外で活用、そして検証し、中学3年間のなかで循環させていくことで、人間の土台を築いていきます。

大学との連携でさらに広がる未来

中央大学の附属校である中大横浜では、内部推薦制度などで毎年多くの生徒が中央大学へ進学しています。高校から大学への進学をサポートする高大連携教育を行っているのも、附属校としての強みといえるでしょう。しかし、附属生といえども、中高時代に身につけるべき学力は、しっかりと備えて大学へ進学します。

基礎学力を重視したカリキュラムで学びを習慣化し、自ら考え、行動し、課題を解決することで、中央大学、他大学ともに一般入試でも通用する学力を備えていきます。

▼ SCHOOL DATA ▼

▶ 神奈川県横浜市都筑区牛久保東1-14-1

▶ 横浜市営地下鉄グリーンライン・ブルーライン「センター北」徒歩7分

▶ 男子228名、女子361名

▶ 045-592-0801

▶ https://www.yokohama-js.chuo-u.ac.jp/

鶴見大学附属中学校

随所に主となる

鶴見大学附属中学校は2024年に創立100周年を迎えます。そこで新たに、どのような場所でも自分らしく輝いてほしいという願いから「随所に主となる」という禅の言葉をテーマに掲げました。

自己理解・他者理解、興味関心、主体性

「随所に主となる」ための3つのキーワードを紹介します。

①「自己理解・他者理解」

鶴見大附属は仏教の学校で、禅の精神に基づいた教育方針です。たとえば、朝と帰りのホームルームでは「黙念」（椅子坐禅）を行い、自分と向きあう時間をつくっています。情報過多の時代だからこそ、心を落ちつかせて生活をすることができるきっかけとなります。また、学校行事をつうじてクラスメイトと協働することにより、社会的な資質や能力を養うことができます。

②「興味関心」

鶴見大附属は毎時間移動をして授業を受ける「教科エリア型校舎」です。この特性をいかし、各フロアには各教科のメディアセンターがあり、そこには興味関心を引き出す展示物などがあります。さらに、約5万冊の蔵書を誇る図書館では、探究する授業も展開されています。

③「主体性」

移動をして授業を受けにいくスタイルは、生徒の主体性と自ら学ぶ力を育みます。放課後は、図書室や部活動など自分自身が選んだ過ごし方をします。また、「つるふグローカル・カリキュラム」のひとつとして「イングリッシュラウンジ」があります。これは放課後に外国人講師のもと英会話を楽しむという場で、大変人気の企画です。

鶴見大附属の魅力はこの誌面では語りきれないほどまだまだ多くあります。6年間の学校生活をとおして「随所に主となる」生徒を育てる中高一貫校です。

▼ SCHOOL DATA ▼

- ▶神奈川県横浜市鶴見区鶴見2-2-1
- ▶京急線「花月総持寺」徒歩10分、JR線「鶴見」徒歩15分
- ▶男子213名、女子130名
- ▶045-581-6325
- ▶https://tsurumi-fuzoku.ed.jp/

桐蔭学園中等教育学校

変化の激しい社会の中で力強く羽ばたく鳳凰を育てる

開校以来、私学ならではの独自の教育を実践、多くの実績を築いてきた桐蔭学園は、創立50周年を機に、次代に向けたビジョンを掲げました。それは「自ら考え判断し行動できる」人間の育成です。変化の激しい社会にもしっかりと適応し、生徒一人ひとりが自らの人生を切り拓いていけるための自立的学習能力を育てることです。また、この新たな教育の成果を高めるために、桐蔭学園中等教育学校は2019年度新入学年から中学校（男女別学）を統合し、男女共学になりました。

"新しい進学校のカタチ"を展開

2015年度から導入した「アクティブラーニング型授業」。身につけた知識・技能を活用し、自ら考え、他者と話しあい、よりよい答えを追求し発表します。たんなる知識の詰めこみではなく、話す・読む・書く・聞く力をバランスよく養います。そして、情報収集・整理の仕方、プレゼンテーション資料のつくり方、多角的視点からの分析や問題解決の方法、論文のまとめ方などを学び、生涯にわたり必要なスキルを磨く「探究」。さらに、毎朝の1分間スピーチやシアターラーニングなどで自らと向きあい、よりよい未来を考えることで、自己肯定感を醸成し、自分らしい生き方を実現するための「キャリア教育」。これらが教育の3本柱として展開されています。

15歳のグローバルチャレンジ

桐蔭学園では、全生徒が3年次の探究の授業で「15歳のグローバルチャレンジ」に取り組んでいます。さまざまな国の立場から、よりよい世界をつくるために世界が団結して取り組むことを考える授業です。担当国の地理的特徴や文化・歴史などを調べて理解を深め、その国が抱えている政治的問題や国内外の諸問題をふまえて、担当国のみならず国際的な諸問題を解決するために、年度末の「模擬国連会議」で白熱した議論を行います。

▼ SCHOOL DATA ▼

- ▶神奈川県横浜市青葉区鉄町1614
- ▶東急田園都市線「青葉台」「市が尾」、東急田園都市線・横浜市営地下鉄ブルーライン「あざみ野」、小田急線「柿生」「新百合ヶ丘」バス
- ▶男子1050名、女子568名
- ▶045-971-1411
- ▶https://toin.ac.jp/ses/

桐光学園中学校

安定した国公立大学・私立上位大学への進学

充実の講習とグローバルプログラム

桐光学園中学校は、男女別学の中高一貫教育のメリットをいかし、男女それぞれの特性に合わせたカリキュラムを展開。基礎学力の定着と学習習慣の確立をめざした小テストや放課後の講習、夏期講習、補習などきめ細かな面倒見主義で生徒の個性を伸ばしています。文化祭や体育大会、合唱コンクールなどの学校行事、サマースクールやウインタープログラム（スキースクール、イングリッシュイマージョンスクール）などの各種プログラム、クラブ活動もさかんで、他者とのかかわりのなかで自己を高めながら、一生つづけていける自分の好きなことを見つけられます。

全員がノートPCを所持し、授業や課題提出のほか、探究学習にも活用しています。高2以降、国立文系・国立理系、私立文系・私立理系の4コースから選択、進路に合わせた専門的な学習によって、旧帝大や東京工業大学、一橋大学などの難関国公立大学、早慶上智、医学部の合格者も増加しています。

さらに、国際教育も充実しています。高2の海外修学旅行では、現地の高校生との交歓会を実施。希望者対象のイギリス・イートンカレッジやケンブリッジ大学の語学研修、アメリカ、オーストラリア、ニュージーランドへの長期／ターム留学など、国際社会に生きるためのプログラムは年々増えています。帰国生（在校生の10〜20%）や留学生の受け入れとともに、アイビーリーグをはじめとする海外有名大学への合格者も増加しています。

他に類を見ない充実度「大学訪問授業」

各分野の第一線で活躍する大学教授らを招き、桐光学園で年間約20回行う「大学訪問授業」では、過去に池上彰、根岸英一、坂本龍一、羽生善治といった先生がたの熱い講義が行われました。中1から高3までの希望者が受講でき、書籍にもなっています。

▼ SCHOOL DATA ▼

- ▶ 神奈川県川崎市麻生区栗木3-12-1
- ▶ 小田急多摩線「栗平」徒歩12分、小田急多摩線「黒川」・京王相模原線「若葉台」スクールバス
- ▶ 男子698名、女子436名
- ▶ 044-987-0519
- ▶ http://www.toko.ed.jp/

日本女子大学附属中学校

「自ら考え、学び、行動する」女性を育成

日本女子大学附属中学校は、生田の緑豊かな森のなかにあります。建学の精神は創立者・成瀬仁蔵が唱えた「自学自動」、すなわち「自ら考え、学び、行動する」ことです。1901年の開校当初から、学習面と生活面の両方で「自学自動」の精神を大切に、自主性を養う教育を実践してきました。

各教科の授業では、実験や実習、発表などを多く取り入れ、一人ひとりが意欲的に授業に参加できる環境を整えています。たとえば理科では、4つの理科実験室や天体観測ドームなどの施設をいかして実験を行ったり、周辺の緑豊かな森へでかけ、植物の観察をしたりします。理科ではこうした実験・観察を中学3年間で130回以上も実施し、実物に触れる機会を多く設けています。

音楽の授業でバイオリン演奏が必修なのも特徴です。これは、バランスのとれた人間性を養うための情操教育の一環で、音楽会では、日ごろの練習の成果を披露します。

さらに、国語・数学をはじめ、多くの授業で1クラスにつき2名の教員が担当するチームティーチングを実施。それにより、生徒の理解度に応じた適切な指導や、質問へのていねいな応答が可能になっています。

生徒の手で学校生活をより充実したものに

日本女子大附属は、学校に自治活動を導入した最初の学校だといわれており、勉強と同じくらい自治活動も重視されています。

運動会や文化祭などの行事は各行事委員を中心に企画運営され、ほかにも多様な委員会があり、学校運営に取り組んでいます。また、全員が学芸部・生活部・体育部・経理部のいずれかに所属し、学校生活が円滑に進むよう、各々が自分の仕事を全うしています。

学校生活のいたるところに「自ら考え、学び、行動する」という教育理念が息づく日本女子大附属は、社会で役立つ「真の教養」を身につけることができる学校です。

▼ SCHOOL DATA ▼

- ▶ 神奈川県川崎市多摩区西生田1-1-1
- ▶ 小田急小田原線「読売ランド前」徒歩10分
- ▶ 女子のみ745名
- ▶ 044-952-6705
- ▶ https://www.jwu.ac.jp/jhsc/

日本大学中学校

神奈川
横浜市

共学校

Aiming high! 常に高みを目指せ! ～さあ,その先の未来へ!～

日本大学中学校は、医歯薬獣医系を含む16学部86学科を有する日本最大の総合大学、日本大学の付属校です。教育理念「自主創造」の構成要素「自ら学ぶ」「自ら考える」を実践し「自ら道をひらく」を体現するため、教育スローガン「Aiming high!」を掲げ、生徒一人ひとりの夢の実現をめざします。

「SHINKA!」の学びで夢の扉をひらこう!

スクール・ポリシーの策定のもと、「中高一貫2-1-3システム」2年目がスタート。中1・中2は「アカデミックフロンティアコース」と「グローバルリーダーズコース」の2コース制、中3は高校での「特別進学コース」「総合進学コース」「総合進学コース・スーパーグローバル」の2コース1クラス制のプレコースとなりました。また、ICT教育推進校である日大中では、ひとり1台のタブレットPCを活用した主体的・対話的で深い学びの展開により「確かな学力」を養うほか、英語スキル向上のための少人数制英会話授業やイングリッシュラウンジの展開、各種海外研修を計画的に実施するなど、実践的な英語力と多様性理解力を身につけるグローバル教育を推進しています。さらに体験型で展開するキャリアデザインプログラムとして、ミュージカル鑑賞や古典芸能鑑賞、美術館・博物館見学、日本大学学部訪問などを実施してさまざまな気づきをうながし、将来の進路観や人生観の涵養とともに夢を育んでいます。

高校卒業時の現役進学率は例年93%以上あり、付属校として最大の優位性である内部推薦制度で約半数が日本大学へ進学しています。また、2023年3月卒業生は、国公立大学24名、早慶上理54名、G-MARCH153名の合格者をだすなど、進学ハイブリッド校として躍進しています。生徒の多様な進路に向きあうため、学内予備校やチューター制などの外部支援体制も充実させ、夢の実現をサポートしています。

▼SCHOOL DATA▼

- ▶神奈川県横浜市港北区箕輪町2-9-1
- ▶東急東横線・目黒線・新横浜線・横浜市営地下鉄グリーンライン「日吉」徒歩12分
- ▶男子368名、女子259名
- ▶045-560-2600
- ▶https://www.yokohama.hs.nihon-u.ac.jp/

フェリス女学院中学校

神奈川
横浜市

女子校

「キリスト教」を基盤に

受け継がれる153年の歴史

フェリス女学院中学校は、1870年にアメリカ改革派教会が日本に派遣した最初の婦人宣教師メアリー・エディー・キダーによって設立されました。

日本最初の女子校として、また大学進学にもすぐれた成果をあげる神奈川県の名門校として、高い知名度を誇り、今日にいたっています。

153年というフェリス女学院の歴史を支えてきたものは、「キリスト教信仰」に基づく教育を堅持することでした。それは、いまも変わることのないフェリス女学院の教育原理となっています。

「他者のために」をモットーに

「キリスト教信仰」につぐ、フェリス女学院の第2の教育方針は「学問の尊重」です。これは学院のモットーである「For Others＝他者のために」という言葉にも関係し、自分のためだけでなく他者のために役立ち、国際的にも通用する質のよい本物の学問を追究することを意味しています。

「進学校」といわれるほどにフェリス女学院生が大学をめざすのは、こうした「他者のために」役立つ、より質の高い学問を求める姿勢の現れです。

また、第3の教育方針は「まことの自由の追求」です。創立以来「自由な校風」として知られるフェリス女学院ですが、ここでいう「自由」とは、外的規則や強制に頼らず、一人ひとりが自主的な判断で規制の意味を知り、他人への思いやりを持って行動することを意味しています。

こうした教育方針のもと、フェリス女学院では、「他者のために」各自が与えられた能力をいかして生きる、愛と正義と平和の共同社会・国際社会をつくる責任にめざめた人間の育成をめざしています。

▼SCHOOL DATA▼

- ▶神奈川県横浜市中区山手町178
- ▶JR線「石川町」徒歩7分、みなとみらい線「元町・中華街」徒歩10分
- ▶女子のみ549名
- ▶045-641-0242
- ▶https://www.ferris.ed.jp/

法政大学第二中学校

共学校

出会い、向き合い、「自分」をつくる。

140年におよぶ歴史を有し、「自由と進歩」を建学の精神とする法政大学の付属校として、10年一貫教育により「自由を生き抜く実践知」の育成をめざし、受験勉強にとらわれない取り組みを行っています。さまざまな人びとと出会い、その違いに向きあいながら、学んだことを社会の現実と結びつけ、「自分はどう考えるか、何ができるか」を問いかける学びを大切にしています。

「世界のどこでも生き抜く力」を育む

法政大学第二中学校では少人数学級できめ細かい指導を展開します。とくに数学と英語ではクラスをふたつに分けた分割授業も行っています。また中学のうちは、知識の習得だけではなく、さまざまな体験をつうじて学んでほしいと考えています。たとえば、理科では1週間に1回かならず実験を行い、考察を実験ノートにまとめます。3年間で70回以上もの実験を実施。またその他の教科において

も多くのレポート課題に向きあいます。こうした機会が主体的に学習する姿勢を育みます。

高校では、知識を獲得することにとどまらず、知識を用いて自ら論理的に思考し、他者に表現することができる力の育成を重視しています。1〜2年で全教科にわたる幅広い教養を身につけ、各自の進路の可能性を広げます。3年次に各自の進路に合わせて文系と理系に分かれます。どの学年もレポート課題や話しあいの時間が多く、付属校ならではの豊かな学習が展開されています。

中高ともに旺盛な生徒会活動を展開しています。行事は生徒会を中心として行われ、企画・運営にいたるまで、生徒同士が共同・協力してつくり上げます。多様な価値観を持つ仲間と討論を重ねるなかで互いのちがいを認めあいながら成長することができます。

付属校という条件をいかし、広大な敷地のなかで「今」を全力で生きながら、「自分つくり」のできる環境です。

▼ SCHOOL DATA ▼

▶ 神奈川県川崎市中原区木月大町6-1

▶ 東急東横線・目黒線「武蔵小杉」徒歩10分、JR線「武蔵小杉」徒歩12分

▶ 男子432名、女子256名

▶ 044-711-4321

▶ https://www.hosei2.ed.jp/

聖園女学院中学校

女子校

自らの使命を見つけ「踏み出す人に」

最寄り駅から大通り沿いに歩くこと約10分。森がそのまま学校になったような聖園女学院中学校の校地は、県の鳥獣保護区に指定されています。「かけがえのない貴い使命をもつ1人ひとりを大切に」。この建学の精神が息づく豊かな環境に育まれ、聖園生たちは伸びやかに成長しています。

「少人数だからこそたくさんのチャンスがめぐってきます」「一生の友達だと自信を持って言える仲間にであえました」。聖園の丘は、そう語る生徒の笑顔であふれています。「本物のあなたでありなさい」「あなたはありのままで素晴らしい」というカトリック精神を体現したような場所が、聖園女学院です。

見つける力・磨く力・認めあう力

聖園女学院の学校目標は「踏み出す人に」。さまざまなであいと経験をとおして自らの使命を見つけ、友人たちと切磋琢磨しながらお互いの存在を認めあい、卒業後は社会へと

大きくふみだし、自分にしかない使命を他者とともに輝かせてほしいという願いがこめられています。

中学では授業数の50%が国数英にあてられ、簡単には答えが見つからない問題と柔軟に向きあいながら、論理的に解決していく姿勢を養います。4技能をバランスよく身につけられる英語教育も特色のひとつ。給付型奨学金つきのニュージーランド留学やカナダ研修にチャレンジしたり、ネイティブ教員が運営する留学の部屋で「英語のシャワー」を浴びたりしながら、発信力を磨いていきます。

すっかり定着したタブレット学習も得意分野のひとつです。自分のペースで予習復習できる教科学習だけでなく、課題発見・問題解決力を育める仕掛けがたくさんあります。長期休暇中の補習・講習、外部講師や女子大学生メンターによる放課後支援など、生徒の学習意欲を引き出す環境も年々充実。聖園女学院の学びの場は進化をつづけています。

▼ SCHOOL DATA ▼

▶ 神奈川県藤沢市みその台1-4

▶ 小田急江ノ島線「藤沢本町」徒歩10分、小田急江ノ島線「善行」徒歩15分

▶ 女子のみ200名

▶ 0466-81-3333

▶ https://www.misono.jp/

緑ヶ丘女子中学校

コミュニケーション力を高める教育

落ちついた雰囲気のキャンパスが魅力

　東京湾や横須賀港を見下ろす横須賀市の高台に立つ緑ヶ丘女子中学校。多くの緑にかこまれ、落ちついた雰囲気のキャンパスが自慢の学校です。

　そんな緑ヶ丘女子では、建学の精神に掲げる「至誠一貫・温雅礼節」のもと、キリスト教の「愛の精神」を心の糧にした教育を行っています。そして、中学校の目標として「新時代の社会で活躍し、貢献できる自立した女性の育成」をめざし、教育内容の充実をはかっています。

これからの時代を生き抜く力を育てる

　これからの社会で求められる力として「コミュニケーション力」に注目し、その力を高めるためのさまざまな活動を行っています。そのひとつとして、英語学習では「読む・書く・聞く・話す」という4技能の実践を重視して「使える英語力」を修得していくほか、常駐するネイティブ教員からだけでなくオンライン英会話でも生きた英語を学び、校内研修・国内研修のステップを経て行われる約10日間の海外研修や、中学修了段階で英検準2級以上の取得をめざして行われる補講などを用意することで、生徒たちは“多くの人とつながる力”を獲得していきます。

　また、「総合学習」として各自が設定したテーマで探究し、まとめ、「プレゼンテーション」で発信しあうことにより“伝える力・受け取る力”を伸ばしています。そして、茶道（裏千家）の先生による作法の時間や、聖書の時間、月に1回ある礼拝の時間をとおして、“他者を思いやる心”、“豊かな人間性”を育みます。

　こういったさまざまな活動をつうじて、緑ヶ丘女子では、「コミュニケーション力」を育み、これからの世界を生き抜くために必要とされる、多様な力を養っていきます。

▼SCHOOL DATA▼

▶神奈川県横須賀市緑が丘39

▶京急線「汐入」徒歩7分、JR線「横須賀」徒歩15分

▶女子のみ23名

▶046-822-1651

▶https://www.midorigaoka.ed.jp/

森村学園中等部

森村学園で育むイノベーションマインド

　森村学園の創立者森村市左衛門は、日米貿易の先駆者で、ノリタケ、TOTOなど森村グループの創業者です。建学の精神である「独立自営」と、校訓「正直・親切・勤勉」は、創立以来113年、生徒の心に受け継がれています。また、校風である「個性を認め合い、互いを尊重し合う家庭的な雰囲気」は、感受性豊かな6年間を過ごす生徒たちにとっては、安心できる環境といえるでしょう。

イノベーションマインドプロジェクト

　森村学園中等部では現在、建学の精神「独立自営」を土台として、自ら挑戦・活躍・貢献する人材を育てる「イノベーションマインドプロジェクト」を推進しています。このプロジェクトには、生徒の学力面を支える「アカデミックマインド」、社会と向きあいながら次世代の学びと探究を深める「テクノロジーマインド」、世界を自らのフィールドとして活躍する土壌をつくる「グローバルマインド」の3つの学びのプログラムがあり、それらが相互関係的に、また教科学習や課外活動とも連携しながら生徒たちの認知的、非認知的な能力両面を伸ばすために機能しています。

　とくに「アカデミックマインド」にあたる「言語技術教育」は言葉の運用力に加え、論理的思考力・批判的思考力・創造的思考力をきたえる学びとしてあらゆる教科や活動の土台となっています。また、「グローバルマインド」では、多文化や多様性が“当たり前にある”ということを大切に、学校生活のなかで自然に多文化・多様性に触れる機会を創出する、「多文化月間」や「多文化・多言語講座」などの多彩な取り組みを行っています。

　さらに、オンライン受講でアメリカの高校の卒業証書を取得できる「US Dual Diploma Program」は導入から3年目を迎え、第1期修了生が海外大学への進学を決めるなど、多様な進路選択が特徴である同校の、さらなる可能性の広がりをみせています。

▼SCHOOL DATA▼

▶神奈川県横浜市緑区長津田町2695

▶東急田園都市線「つくし野」徒歩5分、JR線・東急田園都市線・こどもの国線「長津田」徒歩13分

▶男子285名、女子317名

▶045-984-2505

▶https://www.morimura.ac.jp/jsh/

山手学院中学校

世界を舞台に活躍できる能力を身につける

1966年、「未来への夢をはぐくみ、その夢の実現をたくましくになっていく人」すなわち「世界を舞台に活躍でき、世界に信頼される人間」の育成を目的に創設された山手学院中学校。マロニエ並木を歩いて到着するキャンパスは、富士山や鎌倉の山並みを望む緑豊かな高台にあります。

「世界を舞台に活躍でき、世界に信頼される人間」を育てるという目標を実現するため、山手学院では、教室のなかで世界について学ぶだけではなく、柔軟な吸収力のあるこの時期に、直接「世界」に飛びこみ、体験することが大切だと考えています。

そのため、全生徒にその機会を与えるものとしてつくられたのが、「国際交流プログラム」です。中3の「オーストラリア・ホームステイ」、高2での「北米研修プログラム」を柱として、「リターン・ヴィジット」、「シンガポール語学研修」、「国連世界高校生会議」など、数多くのプログラムを実施しています。

メリハリのある学校生活で大学合格

山手学院では、週5日制・3学期制を採用しています。土曜日の午前中には土曜講座を実施。多彩な講座が設置され、中学生から高校生まで、多くの生徒が受講しています。さらに、中学入学生は「中高6年一貫コース」として、国公立大学への進学に向けて必要な、幅広く確かな学力を育成しています。

月〜金曜日に集中して行われる授業。多彩な土曜講座。活発な部活動。この3つの活動によって生みだされるリズム感、メリハリのある学校生活が山手学院の特色です。

こうした生徒を伸ばすオリジナルな学習指導の結果、2023年度大学入試においては、国公立大学へ120名、早慶上理273名、MARCHには634名の合格者を輩出しています。

また、現役合格者が多いのも大きな特徴で、毎年、卒業生の90%以上が現役合格しています。

▼SCHOOL DATA▼

▶神奈川県横浜市栄区上郷町460
▶JR線「港南台」徒歩12分
▶男子379名、女子223名
▶045-891-2111
▶https://www.yamate-gakuin.ac.jp/

横須賀学院中学校

「世界の隣人と共に生きる」グローバル教育

人間力を育てる学び

横須賀学院中学校は1950年、青山学院高等部（横須賀分校）を受け継いで設立されました。その歴史的経緯から、2009年に青山学院大学と教育提携協定を締結し、今年で15年目を迎えました。そして大学と連携した取り組みを推進しています。

横須賀学院は、「敬神・愛人」を建学の精神に掲げ、「共に生きる」のテーマのもと、日々の生活のなかで温かく豊かな人間関係を築きながら、愛と奉仕の実践を積み重ねています。

中高一貫コースでは、教科と図書館との連携によって、読書・レポート作成・プレゼンテーション力の育成に力を入れています。高1ではリベラルアーツプログラムを行い、大学での学びにつなげています。

中学学習室には専属の職員が常駐。19時まで開放し、定期試験や検定試験を強力にサポートしています。また、難関大学をめざし、模

試を意識した指導を行う特別講座も開講。ひとり1台のタブレット活用で、学校と家庭学習のシームレス化もはかっています。

将来につながるさまざまな経験

「世界の隣人と共に生きる」力と人格を育てるグローバル教育を推進しています。中1全員で行う「イングリッシュデイズ」をはじめとした国内外語学研修プログラムをさらに充実させ、中3・高1の3学期・ターム留学制度（ニュージーランド）、帰国生の英語力保持にも最適な葉山インターナショナルスクールでのボランティアやオンライン英会話を導入した英会話授業など、世界に視野を広げ英語運用力を高めるプログラムも行っています。英検やTOEIC Bridge、その他検定試験受験も推奨。海外長期留学希望者も増えています。

またキリスト教青年会、聖歌隊、ハンドベルクワイアなどの活動もさかんで、地域の催しやボランティアにも積極的に参加しています。

▼SCHOOL DATA▼

▶神奈川県横須賀市稲岡町82
▶京急線「横須賀中央」徒歩10分
▶男子220名、女子140名
▶046-822-3218
▶https://www.yokosukagakuin.ac.jp/

横浜共立学園中学校

神奈川
横浜市

女子校

「ひとりを大切にする」キリスト教教育

横浜の街並みを見下ろす山手の高台に横浜共立学園中学校はあります。創立は1871年、日本で最も古いプロテスタント・キリスト教による女子教育機関のひとつであり、横浜を代表する人気の女子校です。

3人のアメリカ人女性宣教師により設立されたアメリカン・ミッション・ホームに起源を持つ横浜共立学園の教育の根底にあるものは、「ひとりの人間を無条件に尊重し愛する」キリスト教精神です。学園では、キリスト教に基づく教育が実践されています。

そのキリスト教教育の基本は、「神を畏れる」ことにあります。「神を畏れる」とは、人間が神の前に謙虚になるということです。毎朝行われる礼拝をとおして、自分が神さまからかけがえのない存在として等しく愛されていることを知ります。

横浜共立学園が創立以来「ひとり」を大切にする教育を行ってきた根拠がここに存在します。

高い大学進学実績

横浜を代表する私立女子校のひとつとして知られている横浜共立学園。一人ひとりが将来を見据えて大学進学ができるよう、ていねいな進路指導を行い、難関大学に数多くの合格者をだしています。また、特筆すべきは、きわだって高い現役合格率です。これは「まじめで、よく勉強する」生徒の性格を表す結果でもありますが、その背後には中高一貫の利点をいかし、中学の低学年で基礎力をつける指導と、高2、高3の効率を追求した独自カリキュラムの存在があります。

しかし、横浜共立学園は、けっして受験一本槍の学校ではありません。生徒のほとんどが部活動に所属し、ボランティア活動にも積極的に取り組んでいます。同じ部活動の先輩が一生懸命に勉強して現役で希望する大学に入っていく姿を追いかけることで、後輩たちも目標に向かってがんばれるのでしょう。

▼SCHOOL DATA▼
- ▶神奈川県横浜市中区山手町212
- ▶JR線「石川町」徒歩10分
- ▶女子のみ557名
- ▶045-641-3785
- ▶http://www.kjg.ed.jp/

横浜女学院中学校

神奈川
横浜市

女子校

「愛と誠」の人間教育と知性を育む学習指導

2022年度より「65分授業」を導入

横浜女学院中学校は、変わりゆく社会のなかにあって、つねに自分を高め、他者と協働し、自分を表現できる力を育んでいます。そのため、「批判的に考える力」「他者と協力する力」「未来像を予測して計画を考える力」「多面的・総合的に考える力」「コミュニケーションを行う力」「つながりを尊重する態度」「進んで参加する態度」の育成に注力し、こうした力をより効率的に伸ばすべく、2022年度より65分授業を導入しました。1回の授業のなかで基礎的な知識をさまざまな問題と結びつけ、発展させる手法を学びます。アカデミークラスと国際教養クラスの2クラスがあり、月曜から金曜までは5時間、土曜は3時間（国際教養クラスは4時間）の週6日制です。

国際教養クラスの深化

2018年度新設の国際教養クラスでは、知識だけではなく「思考力」「協働する力」「社会に新しい価値を生みつつ、既存の価値観も尊重する姿勢」を涵養します。中1から必修の第二外国語では、東京横浜独逸学園との交流や横濱中華學院での夏期中国語講座をつうじて、言語だけでなく海外文化も学びます。また、大学教授と連携した学習や、アクティブラーニングを積極的に取り入れつつ、基本的な知識も身につく体験的な学びの機会を提供しています。

さらに、英語をツールとしてとらえ、「英語4技能＋英語で考える力」を身につけるCLIL（内容言語統合型学習）を採用しています。CLILでは、美術・聖書・地理などの教科を英語で学習するほか、オリジナルのテキストを用いて、生物多様性・多文化共生・エネルギー問題などについての授業を英語で実施。探究学習プログラムであるESDと内容を関連づけ、英語で学習しながら教科内容を習得することで、学びがより深まります。

▼SCHOOL DATA▼
- ▶神奈川県横浜市中区山手町203
- ▶JR線「石川町」徒歩7分
- ▶女子のみ450名
- ▶045-641-3284
- ▶https://www.yjg.y-gakuin.ed.jp/

横浜翠陵中学校

<small>よこ　はま　すい　りょう</small>

神奈川
横浜市

共学校

モットーは「Think & Challenge!」

横浜翠陵中学校のモットーは「Think＆Challenge!」。6年間の教育のなかで、次世代を担い、あすの世界をよりよい世界にするために、考えて行動のできる人の育成をめざします。

伝統の英語教育では、「英語力」をさらに伸ばすために、ネイティブ教員による「サマーイングリッシュキャンプ」や「グローバルホームルーム」の実施、ニュージーランド海外教育研修（中3必修、ホームステイ）、アメリカ、中国、メキシコ、オーストラリアとの交換留学制度（希望選抜制）など実践の場も数多く用意されています。

人間力の育成では、「トレッキングデー」や「ウィンターキャンプ」などに挑戦し、やり遂げたときに得る達成感を自信に変え、どんな困難にも立ち向かえる「人間力」を高めていきます。また、中学3年間をつうじて取り組む「翠陵グローバルプロジェクト」も特徴的です。グローバル社会に関する課題について研究を進め、最終的にプレゼンテーションをするもので、まさに「Think＆Challenge!」実践の場といえます。

一人ひとりと徹底的に向きあう

小規模で温かい雰囲気が漂う横浜翠陵の基本姿勢は、「徹底的に一人ひとりの生徒と向きあう」ことです。学習活動をD＝Desire（好奇心と意欲の活性化）、U＝Understand（理解）、T＝Training（実践的な演習）の3段階に分類し、いま、なにを、なんのために行うのかを、教員と生徒が確認しながら学習を進めていきます。教員が個々の状況を把握しておくことで、それぞれの生徒が異なる場所でつまずいたとしても、必要なタイミングできめ細かいフォローアップを行えるのです。そうして「知りたい→分かった→できた」のプロセスをていねいに繰り返すことで、1歩ずつ着実に学力を向上させていきます。

「夢の実現」に向けて、日々進歩する横浜翠陵です。

▼SCHOOL DATA▼

▶神奈川県横浜市緑区三保町1

▶JR線「十日市場」徒歩20分またはバス、東急田園都市線「青葉台」・相鉄線「三ツ境」バス

▶男子138名、女子43名

▶045-921-0301

▶https://www.suiryo.ed.jp/

横浜雙葉中学校

<small>よこ　はま　ふた　ば</small>

神奈川
横浜市

女子校

充実した教育環境で知性と感性を育てる

最初の来日修道女であるマザー・マチルドによって基礎が築かれた横浜雙葉中学校。校舎は異国情緒あふれる山手地区にあります。正面入口の大きな吹き抜けには光が降りそそぎ、白い壁と大理石の床が清潔なコントラストをなします。校内には図書館やITワークショップルームをはじめ、聖堂や宗教教室なども配置されており、最新の情報ネットワークも整備されています。

キリスト教の精神を土台とする教育

カトリックの学校である横浜雙葉の校訓は、全世界の「幼きイエス会」の学校に共通である「徳においては純真に　義務においては堅実に」です。この校訓には「神と人の前に素直な精神と品性を備え、自分の使命を最後まで貫く強さを持った女性を育てる」という意味がこめられています。

日々の教育はキリスト教の精神を土台とし、「すべての人間がこの世でかけがえのない

独自の価値を持った大切な存在である」という考えに基づき実施されています。そのため、生徒はありのままの自分が愛されていると実感することができ、自信と誇りを持って夢に挑戦しています。

宗教の授業やミサなどの行事も行われますが、宗教を強制することはせず、信仰の有無が合否判定に影響することもありません。

学習指導では、全学年の英会話や中1・中2の英語に少人数授業、中3からの数学と英語に習熟度別授業を導入し、きめ細かに指導しています。グローバル学習にも力を入れ、アメリカやシンガポール、オーストラリアなどを訪れる機会もあります。

また、「人とのかかわり」や「世界とのかかわり」について考え、奉仕活動に取り組むことで、自分と同じように人を愛し、他者とともに生きる大切さも学んでいきます。

横浜雙葉は恵まれた環境のなか、知性と感性を育むことができる学校です。

▼SCHOOL DATA▼

▶神奈川県横浜市中区山手町88

▶みなとみらい線「元町・中華街」徒歩6分、JR線「石川町」徒歩13分、JR線「山手」徒歩15分

▶女子のみ548名

▶045-641-1004

▶https://yokohamafutaba.ed.jp/highsch/

国立・私立中学校プロフィール

東京

神奈川

千葉

埼玉

茨城

市川中学校

いち　かわ

千葉
市川市

共学校

人間教育と学力伸長の両立

2023年に、創立86周年を迎えた市川中学校。よき伝統の継承（不易）と進取の精神（流行）を持ち味とする学校です。

市川では、教育理念「個性の尊重と自主自立」のもと、3本の柱を立てています。それが、「人はそれぞれ素晴らしい個性・持ち味があり、異なった可能性を持つかけがえのないものだ」という「独自無双の人間観」、個性や潜在している能力を引き出すために、一人ひとりに光をあて、じっくりとよく見る「よく見れば精神」、家庭で親から受ける「第一教育」、学校で教師から受ける「第二教育」につづき、自ら主体的に学ぶ生涯教育である「第三教育」の3つです。こうした精神を大切に、「真の学力」「教養力」「サイエンス力」「グローバル力」「人間力」を育む「リベラルアーツ教育」を行っています。

市川ならではの多彩なプログラムの数々

市川では、以前から授業にアクティブラーニングを取り入れていましたが、現在は「ALICEプロジェクト」（Active Learning for Ichikawa Creative Education）として、その教育をさらに発展させています。電子黒板機能つきのプロジェクターやタブレット端末を備えた「ALICEルーム」も誕生しました。

また、大学教授や研究者から幅広い分野・領域について学ぶ土曜講座も特徴的です。教科の枠を越えた興味・関心に基づく講座により、生徒の主体的な学びをうながしています。

国際教育は、世界とオンラインでつなぐ研修や留学生との交流をするエンパワーメントプログラム、大学と提携しての研修など充実しています。しかし、大切にしているのは、日本を知って世界へ広げることです。真の国際人は自国文化への理解が必要であり、学校がある市川市の自然を観察したり、奈良・京都を訪れたりする行事を実施しています。

さまざまな独自の教育により、学力とともに人間力を身につけられる市川です。

▼ SCHOOL DATA ▼

▶ 千葉県市川市本北方2-38-1
▶ 京成線「鬼越」徒歩20分、JR線・都営新宿線「本八幡」、JR線「市川大野」バス11分
▶ 男子608名、女子374名
▶ 047-339-2681
▶ https://www.ichigaku.ac.jp/

あ行

か行

さ行

た行

な行

は行

ま行

や行

ら行

わ行

光英VERITAS中学校

こう　えい　　ヴェ　リ　タ　ス

千葉
松戸市

共学校

中1から将来について考える「進路探究プログラム」

光英VERITAS中学校は、2021年度に共学化、校名変更を行い、今年、3年目がスタートしました。

同校の教育の特徴は、全教科で課題解決のプロセスをトルネードのように繰り返し、「答えを求める学び」ではなく、「問いを持つ学び」を習得していくことです。さらにICT機器を活用しながらこの学びを広げていきます。これは、上昇していくイメージから、「トルネード・ラーニング」と名づけられています。

また「進路探究プログラム」としてVERITASナビゲーションキャンプ、職業研究、キャンパスリサーチなどを実施し、中1から夢を見つけ、実現できるよう全力で応援しています。

魅力的な教育

光英VERITASの教育は、3つの柱で構成されており、そのいずれの教育においても、「トルネード・ラーニング」が展開されます。

第1の柱は、問いを持つ力を育成する「理数サイエンス教育」です。理科では豊富な理科実験・観察をとおして、基礎学力から活用力を育みます。そして数学では、論理的に考えるプロセスをつうじて、さまざまな力を身につけていきます。

第2の柱は、「英語・グローバル教育」です。生徒一人ひとりが1台ずつ持つiPadを使ったオンライン英会話や、国内外の留学プログラムによって、英語4技能を向上させていきます。

第3の柱は、小笠原流礼法に基づく「人間教育」です。めざされているのは、日本文化を学び、それをグローバルに活用できる人材の育成です。共学化を機に、男子生徒にも対応した新しいプログラムが導入されています。

こうした数々の取り組みに加え、2021年度には、食堂をリニューアル、新しい部活動施設も設置されています。光英VERITASには、生徒たちがよりよい学校生活を送るための環境が整えられています。

▼ SCHOOL DATA ▼

▶ 千葉県松戸市秋山600
▶ 北総線「北国分」「秋山」徒歩10分、JR線・新京成線「松戸」、JR線「市川」、京成線「市川真間」バス
▶ 男子142名、女子193名
▶ 047-392-8111
▶ https://www.veritas.ed.jp

国府台女子学院中学部

千葉
市川市

女子校

心の教育を大切に 個性に応じた指導を展開

「敬虔・勤労・高雅」を三大目標とする国府台女子学院中学部。仏教の教えを現代に受け継ぎ、「智慧」と「慈悲」の心を育てています。週1時間行われている仏教の授業では、仏教の思想や歴史について学ぶことはもちろんですが、キリスト教などの宗教についても幅広く学習します。また、仏教をとおして人とのであいの意味や、ご縁について考え、慈悲の心、共感する力を育んでいます。

学力を確実に養い幅広い進路に対応

中学部では、朝礼時に行う漢字・英単語・数学の小テストをとおして、計画を立てて自ら学ぶ習慣をつけます。クラス単位での授業に加え、英会話の授業では1クラス2展開の少人数授業を実施。また、英作文は中1から、数学は中3で習熟度別授業を展開しています。そのほか、情報収集能力・表現力・コミュニケーション力を養う週1時間の情報リテラシーの授業、夏休みのアメリカ海外語学研

修やオンライン英会話（希望者）など、学習意欲を引き出す取り組みも魅力的です。

行事もさかんで、中高合同で行う運動会や学院祭をはじめ、中2では伊勢、中3では奈良・京都に行く宿泊行事などもあります。スポーツ大会や合唱コンクールではクラスの団結力が高まります。

高等部の普通科では、高1は普通クラスと選抜クラス、高2からは文系・理系、国公立系・私立系という目標に応じてコースに分かれます。高3は多様な選択科目と少人数制の実践的なカリキュラムを設けているのが特色です。また、普通科には美術系大学をめざす美術・デザインコースも設置されています。2023年3月卒業生の4年制大学進学率は93％を超え、医歯薬看護系への進学率も堅調に推移。東京女子大学、昭和女子大学、日本女子大学と高大連携協定の締結もしています。

なお、創立100周年を見据えて、2023年4月入学生から新制服を導入しています。

▼SCHOOL DATA▼

- ▶千葉県市川市菅野3-24-1
- ▶京成本線「市川真間」徒歩5分、JR線「市川」徒歩12分
- ▶女子のみ581名
- ▶047-322-7770
- ▶https://www.konodai-gs.ac.jp/

芝浦工業大学柏中学校

千葉
柏市

共学校

創造性の開発と個性の発揮

増尾城址公園に隣接し、自然にかこまれ恵まれた教育環境にある芝浦工業大学柏中学校。建学の精神「創造性の開発と個性の発揮」のもと、①広い視野（興味・関心・知的好奇心）の育成、②豊かな感性と情緒の育成、③思考力の強化と厚みのある学力の養成を教育方針に掲げ、その教育が展開されています。

多様な進路に対応するカリキュラム

中学は成績最上位者を1クラスに集めたグローバル・サイエンスクラスがあります。一般クラスとカリキュラムなどに大きなちがいはなく、特別講座などに優先的に参加をうながしています。

高校はグローバル・サイエンス（GS）とジェネラルラーニング（GL）の2コース制です。コース制は、個性に合った学習をより進めていくためのものであり、GSは探究活動を実施しながら東京大学をはじめとする最難関国公立大学をめざし、GLは補習などを適宜

実施しつつ5教科7科目を高いレベルで学習し、国公立大学、難関私立大学をめざします。

芝浦工大柏では、ほぼ全員が4年制大学への進学を志望し、約3分の2が理系志望、約3分の1が文系志望です。そのため進路指導は、生徒の興味、適性、志を大切にしています。そして、一人ひとりが持てる能力をじゅうぶんに発揮でき、生きがいを持って進める道を見出せるように、学習、ホームルーム、面談をとおして、ていねいに指導しています。

受験対策は高1〜高3で夏期講習会を実施するほか、各学年で希望者を対象に放課後の講習・補習を行い、実力養成に努めます。東京大学1名、東京工業大学4名、一橋大学2名など最難関国公立大学に合格者を輩出。そのほか大阪大学、九州大学、東京外国語大学、筑波大学、千葉大学などを含む国公立大学合格者は76名、早慶上理合格者はのべ163名、国公立大学・早慶上理・G-MARCHいずれかの合格をつかんだ生徒の割合は58％です。

▼SCHOOL DATA▼

- ▶千葉県柏市増尾700
- ▶東武野田線「新柏」徒歩25分またはスクールバス、JR線・東武野田線「柏」スクールバス
- ▶男子402名、女子188名
- ▶04-7174-3100
- ▶https://www.ka.shibaura-it.ac.jp/

東京
神奈川
千葉
埼玉
茨城

あ行
か行
さ行
た行
な行
は行
ま行
や行
ら行
わ行

渋谷教育学園幕張中学校

「自らの手で調べ、自らの頭で考える」

幕張新都心の一角、「学園のまち」に渋谷教育学園幕張中学校はあります。まわりには県立高校、県立保健医療大学、放送大学、神田外語大学、千葉県総合教育センターなど多くの文教施設が集まり、まさに学ぶには理想的な環境といえます。

渋谷教育学園幕張高等学校の創立は1983年、中学校の創立は1986年と、比較的若い学校といえますが、毎年多くの卒業生を東京大学をはじめとする最難関大学に送りだしており、千葉県屈指の進学校です。

また、渋谷教育学園幕張といえば、先駆的なシラバスの導入でも有名です。このシラバスは、つねに改訂や工夫が行われ、充実度の高い内容となっています。このシラバスが毎年のすばらしい大学合格実績を支えているといっていいでしょう。

しかし、けっして進学だけを重視している学校ではありません。「自らの手で調べ、自らの頭で考える」という意味の「自調自考」を教育目標に掲げており、生徒の自発性を尊重した教育を行っています。そして、心の成長・陶冶をめざし、他者への理解、思いやり、連帯性を重視しています。

国際人としての資質を養う

生徒の眼前にグローバルな世界と未来が開けていることを考え、渋谷教育学園幕張では、外国人教員による少人数外国語教育、長期・短期の海外留学、海外からの帰国生および外国人留学生の受け入れを積極的につづけています。

この環境を地盤として、異なる知識や体験の交流、共有化を進め、また、日常的学習の場も含めて国際理解へのよりいっそうの視野の拡大をはかっているのです。

敬愛され、伸びのびと活動し、貢献しうる日本人の可能性をさらに追求し、21世紀の地球と人間生活の繁栄に貢献できる人材の育成をめざす渋谷教育学園幕張です。

▼ SCHOOL DATA ▼
▶ 千葉県千葉市美浜区若葉1-3
▶ JR線「海浜幕張」徒歩10分、京成千葉線「京成幕張」徒歩14分、JR線「幕張」徒歩16分
▶ 男子567名、女子333名
▶ 043-271-1221
▶ https://www.shibumaku.jp/

昭和学院中学校

令和の昭和プロジェクト始動中

昭和学院中学校は、JR線・都営新宿線「本八幡駅」、京成電鉄線「京成八幡駅」から歩いて15分（バス5分）、JR線・北総鉄道「東松戸駅」よりバス15分という、千葉県市川市の閑静な住宅街のなかにあります。

その建学の精神は、創立者伊藤友作先生がしめされた校訓「明敏謙譲」、すなわち「明朗にして健康で、自主性に富み、謙虚で個性豊かな人間を育てる」ことにあります。

この変わらぬ建学の精神のもと、四季折りおりの豊かな自然の息吹を感じる未来型創造キャンパスで、中・高の6年間を過ごすことができます。

効果的な学習指導

2020年度より多彩な新コース制がスタートしています。「インターナショナルアカデミー（IA）」は、海外大学入学をめざし、国際感覚を磨き海外で活躍できる人材を育成。「トップグレードアカデミー（TA）」は、社会のリーダーとして活躍できる人材の育成を目標に掲げ、最難関国立大学合格をめざします。「アドバンストアカデミー（AA）」は、最難関国公立大学や難関私立大学をめざしながら社会の多方面で活躍できる能力を養成。「ジェネラルアカデミー（GA）」は、「好き」を見つけ、自分の未来を思い描ける力を培います。さらに2023年度に新設された「サイエンスアカデミー（SA）」は、科学のロマンを追いながら、科学的思考力を身につけます。

また、英語教育が充実しているのも魅力のひとつです。オールイングリッシュで行われる英語の授業、ひとり1台所有するタブレットを利用してのオンライン英会話に加え、「国内イングリッシュキャンプ」や「校内特別海外研修」、「海外語学研修」なども実施しています。さらに、屋内温水プール、7万5000冊の蔵書を誇る図書館、最新の実験機器を設置する6つの理科実験教室をはじめとする、魅力的な施設・設備もそろっています。

▼ SCHOOL DATA ▼
▶ 千葉県市川市東菅野2-17-1
▶ JR線・都営新宿線「本八幡」、京成本線「京成八幡」徒歩15分またはバス、JR線・北総線「東松戸」バス
▶ 男子174名、女子255名
▶ 047-323-4171
▶ https://showa-gkn.ed.jp/js/

昭和学院秀英中学校

独自のプログラムで伸びる進学実績

　「明朗謙虚」「勤勉向上」を校訓とする昭和学院秀英中学校。「質の高い授業」「きめ細かな進路指導」「豊かな心の育成」という3つの実践目標のもと、生徒の思考力・実践力・表現力を高め、もっと生徒が学びたくなる授業展開をめざし、教員の研修にも力を入れ、充実したカリキュラムを展開しています。

　教科以外では、著名な文化人を招聘した講演会、全校生徒対象の芸術鑑賞会、国立劇場での伝統芸能鑑賞教室などを企画し、また、国際的視野と語学力の育成のためのプログラムにも力を入れています。校内では海外からの留学生がリーダーとなり、少人数で英語のディスカッションやプレゼンテーションを行う「エンパワーメントプログラム」を、校外では東京グローバルゲートウェイ、福島のブリティッシュヒルズ、昨年度も感染防止のため海外での研修は見送られましたが、次年度以降もアメリカ・カナダ西海岸の3都市とマレーシア・スウィンバーン工科大学での研修を用意しています。

質の高い授業と充実した進路指導

　昭和学院秀英は、進路指導に特化した「特進クラス」は設置していません。生徒全員に特進クラスレベルの教育を提供しています。6カ年の中高一貫カリキュラムで中学時より高校の内容を先取りしており、また数学と英語は少人数授業も取り入れています。そうしてクラス編成を変えることなく「質の高い授業」を実現しています。

　生徒のほぼ100%が4年制大学への進学をめざすため、進路指導は進路に適応した指導と助言が行われ、さまざまな補習を放課後などに実施、また夏期・冬期の休暇中には講習も実施しています。国公立大学・私立大学へ優秀な合格実績をあげるとともに早稲田大学・慶應義塾大学をはじめとする有名私立大学への指定校推薦もあり、難関大学への進学実績が伸びつづけている昭和学院秀英です。

▼SCHOOL DATA▼

- ▶千葉県千葉市美浜区若葉1-2
- ▶JR線「海浜幕張」徒歩10分、JR線「幕張」・京成千葉線「京成幕張」徒歩15分
- ▶男子230名、女子294名
- ▶043-272-2481
- ▶https://www.showa-shuei.ed.jp/

専修大学松戸中学校

夢の実現を支える充実の教育システム

　専修大学松戸中学校は、「社会に貢献できる知性豊かな人材の育成」を教育ビジョンとして、ハイレベルな国際教育と理数教育、充実した学習環境を提供している学校です。

英語・理数教育の充実が強み

　専大松戸の教育において特筆されるのは、英語教育と理数教育の充実です。

　週7時間ある英語の授業のうち、5時間は『NEW TREASURE（Z会出版）』をメインテキストとして基礎・基本を徹底的に学びます。近年は中学卒業時に8割以上の生徒が英語検定準2級以上を取得しています。

　残りの2時間の授業は、ネイティブ教員と日本人教員のチーム・ティーチングによる英会話です。授業が行われるアンビションホール（高志館）はアメリカの学校を思わせる雰囲気で、楽しく着実に英語力を伸ばせます。

　中3の6月にアメリカ・ネブラスカ州を訪れる全員参加の修学旅行を行っているのも特徴です。現地サマースクールへの参加、姉妹校との交流、メンター（大学生）との交流、アメリカの歴史・文化に触れる、を4つの柱としたオリジナルのプログラムで、異文化を肌で感じ、英語でなにかを成し遂げることのできる忘れられない体験ができます。

　理数教育では、数学は中2までに中学課程を修了して中3より高校課程に進み、高3では演習授業を中心に展開します。生徒にとってはむずかしい点も補習などでフォローアップしていきます。理科は中学時より物理、化学、生物、地学に分けた専門別授業を行っているのが特徴です。

　中1、中2では上記のほかに「理科実験」の授業を週1時間ずつ行い、さまざまな実験をつうじて生徒の理科への興味・関心を高めています。

　さらに土曜日を中心にさまざまな体験特別活動を取り入れることで、勉強だけに偏らないバランスがとれた人間力を養います。

▼SCHOOL DATA▼

- ▶千葉県松戸市上本郷2-3621
- ▶JR線・地下鉄千代田線「北松戸」徒歩10分、新京成線「松戸新田」徒歩15分
- ▶男子297名、女子195名
- ▶047-362-9102
- ▶https://www.senshu-u-matsudo.ed.jp/

東邦大学付属東邦中学校

千葉 習志野市　共学校

「自分探しの旅」にでよう

　東邦大学付属東邦中学校は、1961年に、東邦大学の付属校として開校されました。併設の高等学校は、1952年に開設されています。

　母体の東邦大学は、医学部・看護学部・薬学部・理学部・健康科学部の5学部および医学部付属の3つの病院を持ち、自然科学の研究、教育、医療に重要な役割を果たしてきた大学として広く知られています。

　週6日制、週35時間を確保して行われる正課の授業では、「精選と深化」による指導計画を工夫して、演習や実験実習を多く盛りこみながらも、高2までに主要教科の全学習範囲を終えます。

　カリキュラムはリベラルアーツ型で、選択科目を多様に設けることで生徒の進路実現をサポートします。

Exploring Study（自分探し学習）

　東邦大東邦では、建学の精神「自然・生命・人間」の具体的な道筋として、「自分探しの旅」を学びのテーマとしています。

　これは、学習はもちろんのこと、部活動や学校行事など、さまざまな経験を積みながら、つねに真の自分を探し、見つめようという意味であり、生徒にとっては将来の進路選択における心がまえであるとともに、人生や人間についての根源的な問題へとつうじるテーマとなっています。

　そして、生徒一人ひとりが幅広く、また能動的に「自分探しの旅」をつづけていくために用意されている多彩な学習を体系化したものが「Exploring Study（自分探し学習）」です。

　進学校として生徒の進路実現をサポートするプログラムであり、また、生徒がやがて大学に進学して専門的な学問研究などに挑戦する際、それに必要な厚みのある知識を定着させ、人間社会に貢献できる高い志と豊かな人間性を育てるものとなっています。

▼SCHOOL DATA▼

▶千葉県習志野市泉町2-1-37
▶京成線「京成大久保」徒歩10分、JR線「津田沼」バス
▶男子530名、女子388名
▶047-472-8191
▶https://www.tohojh.toho-u.ac.jp/

二松学舎大学附属柏中学校

千葉 柏市　共学校

「論語教育」と「探究教育」を深める新コース制

　二松学舎大学附属柏中学校は「社会に貢献できる人材」を育てることを目的に、「人間力の向上」と「学力の向上」を教育の2本柱としています。教育の特色は「論語教育」と「探究教育」です。今年146周年を迎える二松学舎大学の伝統は中学校でも引き継がれ、「論語」を生きる力を育む最良の教材と考え、素読や暗唱に取り組んでいます。毎年漢文検定にも挑戦し、中1が初級、中2が中級、中3が上級に全員合格するよう努力を重ねています。

　より探究を深めるよう「総合探究コース」と「グローバル探究コース」の2コース制があります。「探究教育」の先駆者として、いままでの取り組みをもとに次世代の探究教育をめざします。「探究教育」は「学習支援プログラム」「自問自答プログラム」「進路支援プログラム」の3つの軸で構成されています。「総合探究コース」では基礎から高度な発展学習を行い6年間で難関大学受験に対応します。「グローバル探究コース」は発展学習にさらにグローバルな学びをプラスしたコースです。異文化や多様な価値観を認め真のグローバルリーダーをめざします。

自問自答力を養う5つの教室

　二松学舎大柏では、将来、他人のこと・社会のこと・地球環境のことを考え、役に立つ人間になることを目標に、「自問自答力（自ら体験し、自ら問題を発見し、自ら答える力）」を育んでいます。そのために、環境教育をテーマとする「沼の教室」、最先端の学問を学ぶ「都市の教室」、奈良・京都で日本文化に触れる「古都の教室」、スキー研修を行う「雪の教室」、田植えから稲刈りまでを体験する「田んぼの教室」、グアムで異文化を体験する「世界の教室」があります。そして、こうした学びの集大成として、中3で約8000字の「探究論文　自問自答」に取り組みます。

　独自の教育で生徒の人間力を向上させる二松学舎大柏です。

▼SCHOOL DATA▼

▶千葉県柏市大井2590
▶JR線・地下鉄千代田線・東武野田線「柏」、東武野田線「新柏」、JR線「我孫子」スクールバス
▶男子145名、女子104名
▶04-7191-5242
▶https://www.nishogakusha-kashiwa.ed.jp/

八千代松陰中学校

やちよしょういん

IGS（６カ年特進）コース開設

2024年、IGS（６カ年特進）コースがスタートします。新コースは、高校の特進コースであるIGSコースとAEMコースのノウハウを最大限にいかし、徹底した学習指導、キャリアデザイン、探究、グローバル教育を柱に、難関大学や海外大学への進学をめざします。従来のレッスンルームコースは、国数英社理の授業を習熟度別で行い、苦手科目を克服し、得意科目をさらに伸ばすことで、確かな学力を身につけます。

多彩な学びの場

八千代松陰中学校は授業以外の学びも充実しています。放課後や長期休暇中に行われる「松陰セミナー」は、各教科の演習・実験・検定試験対策・国際交流などの講座から自由に選択できます。また土曜日には「土曜講座」が開講され、学習系講座と探究系講座のなかから、自分のニーズに合ったものを選べます。探究系講座には、語学、国際交流、SDGs、趣味、最新技術、栄養学など、多彩な講座が用意され、学年の枠を越えて学びあいます。オンラインで海外とつながる講座もあり、「世界のリアルを学べる」と好評です。

国際交流も活発です。海外５カ国にある６つの姉妹校との交流のほか、夏には学校主催の短期留学プログラム、「スタディーツアー」を実施。毎年８コースを募集しています。このほか中学生は、２カ月に１度は異文化体験ができるプログラムが用意されています。

東京ドーム３つ分の敷地には、競技別の10のグラウンド、15面のテニスコート、蔵書６万冊のメディアセンター、５つの理科室、カフェテリア、各教室に設置されたプロジェクターをはじめとするICT機器など、大学に負けない施設があります。生徒は、恵まれた環境とシステムのなかで、クラブ活動にも力を入れ、文武両道をめざしながら、日々、さわやか・はつらつ・ひたむきに学校生活を送っています。

▼SCHOOL DATA▼

▶千葉県八千代市村上727

▶京成本線「勝田台」・東葉高速鉄道「東葉勝田台」バス

▶男子353名、女子306名

▶047-482-1234

▶https://www.yachiyoshoin.ac.jp/

麗澤中学校

れいたく

麗澤の学びは、世界が教室。

セカイ

麗澤中学校の教育理念は「知徳一体」です。東京ドーム約９個分の自然豊かなキャンパスで、「心の力」を育み、国際社会で活躍できる人材を育成しています。

これからの社会で活躍するためには、世界でじゅうぶんなコミュニケーションをとることが不可欠です。麗澤では、そのために必要な力は、第一に自分が発信する中身を考えだす「思考力」であり、第二にさまざまな国や地域で英語での質の高いコミュニケーションがとれる「語学力」であると考えています。

そして、これらを育てることで、世界に向けて自分の考えを表現できる「発信力」が磨かれていきます。グローバル社会を生きる人物育成のため、麗澤では「５L」を育てる教育に取り組んでいます。

５LとはLanguage（英語力）・Logical Thinking（論理的思考力）・Liberal Arts（教養）・Literacy（情報活用力）・Leadership（リーダーシップ）のことです。

５Lを高めることで、すぐれた知識と知性、ものごとの本質を見極める深い洞察力や判断力、周囲を牽引する圧倒的な行動力を養います。

そして、連綿と受け継がれる麗澤教育のエッセンスや豊富な体験型学習、最先端の教育理論に裏打ちされたカリキュラムなどで５Lを磨き、国際社会で高い能力を発揮する「本物の叡智」を兼ね備えた人材を育成します。

充実の校内課外講座

麗澤では、学習内容のフォローや大学受験に向けたさまざまな課外講座を設けています。放課後の講座、夜間講座、長期休暇中の季刊講座、小論文対策、面接指導など、さまざまな校内の課外講座と学習相談進路面談等をつうじて、生徒一人ひとりの将来像に適した進路実現に向け、大学進学はもちろん、社会での活躍に必要な学習法や学力を身につけられるようにサポートしています。

▼SCHOOL DATA▼

▶千葉県柏市光ヶ丘2-1-1

▶JR線・地下鉄千代田線「南柏」バス５分

▶男子229名、女子252名

▶04-7173-3700

▶https://www.hs.reitaku.jp/

和洋国府台女子中学校

「凜として生きる」女性を育てる

和洋国府台女子中学校は、1897年に設立された伝統ある女子校です。教育理念「凜として生きる」には、「周囲に対する思いやりと物事に挑戦する逞しさをもつ」「自らを律し、礼儀正しく品格をもつ」「文化を尊重し、豊かな表現力をもつ」という思いがこめられています。

この理念をもとに、日本の伝統文化を学びながら、海外のすぐれたものを取り入れる国際教育と科学的なものの見方を養う教育を行っています。

工夫を凝らした授業と独自のプログラム

校舎は、和洋女子大学と高校のある国府台キャンパスに統合され、中高大の交流がさらに深まりました。

また、カリキュラムも一新。本物の世界に触れられるように工夫された授業が特徴で、たとえば理科では実験やフィールドワークを多く行い、課題研究にも挑戦します。こうした取り組みにより、問題を発見し解決する力や科学技術と社会のつながりに着目して社会に貢献する力を育てています。

英語の「和洋ラウンドシステム」も魅力的です。繰り返し学ぶことで知識の定着をはかり、国際社会で通用する英語力を身につけていきます。1クラスを2～3分割したインターナショナル教員による授業で、多くの英語を聞きながら実際に使うことで英語力を磨いていきます。身につけた英語力を試す機会として、英語宿泊研修やヨーロッパ文化研修を用意しています。

一方で、和の心を育てることも大切にしています。礼法や華道、茶道などを学ぶことで、礼儀や食事の作法、鑑賞の仕方を身につけ、伝統芸能を理解する感性も養います。

こうした教育により、国際的に活躍できるコミュニケーション能力や知性、科学的視座、そして品格を備えた社会貢献できる女性を育てる学校です。

▼ SCHOOL DATA ▼

▶ 千葉県市川市国府台2-3-1

▶ 京成線「国府台」徒歩9分、JR線「市川」「松戸」・北総線「矢切」バス

▶ 女子のみ292名

▶ 047-371-1120

▶ https://www.wayokonodai.ed.jp/

青山学院大学系属浦和ルーテル学院中学校

「世界に貢献する人材」を育成

1953年に、埼玉県初のミッションスクールとして設立されて以来、キリスト教教育を柱に据え、「世界に貢献する人材」を輩出してきた浦和ルーテル学院中学校。

2018年には青山学院大学と系属校協定を結び、校名も青山学院大学系属浦和ルーテル学院中学校となりました。青山学院大学との連携教育を行うほか、系属校推薦入学制度も設け、一定の進学基準を満たした生徒は優先的に同大学へと進学することができる環境を整えています。

1クラス25人の少人数教育が特徴

浦和ルーテルでは、それぞれの才能を「神さまからのギフト」として、その「ギフト」を伸ばす「ギフト教育」を実践しています。「ギフト」をいかして、他者も自分も幸せになることをめざしているのです。

そのために実施しているのが、1クラスを25人に設定する「少人数教育」。1クラスの人数を少なくすることで、生徒はアットホームな環境のなかで伸びのびと自分らしく過ごすことができ、教員も一人ひとりをていねいに見守っていくことができます。

また、週に1時間「フィールドプログラム」の時間を設けているのも特徴です。フィールドA（アート／芸術）、フィールドE（イングリッシュ／英語）、フィールドS（サイエンス／科学）から興味・関心に応じてひとつ選び、そのなかで行う多彩な取り組みをとおして、将来のことを考えていきます。

少人数教育は、高等部での進路指導にもいかされています。「夢を実現するオーダーメイドの進路指導」として、面談を頻繁に行い、個別学習プランの立案や自習用教材の提案をはじめ、生徒の夢を実現するための手厚いサポートを行っています。

そのほか、英語教育や国際教育などにも注力し、多様な観点から「世界に貢献する人材」を育成する浦和ルーテルです。

▼ SCHOOL DATA ▼

▶ 埼玉県さいたま市緑区大崎3642

▶ 埼玉高速鉄道「浦和美園」・JR線「東川口」「北浦和」・東武スカイツリーライン「北越谷」スクールバス

▶ 男子85名、女子153名

▶ 048-711-8221

▶ https://www.uls.ed.jp/js/

浦和明の星女子中学校

「一人ひとりを大切に」

校訓「正・浄・和」のもと、お互いを「かけがえのない人間」として尊重し、「一人ひとりを大切にする」校風がある浦和明の星女子中学校。「一人ひとりを大切にする」というと、少人数教育を思い浮かべるかもしれませんが、それだけではありません。浦和明の星女子が考える「一人ひとりを大切にする」とは、「人間は一人ひとり、かけがえのないいのちを与えられている」ことに気づくよう、「その生徒をその生徒としてみる」「その生徒がその固有の使命に生きるよう手助けする」という意味です。

モットーである「Be your best and truest self（最善のあなたでありなさい。最も真実なあなたでありなさい。）」は、あなたはあなたであるよう、真剣に努力することを求め、そして「ほんものの自分」をめざして成長することを期待しています。

「ほんものの自分になろうとする〜自己実現〜」は、たんに大学入試のための勉強に終始することではなく、人間としての成長に関係するすべての領域において真剣に学ぶことにより達成されていくものと、浦和明の星女子では考えています。

「ほんものの自分」をめざす進路指導

浦和明の星女子の授業は、生徒の理解度を考慮しながら、どの教科も創意工夫を凝らしたものとなっています。そして授業を中心としたていねいな日々の学習を大切にしているのが特徴です。進学校にありがちなハードな補習や勉強合宿は行われません。たんなる試験を目的にした勉強は、学習の方法のひとつではあっても、本来の学びではないと考えているからです。

浦和明の星女子で行われる進路指導は、知名度や偏差値による大学選びをうながすものではありません。生徒一人ひとりが生涯をかけて自己実現するための大学選びができるよう、手助けしていくことです。

▼SCHOOL DATA▼

- 埼玉県さいたま市緑区東浦和6-4-19
- JR線「東浦和」徒歩8分
- 女子のみ522名
- 048-873-1160
- https://www.urawa-akenohoshi.ed.jp/

浦和実業学園中学校

実学に勤め徳を養う

2005年春、伝統ある浦和実業学園高等学校のもと、「すべての生徒に価値ある教育を」をスローガンに開校した浦和実業学園中学校。初年度から多くの受験生の注目を集め、新たな完全一貫制の教育がスタートしています。

校名の「実業」が表すものは、「社会にでて実際に役立つ学問、アクティブな学問」のこと。浦和実業学園では生徒一人ひとりの個性を存分に伸ばすことにより、国際社会に羽ばたく人材育成をめざしています。その教育には3つの柱が存在しているのが特徴です。

個性を伸ばす3つの柱

ひとつ目は「英語イマージョン教育」です。中1〜中3の全クラスにネイティブの副担任を配し、生徒と生活をともにし、育てるという感覚で「英語に浸る」イマージョン教育環境で学校生活を送りながら、より実践的な英語力を身につけることをめざしています。

ふたつ目は「徳育」です。総合的学習や各種行事など、学校生活全般をとおして、あいさつ、思いやりの心、感謝といった心の教育を行います。これは社会生活における「生きる技術」ともいえるものです。

3つ目は「キャリア教育」です。生徒本人の自主性を重んじる進路ガイダンスを年4回、6年間で合計24回実施します。

生徒が考える将来像を最大限に尊重しながら将来のプランニングを行い、その人生計画を実現するためのきめ細かなサポート体制を整えています。職業体験学習をはじめ、外部のさまざまな職種の人びとから話を聞く「講話」の時間もあります。

2022年には浦和実業学園創立75周年記念事業として理科実験室やPCルームなどの充実した施設がそろう新2号館が、2023年春にはカフェテラスやスポーツジムが入った新1号館が完成しました。また、2023年度入学生より制服がリニューアルしています。

▼SCHOOL DATA▼

- 埼玉県さいたま市南区文蔵3-9-1
- JR線「南浦和」徒歩14分
- 男子108名、女子116名
- 048-861-6131
- https://www.urajitsu.ed.jp/jh/

大妻嵐山中学校

<ruby>大<rt>おお</rt></ruby><ruby>妻<rt>つま</rt></ruby><ruby>嵐<rt>らん</rt></ruby><ruby>山<rt>ざん</rt></ruby>

埼玉
比企郡

女子校

伝統の女子教育を継承しつつ時代とともに進化

建学の精神「学芸を修めて人類のために-Arts for Humankind-」を大切に、学祖・大妻コタカがめざした「思いやりのある自立した女性」、「教養豊かな聡明な女性」の育成と、社会が求める「国際的な視野を持った女性」の育成をめざす大妻嵐山中学校。不確実な未来を生き抜くためには「探究する力・表現する力・感じる力・自ら学ぶ力」が必要だと考え、その4つの力を育てるために、これまで重視してきた「理科教育」と「国際理解教育」をさらに発展させていきます。

理数系の授業を重視

大妻嵐山の周辺は豊かな自然環境に恵まれており、キャンパスには「大妻の森（自然観察園）」や「ビオトープ（野生生物の生育場所）」があります。「探究する力」、「表現する力」を養うため、理数系の体験学習を重視した授業を行っており、理科は週に5時間の授業のうち、かならず1回は実験の授業となっ

ています。そうした活動のひとつに「国蝶オオムラサキの飼育・観察研究」があります。生徒はオオムラサキとのふれあいをつうじ、大きな感動とともに生命の尊さや自然の営みを学びます。飼育のための下調べから、レポート作成、プレゼンテーションにより、「感じる力」、「自ら学ぶ力」を養います。

留学を推進し、語学教育を重視

国際理解教育にも重点をおき、英語劇などを行う「イングリッシュフェスティバル」といった校内行事をとおして総合的な英語コミュニケーション能力を高めます。週に6時間ある英語の授業では、ネイティブスピーカーの教員とのやりとりや、セブ島にいる現地講師とのオンラインでの英会話により、会話力も向上させます。英検にも挑戦し、中3での「イギリス語学研修（希望制）」など、学校で習った英語を実践できる校外学習の機会も数多く設定されています。

▼ SCHOOL DATA ▼

- 埼玉県比企郡嵐山町菅谷558
- 東武東上線「武蔵嵐山」徒歩13分、東武東上線「森林公園」・JR線「深谷」「熊谷」「北本」「桶川」「北上尾」・西武池袋線「飯能」スクールバス
- 女子のみ157名
- 0493-62-2281
- https://www.otsuma-ranzan.ed.jp/

大宮開成中学校

<ruby>大<rt>おお</rt></ruby><ruby>宮<rt>みや</rt></ruby><ruby>開<rt>かい</rt></ruby><ruby>成<rt>せい</rt></ruby>

埼玉
さいたま市

共学校

人を育てるのは、人。

生徒・教員のかかわりあいが文化

校訓「愛知和」のもと、利他の心・理知の力・多様性の精神を大切に、人間教育・進路指導に注力している大宮開成中学校。「人を育てるのは、人。」をモットーに、中高生の時期に人としての土台を築くのは人との学びあいであると考え、それはデジタル技術が発展しても変わらないという信念を貫いています。

コースはT・Sの2クラスで構成される「英数特科コース」のみで、数学・英語に重点をおいたカリキュラムを編成。自学習・小テストなど地道な指導を共通させつつ、アドバンスト演習（Tクラスの発展内容演習）・スタンダード演習（Sクラスの基礎徹底演習）など、クラス独自の取り組みもあります。こうした学習を支えるのが自己管理ノートです。目的意識を持って計画を立て振り返りなどを行うことで生徒の自立をうながします。また保護者・教員がコメントすることで3者の信

頼関係を築く大切なツールにもなっています。

"だれひとり取り残さない"社会へ

英語・国際教育も充実しています。英語4技能をバランスよく伸ばす授業に、ネイティブ英会話・オンライン英会話・4技能アプリも併用。中3で英検準2級の高い取得率を誇ります。実践の場としてスピーチコンテスト（中1～高1）やグローバルビレッジ（中3、留学生との合宿）、現地の大学で学ぶオーストラリア海外研修（高1、10泊11日）などがあります。国際人の素養を伸ばすのは「プレゼンテーション教育」（中1～高1）です。SDGsにおける環境や人権問題など、地球規模の課題をグループで探究・発表し、"だれひとり取り残さない"社会づくりをめざしています。また、蔵書約5万冊の図書館の活用、実験専門の授業「科学実験」、夏休みの美術館・博物館見学、ボランティア活動の推進などの取り組みで、幅広い教養を身につけます。

▼ SCHOOL DATA ▼

- 埼玉県さいたま市大宮区堀の内町1-615
- JR線「大宮」徒歩25分またはバス7分
- 男子263名、女子201名
- 048-641-7161
- https://www.omiyakaisei.jp/

開智中学校

「未来の夢」へキミが選ぶ新しい先端4コース

開智中学校は、「未来の夢」をかなえるために、最適なコースを自分で選ぶ、つぎの4コースを2021年度よりスタートしました。

「先端ITコース」東京大学や京都大学など、すでに目標の大学が決まっている人のコース。めざす大学に向けた基本的な学力を育成します。「先端MDコース」医師、薬剤師、獣医師などをめざす人のコース。同じ目標を持つ仲間と医療の基礎になる学びを深めます。「先端GBコース」AI（人工知能）やロボットなどグローバルな新しい社会で挑戦する人のコース。英語でのホームルームを行うクラスもあり、インターナショナル的なコースです。「先端FDコース」将来なにをしたいか、どんな大学へ行きたいかをこれから見つける人のコース。探究、フィールドワーク、本質を学ぶ授業をつうじて未来の目標を定めます。

卒業生一押しの開智の特別講座

「特別講座」は高2の10月から開講、高3の授業と連動した放課後の講座です。志望大学、科目ごとに設定された各講座を生徒自身が選択し、大学入試の過去問題を用いた問題演習を徹底的に繰り返します。「担当教員が丁寧に指導する講座」、「課題を生徒自らが発見し仲間とともに解決していく探究型講座」があり、高3からは放課後に3時間程度、月曜日から土曜日までの毎日開講します。ほぼすべての高2・高3がなんらかの講座を各自で選択、受講しています。

卒業生は「特別講座や直前講座など目的別の対策講座があり、いつでも先生がたに質問できる環境がそろっているので塾に通わずに第一志望に合格できた」「留学帰国後、特別講習の全教科を受け、対策講座でも効率よく学び、留学中のブランクを埋められた」と口々に言います。授業と講習、特別講座など手厚い指導により、入学時に比べ大きく学力をアップさせ、志望大学へ現役で合格できる学力の原動力になっています。

▼SCHOOL DATA▼

- ▶埼玉県さいたま市岩槻区徳力186
- ▶東武野田線「東岩槻」徒歩15分
- ▶男子533名、女子343名
- ▶048-795-0777
- ▶https://ikkanbu.kaichigakuen.ed.jp/

（仮称）開智所沢中等教育学校 〈2024年度開校予定〉

所沢から世界へ羽ばたく！

2024年4月、所沢市に（仮称）開智所沢中等教育学校が開校します。開智学園が伝統的につづけてきた「探究型の学び」を継承しつつ、「いまこの時代に求められるものはなにか」をつねに意識しながら教育を行っていきます。

未来を見据えた先端的な教育の推進

開智所沢では、各教科や単元の枠組みにとらわれない、いわゆる学際的な視点で学問にアプローチすることを重視します。そして、お互いに得意分野が異なることを認めたうえで、仲間と協力してひとつのプロジェクトを進めていく、協働型の学びを多く取り入れていきます。さらには、道徳の授業で行う哲学対話や委員会活動などをとおして、他者への思いやりや奉仕の精神、社会貢献の重要性を学びます。

こうして、人間とAI（人工知能）が互いに苦手な分野を補いあいながら共生していく新しい時代に必要なマインドやスキルを、学校生活をとおして育んでいきます。

グローバル化に対応した開智所沢の教育

開智所沢では、毎日英語を使う環境を用意し、英語力を強化する集中講座や海外英語研修などの行事をとおして、話せる英語、使える英語の力を育てていきます。また、ICT機器や、情報通信機能を高めた校舎で、プログラミング学習をはじめとして、すべての授業でパソコン等を使い、家庭でも学習アプリを基に学習できる環境を用意します。

さらに各長期休みには開智学園が築き上げた難関大学志望者向けの「探究型志望校対策講座」も導入する予定で、生徒一人ひとりに、より適したクラス編成や授業をつくり、6年間をかけて大学受験で通用する学力を伸ばしていきます。一方で、世界トップレベルの大学進学にも対応するために、高2からは「海外大学進学コース」を編成し、グローバルに活躍するための力を身につけていきます。

▼SCHOOL DATA▼

- ▶埼玉県所沢市大字松郷169
- ▶JR武蔵野線「東所沢駅」徒歩12分
- ▶募集予定男女240名
- ▶03-6661-1551（開校準備室）
- ▶https://tokorozawa.kaichigakuen.ed.jp/

開智未来中学校

かいちみらい

埼玉
加須市
共学校

知性と人間をともに育てる「進化系一貫校」

開智未来中学校は、開智学園2番目の中高一貫校として、2011年4月、埼玉県加須市に開校しました。

開智未来は「知性と人間を追求する進化系一貫校」を基本コンセプトに、開智中学校（さいたま市）の教育を受け継ぎつつ新たな教育をさらに開発し、教育活動の構造化をめざす学校です。

多くの独自教育プログラム

開智未来では3I'S（探究活動・英語発信力・ICT活用）をキーワードとして、国際社会に貢献する創造型発信型リーダーの育成をめざします。

関根顧問（初代校長）が中学課程で行う「哲学」では、6つの授業姿勢やメモ力などの学びのスキルをきたえ、社会のさまざまな課題について考え、学びあい、発表しあうことをつうじて思考力を育てます。

また、中1の里山フィールドワーク、中3の探究フィールドワーク、高1の才能発見プログラムなど、探究活動をつうじて創造力・自己発信力を磨く行事が多数あり、中2のブリティッシュヒルズ合宿、高2のワシントンフィールドワークでは、オールイングリッシュをつうじて英語発信力をきたえ、英語レポート作成にも挑戦します。

さらに、ひとり一台のタブレット端末を導入し、授業での活用や探究活動の発表などを行い、コロナ禍に対応したオンライン授業にもいち早く取り組むことができました。

さらなる進学実績に期待

少数制で「一人ひとりをていねいに育てる」ことをモットーに、大学進学に向けた講習体制も充実、国公立大学や難関私立大学へ毎年多数合格しています。

医系コースや東大ゼミなど進路実現のプログラムも充実しており、今後のさらなる飛躍が期待される開智未来です。

▼SCHOOL DATA▼

▶埼玉県加須市麦倉1238

▶東武日光線「柳生」徒歩20分、JR線・東武日光線「栗橋」、JR線「古河」「鴻巣」、東武伊勢崎線「加須」「羽生」「館林」スクールバス

▶男子146名、女子117名

▶0280-61-2021

▶https://www.kaichimirai.ed.jp/

春日部共栄中学校

かすかべきょうえい

埼玉
春日部市
共学校

特色ある2コースを新設！

優秀な大学進学実績を残してきた春日部共栄高等学校を母体として、2003年、埼玉県春日部市に誕生した春日部共栄中学校。中学校をつくるにあたって、教育理念として、「これからの日本を、世界を支えるべきリーダーを養成すること」を掲げました。そんな春日部共栄では、2021年4月、未来へつながる「5つの育む力」を培うことを目標に、プログレッシブ政経コースとIT医学サイエンスコースの2コースを新設しました。

プログレッシブ政経コース

圧倒的な「英語力」を用いて、国際的な政治活動やビジネスシーンにおいてリーダーシップを発揮できる人材を育てるプログレッシブ政経コース。ビブリオバトルや模擬国連、ディベート、模擬トレードなど、オリジナルのプログラムをとおして、世界のリーダーにふさわしい知識や発信力を身につけることができます。

IT医学サイエンスコース

IT医学サイエンスコースでは、圧倒的な「数学力」を軸に、各専門分野の研究者や開発者として、リーダーシップを発揮できる理系人材を育成します。プログラミング、メディカル論文講習、理科実験といった独自のプログラムをつうじて、世界に通用する問題解決力や論理的思考力を伸ばしていきます。

グルーバルリーダーズプログラム

2コースにまたがって行われる、世界のリーダーに必要な人間力を育てるプログラムが「グルーバルリーダーズプログラム」です。そこでは、毎朝のリスニング、暗誦コンテスト、スピーチコンテスト、K-SEP（中3を対象とする10日間のプログラム。カナダの大学生10名ほどが先生となり、英語やカナダについて学びます）、バンクーバー語学研修などが実施されています。

▼SCHOOL DATA▼

▶埼玉県春日部市上大増新田213

▶東武スカイツリーライン・東武野田線「春日部」スクールバス10分

▶男子191名、女子150名

▶048-737-7611

▶https://www.k-kyoei.ed.jp/jr/

埼玉栄中学校

主体性と創造性を育む

建学の精神「人間是宝」・校訓「今日学べ」を掲げる埼玉栄中学校。

生徒の将来を考え、一人ひとりに秘められている可能性をいかに開発させるかということに教育の根源をおいています。

中高一貫教育システム

6年間を3期に分けた一貫教育を行い、豊富な授業時間と効率的なカリキュラムによって、生徒の可能性を伸ばします。

中1・中2は「基礎力養成期」とし、学習の習慣化と基礎学力を定着させます。

中3〜高2は「応用力確立期」とし、自らの適性や能力を知り、自己の将来を考えるために目標をしっかりと見定め努力します。

そして高3を「総合力完成期」として、自己実現に挑戦するための最後の仕上げを行います。

クラス編成として、「医学クラス」、「難関大クラス」、「進学クラス」を設けています。「医学クラス」は、校外活動として医療関係施設の見学や体験プログラムを用意しています。

どのクラスも生徒一人ひとりの学力を総合的に向上させ、現役での希望大学進学をめざすことが目標です。教室にプロジェクターを設置し、デジタル教科書が入ったひとり1台の情報通信端末を導入しています。さらに希望制で「0、7時限授業」やICTを活用した学習ツールとして「Classi」を取り入れています。

主体性を育て創造性を高める

また、生徒の可能性を引き出す指導を実施。ひとりの生徒を複数の教師があらゆる角度から分析し、個々の特性、能力を正確に把握し伸ばしていきます。

そして、「できるまで、わかるまで」を合言葉に生徒個々の現状を把握し、細分化した学習計画を立てるきめ細かな指導がなされます。

▼ SCHOOL DATA ▼

▶ 埼玉県さいたま市西区西大宮3-11-1
▶ JR線「西大宮」徒歩4分
▶ 男子206名、女子138名
▶ 048-621-2121
▶ https://www.saitamasakae-h.ed.jp/

栄東中学校

知る・探る・究める 栄東のアクティブ・ラーニング！

アクティブ・ラーニングとは

いま、注目を集める栄東中学校のアクティブ・ラーニング（以下、AL）。端的に言えば、「能動的・活動的な学習」という意味です。従来型の、教師が一方的に生徒に知識伝達する講義形式ではなく、課題研究やグループワーク、ディスカッション、プレゼンテーション等、生徒の能動的な学習を取りこんだ授業を総称するものです。自ら課題を見つけ、それを解決していく能動的な学びを積極的に取り入れていくことで、自立的な学習態度を身につけることが期待できます。

2024年度からの次期学習指導要領での共通テスト本格実施に向けて、これからの時代に求められる力として問題発見力や課題解決力、論理的思考力等があげられています。

ALは、まさにこうした力を育てるのにうってつけのプログラムで、栄東は他校にさきがけ10年以上も前からALを用いた学習活動を行ってきており、学校全体にしっかりと根づいていることが大きな強みになっています。

東大クラスと難関大クラス

中学校には「東大クラス」と「難関大クラス」が設置されています。

「東大クラス」は、東京大学や難関国公立大学、国公立大学医学部の現役合格を目標として、そのためのカリキュラムを編成し、より幅が広く奥の深い学習を行うクラスです。「難関大クラス」は、難関大学への現役合格をめざすクラスで、「東大クラス」と同じ授業進度で学習を進めます。進級の際に「東大クラス」へ移る生徒もいます。入学後に学力が大きく伸びる生徒がいるからです。

クラスの別にかかわらず、ALが教育の根幹におかれているのは変わりません。生徒の学力に応じた柔軟な対応と、細やかな指導のもと、難関大学への合格者数は順調に増加しています。

▼ SCHOOL DATA ▼

▶ 埼玉県さいたま市見沼区砂町2-77
▶ JR線「東大宮」徒歩8分
▶ 男子543名、女子396名
▶ 048-666-9200
▶ https://www.sakaehigashi.ed.jp/

狭山ヶ丘高等学校付属中学校
（さやまがおかこうとうがっこうふぞく）

豊かな人間性を育み確かな学力を身につける

2013年、狭山ヶ丘高等学校付属中学校は誕生しました。高校で、開校以来行ってきた「自己観察教育」を中学でも実践し、国家のリーダーたる器量の育成をめざして、豊かな人間性を育んでいます。

勉強以外にも、軽登山、農作業なども生徒を大きく成長させる独自の取り組みです。軽登山では、秩父や奥多摩の山々に登ることで、心身ともにたくましくなります。農作業では、基礎を学んだのち、栽培が簡単な作物からスタートし、徐々に難易度の高い作物にチャレンジします。生徒自身の力でやりとげるため、責任感を持って行動できるようになります。

高校のノウハウをいかした学習指導

狭山ヶ丘には、高校で培った「生徒をやる気にさせる」ノウハウがあり、それを用いて中学入学の段階から「自ら学ぶ」生徒にじっくりと育てあげていきます。

そのために、3年間をかけて思考する力を培います。1年次には「自己」を知るためにワークショップを行います。「自己」に関連するテーマでマインドマップを作成したり、ブレインストーミングをしたりすることで理解を深めさせていきます。

2年次には思考の対象を他者や社会と広くしていくことによって、「自己」を相対化していきます。そして最終学年においては、1、2年次で獲得した思考力をもとに、自身の興味あるテーマで研究論文を執筆します。このように自己を相対化していく過程で、学ぶ意義を認識するようになり、自ら学ぶ意欲を持つようになっていきます。また、英検対策講座やゼミなどを開講し、学習機会を多く設ける取り組みも行っています。

ゆとりある完全中高一貫教育のもと、たくさんの人と出会い、たくさんの経験を積み、真の知性と豊かな心を育む狭山ヶ丘。こうした教育により、さらなる高みをめざします。

▼SCHOOL DATA▼

- ▶ 埼玉県入間市下藤沢981
- ▶ 西武池袋線「武蔵藤沢」徒歩13分
- ▶ 男子75名、女子62名
- ▶ 04-2962-3844
- ▶ https://www.sayamagaoka-h.ed.jp/juniorhighschool/

淑徳与野中学校
（しゅくとくよの）

高い品性　豊かな感性　輝く知性

淑徳与野中学校は、2005年4月に開校しました。仏教主義に基づく独自の女子教育を行う淑徳与野高等学校と同じく、中学校も仏教主義に基づいた心の教育を大切にしています。これは、むずかしい教義を教えるということではなく、「つねに周囲に対する感謝の気持ちを忘れずに生きていく」ことを大切にする教育です。国際化が進み、価値観も多様化しているこの時代において、ますます求められる教育といっていいでしょう。

母体となる淑徳与野高校は、難関大学に多くの合格者を輩出する埼玉県有数の進学校です。卒業生の約95%が、現役で4年制大学へ進学しています。中高一貫生は、全員が難関大学進学クラスへ進み、国公立大学、早稲田大学、慶應義塾大学、上智大学などの難関大学への合格をめざします。

独自の国際教育と最新の学校設備

学習面では、英語教育にとくに力を入れて

います。国際社会で通用する英語力が備わるよう、中1〜中3で週1時間、ネイティブスピーカーによる授業を行ったり、英検2次対策の面接授業を実施するなど、きめ細かいカリキュラムが組まれています。さらに、中2では台湾への研修旅行を実施、高2ではアメリカへの修学旅行を行い、全員が3泊4日のホームステイを経験します。このほかにも、さまざまな短期留学プログラムが用意されています。

学習に集中できるよう、校舎は自然に包まれた心地いい環境になっています。2階・3階の屋上庭園（エコガーデン）にはビオトープや野草園があり、校舎の壁面にも緑が彩りを添えています。

高校校舎も環境に配慮した最新設備を有し、中高一貫校として、さらに連携を深めた教育を実践しています。伝統の仏教主義と、グローバルな社会に対応する国際教育で生徒たちの夢をかなえる淑徳与野です。

▼SCHOOL DATA▼

- ▶ 埼玉県さいたま市中央区上落合 5-19-18
- ▶ JR線「北与野」「さいたま新都心」徒歩7分、JR線「大宮」徒歩15分
- ▶ 女子のみ377名
- ▶ 048-840-1035
- ▶ https://www.shukutoku.yono.saitama.jp/

城西川越中学校

<ruby>城<rt>じょう</rt></ruby><ruby>西<rt>さい</rt></ruby><ruby>川<rt>かわ</rt></ruby><ruby>越<rt>ごえ</rt></ruby>

埼玉
川越市

男子校

「報恩感謝」の精神。多様化する社会で変わらぬ羅針盤

中学校生活

1972年に城西大学付属川越高等学校、1992年に城西川越中学校が開校しました。校是を「報恩感謝」、教育方針を「心豊かな人間の育成」「個性・学力の伸長」とし、生徒と教員の間にとても強い信頼関係がある学校です。ほとんどの生徒が学業とクラブ活動の両立をめざして入学し、クラブ活動の加入率はほぼ100%。全国レベルのクラブもあり、個性豊かで志の高い生徒が多いのが特徴です。

城西川越では、大学現役合格を目標とした6年一貫教育を実践し、入学時より特別選抜クラスと総合一貫クラスを編成します。6年間の学習内容を高2までに修了するので、中3でも高1の内容を先取りで勉強します。授業で数多くの小テストを行い、理解不足の生徒には補習を実施してサポートします。

1クラスを3つに分け、それぞれにネイティブスピーカーの教員がつく英会話授業は、会話を中心に学ぶ充実した時間です。アメリカンサマーキャンプや東京グローバルゲートウェイの行事でも英会話を実践します。

中3で、特別選抜クラスはオーストラリアに5週間のターム留学、総合一貫クラスは14日間の短期海外研修を行います。異文化での生活経験が、帰国後の英語、そして全教科にわたる高い学習意欲につながっています。

高校での進路指導

生徒に、キャリアデザインを意識させながら進路指導を行っています。また、難関国公立大学の受験にじゅうぶん対応できる学力養成を目標に、全方位型のカリキュラムを編成しています。高3では、受験科目中心のコース選択制（14コース）を導入し、大学受験に的をしぼった指導を徹底しています。放課後には、希望者を対象に課外講習を実施するほか、夏・冬期休暇中にも講習会を開講するなど、課外授業は非常に充実しています。

▼ SCHOOL DATA ▼

- ▶ 埼玉県川越市山田東町1042
- ▶ JR線・東武東上線「川越」、東武東上線・越生線「坂戸」、西武新宿線「本川越」、JR線「桶川」スクールバス
- ▶ 男子のみ261名
- ▶ 049-224-5665
- ▶ https://www.k-josai.ed.jp/

昌平中学校

<ruby>昌<rt>しょう</rt></ruby><ruby>平<rt>へい</rt></ruby>

埼玉
北葛飾郡

共学校

IB（国際バカロレア）MYP認定校

昌平中学校は今春一貫8期生が卒業しました。近年、東京大学をはじめ、京都大学、東京工業大学、一橋大学、お茶の水女子大学、東京外国語大学、また国立大学の医学部医学科など希望する最難関国立大学に続々と進学しています。昌平では今後の「誰一人取り残さない」国際社会において、率先して社会に貢献し、生涯一学習者として自らの人生を楽しく自由に学び進む卒業生の輩出のため、さまざまな取り組みを実践しています。

その柱がIB（国際バカロレア）です。昌平は2017年よりIB（国際バカロレア）MYP（Middle Years Programme）認定校となりました。全生徒を対象にプログラムを実施する国内でも数少ない学校のひとつで、候補期間も含め8年間の実践を経て、生徒が自主的に学ぶ「動きのある授業」が定着してきました。

「動」の授業と「静」の授業

上記IBのほか、「動」の授業の柱として、

・PEP（パワー・イングリッシュ・プロジェクト）：全校生徒が英語を得意教科にするための徹底的な取り組み
・SDGs（持続可能な開発目標）：「世界」をテーマにしたプロジェクト学習。校外学習を中心とした体験型学習
といった取り組みを実施しています。

PEPではすべての教職員がメンバーとしてかかわり、生徒の英語力を高めます。一貫生は約70%の生徒が英検準2級以上を取得して、高校に進みます。

また、昌平では、基礎・基本を大切にしており、問題演習などを徹底的に繰り返す効率的な一斉授業、「静」の授業にも力を入れています。土曜日は授業を実施し（第4土曜は休日）、朝は英単語テスト、放課後は週2回の8限講習（希望者）、長期休暇中（夏・冬・春）には必修の講習授業を実施します。

「動」と「静」。このふたつをバランスよく行います。

▼ SCHOOL DATA ▼

- ▶ 埼玉県北葛飾郡杉戸町下野851
- ▶ 東武日光線「杉戸高野台」徒歩15分またはスクールバス5分、JR線・東武伊勢崎線「久喜」スクールバス10分
- ▶ 男子192名、女子174名
- ▶ 0480-34-3381
- ▶ https://www.shohei.sugito.saitama.jp/contents/jhs/

東京
神奈川
千葉
埼玉
茨城

あ行
か行
さ行
た行
な行
は行
ま行
や行
ら行
わ行

城北埼玉中学校

じょうほくさいたま

埼玉
川越市

男子校

未来を拓く「志」と「学力」を育む

1980年、都内有数の進学校である城北中学校と「教育理念」を同じくする男子進学校として設立された城北埼玉高等学校。その附属中学校として、2002年に城北埼玉中学校は開校されました。

校訓は「着実・勤勉・自主」です。この校訓のもとに「人間形成」と「大学進学指導」を2本の柱とした教育を行っています。

人間形成における教育目標は、自らの生活を厳しく律することのできる強い意志を持った人間の育成です。

そして、その人間性とは「個性豊かな教養と情操にあふれ、社会において自らの果たすべき使命をきちんと自覚しうる自律的なものであるべき」としています。

高校のノウハウをいかしたカリキュラム

城北埼玉では、毎年多くの国公立大学・難関私立大学へ生徒を送りだしている城北埼玉高校の指導ノウハウをさらにパワーアップさせ、6年間の一貫した教育課程によって現役合格をめざした大学進学指導を実践しています。

高校進学時に2コースから選択可能

2021年度より、高校が「本科コース」と「フロンティアコース」のふたつのコースに再編されました。

「本科コース」は、高1から開講している受験講座などの講習会、進路セミナーといった進学に関するプログラムのさらなる充実をはかり、進路に対する意識の醸成と学力の向上を目標とするコースです。

「フロンティアコース」は、社会問題や地域課題に目を向け、社会人セミナーや企業・大学と連携したプロジェクトなどの探究活動を中心として、より広い視野から自己の進路実現をめざすコースです。

高校進学時に、個人の資質・適正によってふたつのコースから選択することができます。

▼ SCHOOL DATA ▼

- ▶ 埼玉県川越市古市場585-1
- ▶ JR線「南古谷」スクールバス10分、東武東上線「ふじみ野」スクールバス15分、西武新宿線「本川越」スクールバス25分
- ▶ 男子のみ341名
- ▶ 049-235-3222
- ▶ https://www.johokusaitama.ac.jp/

西武学園文理中学校

せいぶがくえんぶんり

埼玉
狭山市

共学校

未来にたくましく生きる若者を育てるために

伝統であるグローバル教育を基盤に、希望大学に進学するための確かな学力と、国際社会で求められる豊かな教養、人間力を養う教育を実践する西武学園文理中学校。さまざまな技術革新が進み、未来予測が困難な時代を生き抜くために、新たな価値観を創造できる環境で、仲間と切磋琢磨しながら、文理横断的な幅広い教養、高い公共心や倫理観、社会を支え改善できる資質と能力を育んでいます。

実践重視の探究学習型教育プログラム

今春より、新校長にマルケス ペドロ先生が就任され、育てたい生徒像を「情報技術を活用して、グローバルな視点から新しい世界を創造できる人」「自ら課題を発見し、多様な仲間と協働しながら解決できる人」「ホスピタリティ精神をもって多様な人間と尊重し合いながら、日本の魅力を発信できる人」と再定義。グローバル教育を強化しつつ、生徒中心型教育、探究学習型教育を進めています。

授業のすべてを英語で行う「GCP」では、タブレットPCを利用し、授業ごとのさまざまなテーマに対し議論を繰り返すことで、グローバルコンピテンス（語学力、知識・教養、高度な思考力、伝えあう力、ホスピタリティー精神、グローバルな行動力）を身につけます。ほかにも、壮大な歴史・文化を学ぶ「イタリア研修旅行」や、学年を越えて活動し自主性・創造性を育む「Creative Activity」、生徒自身が受け入れ先を探す「職業体験」、1年半かけて調査・実験に取り組む「卒業論文」など多彩な取り組みを実施しています。

中学校卒業後は西武学園文理高等学校に進学します。希望と成績に応じて、5種類のクラスのいずれかに在籍します。高校からの新入生と混成クラスで学び、新しい環境のなかで、自ら声をかけて仲間をつくり、協働していく行動力を身につけます。ホスピタリティー精神をもって、変化しつづける世界の最前線で活躍する人材の育成をめざしています。

▼ SCHOOL DATA ▼

- ▶ 埼玉県狭山市柏原新田311-1
- ▶ 西武新宿線「新狭山」、JR線・東武東上線「川越」、東武東上線「鶴ヶ島」、西武池袋線「稲荷山公園」、JR線・西武池袋線「東飯能」スクールバス
- ▶ 男子192名、女子103名
- ▶ 04-2954-4080
- ▶ https://www.bunri-s.ed.jp/

西武台新座中学校

埼玉　新座市　共学校

「一生モノの英語」を身につける「西武台式英語」

西武台新座中学校では、「グローバル社会で活躍できるたくましい人間力の育成」をめざし、「高い学力」、「グローバル・リテラシー」というふたつの力を重視した教育が行われています。

「高い学力」が意味しているものは、高い専門性や一流の学問を身につけることを目的とした、難関大学に合格できるレベルの学力です。

「グローバル・リテラシー」とは、「実社会で役立つ英語力」「多様な人びとと協同できる共生力」「新たな世界を切り拓く価値創造力」の3つを総合した力のことです。

そのなかでも、一生モノの英語力の習得をめざす西武台新座の"英語教育"は、とくに注目を集めています。

「一生モノの英語」の土台づくり

中学では、日本初となる「The JINGLES（ザ ジングルズ）」を英語学習の基礎段階で導入しています。これは、発音するための筋肉をきたえ、科学的に発音トレーニングを行うプログラムです。発音できない言葉は理解しづらいという考えのもとで、発音を重視した学習を行っています。

そして、リスニングやスピーキングの能力を向上させ、そこから総合的な英語力に発展させていきます。

使用教科書はZ会の「New Treasure」です。「教科書」をそのまま教えるのではなく「教科書」で英語の根幹や語句のコア・イメージなどを教える独自の手法をとっています。これにより、丸暗記の英語教育からの脱却をめざしています。

さらに西武台新座は、大学入試改革を見据えて、英検の取得にも学校をあげて取り組んでいます。

こうした教育が功を奏し、2023年度大学入試において、国公立大学に2名、早慶上理に6名、G-MARCHに14名が合格しました。

▼ SCHOOL DATA ▼

- ▶埼玉県新座市中野2-9-1
- ▶JR線「新座」・東武東上線「柳瀬川」スクールバス15分、西武池袋線・西武新宿線「所沢」スクールバス25分
- ▶男子85名、女子59名
- ▶048-424-5781
- ▶https://www.seibudai.ed.jp/junior/

東京農業大学第三高等学校附属中学校

埼玉　東松山市　共学校

本物に触れて学ぶ6年間

2009年春に誕生し、今年で開校15年目を迎える東京農業大学第三高等学校附属中学校。

母体となる東京農業大学第三高等学校の建学の精神である「いかなる逆境も克服する不撓不屈の精神」「旺盛な科学的探究心と強烈な実証精神」「均衡のとれた国際感覚と民主的な対人感覚」の3つを柱とした教育を実施しています。

実学教育をベースとして人材を育成

東農大三の大きな特徴は「実学教育」をベースに学力・進路選択力・人間力を育てるというところにあります。

6年間を「基礎力充実期」、「応用発展期」、「進路実現期」の3期に分けた学習カリキュラムのもとで、大学受験に向けた学力を育てています。

加えて、屋上菜園でのダイズ栽培や、そこで収穫したダイズをもとにした味噌づくり、ワグネルポット（実験用植木鉢）を用いた比較分析など、学びの本質を追求します。

また、中1から年に数回実施されるキャリア教育講演会や、東京農業大学と連携した独自のプログラムなどで能動的に進路選択力を身につけていきます。

さらに、日々の情操教育や、前述したような東農大三ならではのさまざまな体験、中2での宿泊語学研修、中3でのホームステイ（ニュージーランド、希望制）といった国際教育をとおして人間力を培うことができます。

学習環境も充実

学習環境の充実も見逃せません。開校と同時に中学生のためにつくられた新校舎は、各階に設置されたさまざまな用途で使用できるオープンスペースや、使いやすく設計された理科実験室、屋上菜園、スタジオつきの放送室など、日々の学校生活を快適に送ることができるよう設計されています。

▼ SCHOOL DATA ▼

- ▶埼玉県東松山市大字松山1400-1
- ▶東武東上線「東松山」ほかスクールバス
- ▶男子129名、女子52名
- ▶0493-24-4611
- ▶https://www.nodai-3-h.ed.jp/

獨協埼玉中学校

学力だけでなく心も育てる

　8万㎡もの広大で緑豊かなキャンパスに、近代的施設・設備を備える獨協埼玉中学校。

　「自ら考え、判断し、行動することのできる若者を育てる」を教育目標とし、6年間のゆったりとした時間のなかで、じっくりとものごとに取り組み、調べ、考え、判断する生徒を育てています。もちろん、そのためには「健康な心と体」や「豊かな感性」、「さまざまな知識」が必要です。これらの考えをベースに、じっくりと培われた「自ら考え、判断し、行動することのできる力」を育てているのです。

自分の目で見て、判断できる力をつける

　獨協埼玉では、実験や体験をとおしてものごとの本質を見つめる「帰納的手法による学習」を重視しています。理科では実験を中心に、英語は一部の時間を少人数でネイティブの先生に教わります。

　また、自分の目で見て、判断できる力をつけるためには「個の基礎体力」が必要と考え、文系、理系とむやみに線を引かず、この時期に学ぶべきことをしっかり身につける学習を行っています。

　さらに、教科学習だけではなく、幅広い教養を身につけ、深い感性を磨きながら、自分自身の生き方を身につけることができる総合学習のプログラムも多く用意されています。

　生徒一人ひとりの興味や関心を引き出しながら、自分なりのテーマ設定ができるよう、総合学習の時間において行われている生きた教材を使った指導はそのひとつです。

　たとえば、中1はネイチャーステージと位置づけ、地元の農家のかたの協力を得て、田んぼで稲を育てます。四季の変化のなかでその生育のようすを観察することで、地域の文化や環境問題にも関心を持つきっかけとなります。

　ゆったり、じっくり、ていねいに、時間をかけて、学力だけでなく心も育てていく獨協埼玉です。

▼ SCHOOL DATA ▼

- ▶埼玉県越谷市恩間新田寺前316
- ▶東武スカイツリーライン「せんげん台」バス5分
- ▶男子293名、女子229名
- ▶048-970-5522
- ▶https://www.dokkyo-saitama.ed.jp/

武南中学校

新たに「BUNAN Innovation」スタート

独自の英語学習プログラムを新展開

　2023年から「武南スピリット」構築に向けた新たな英語学習プログラムをスタートさせている武南中学校。「世界に通用する知性と確固たる人間性の育成」を教育方針に掲げ、開校以来グローバル教育に注力してきました。

　従来は英会話の授業で、留学や海外大学への進学を目的とした、カリフォルニア大学デービス校監修の講座「アカデミック英語コース」を実施していました。今年度からはそれをさらにブラッシュアップした、新たな英語教育プログラム「BUNAN Innovation」をスタートさせています。

　このプログラムの目標は、自分の意見や考えをしっかり持ち、それを英語で伝えられる力を身につけることです。基本的にはオールイングリッシュで、4技能統合型の学習を週6時間、英会話と英語の授業で実施します。

　英会話の授業は10名程度の少人数で展開して、即興力を高めます。また、中・高の6年間に2回行われる海外研修（アジア、アメリカ）や、各種フィールドワークとも連携し、生徒の関心と結びつけて英語の活用をうながします。

新たな教育プログラムのさらなる推進

　探究学習のなかにSDGsを取り入れ、達成目標の理解にとどまらず、実践にまでシフトできる力を育てます。生徒それぞれが「いまの私たちにはなにができるか」を考え、行動へ移す意識を養うことが目標です。

　また、問題解決型学習を行う「武南STEM教育」も特徴的です。今年度から埼玉大学教育学部STEM教育研究センターと、共同研究の提携を結びました。「AI（人工知能）とともに社会を創造できるSTEM人材の育成」をさらに推進して、主体的な問題解決力を育てていきます。このように武南は、つぎの時代を見据えて、着実な歩みをスタートさせています。

▼ SCHOOL DATA ▼

- ▶埼玉県蕨市塚越5-10-21
- ▶JR線「西川口」徒歩10分
- ▶男子90名、女子53名
- ▶048-441-6948
- ▶https://www.bunan.ed.jp/j-highschool/

星野学園中学校

埼玉
川越市

共学校

「6年後のずっと先まで、頼れる羅針盤を手に入れる」

2000年春に中高一貫教育をスタートした星野学園中学校。教育の根底には、125年を超える歴史を誇り、難関大学へ多数の合格者をだす併設校の星野高等学校のノウハウがそそぎこまれています。星野学園では、自由で柔軟な自立した人間を育む伝統のリベラルアーツ教育の思想を原点に、「知を築く」「世界につながる」「心を動かす」という3つの柱で中高一貫教育を実践しています。確かな学びを提供する一方で、教養を養い、豊かな人間形成をはかることにも注力しています。

3つの柱で6年間にわたる人格形成

一人ひとりの力を最大限に伸ばすために、多彩なカリキュラムやコース編成で「習熟度別学習指導」を行っています。理数選抜クラスと進学クラスがあり、英語は中1から、数学は中2から習熟度別授業を展開します。レベルに応じた内容と進度によって学習の定着度を高め、個々の能力を最大限に伸ばしてい

きます。中学では補習・長期休暇時の講習を実施。さらに高校では難関大学特別講習も教員が担当し現役合格をあと押しします。

中3の夏の修学旅行では、オーストラリア・ブリスベンを訪れ、ホームステイを全員が体験します。また、ドイツの学生を招いて「日独交流コンサート」を開催したりと、海外体験や異文化交流行事をつうじた「国際人教育」にも力を入れています。週に1回、ネイティブスピーカーの教員による英会話の授業も実施し、4技能の基礎を徹底的に学習し、応用力を養える英語教育も充実しています。

さらに、合唱祭・芸術鑑賞会・文化祭などの、さまざまな学校行事や部活動（全入制）をつうじた「情操教育」によって、生徒たちは文武両道の学校生活を過ごしています。

これら3つの柱によって、豊かな教養やコミュニケーション能力、問題解決能力などを身につけ、バランスのとれた人格形成をめざす星野学園です。

▼ SCHOOL DATA ▼

- 埼玉県川越市石原町2-71-11
- JR線・東武東上線「川越」、西武新宿線「本川越」、JR線「宮原」「熊谷」、西武池袋線「入間市」スクールバス
- 男子193名、女子356名
- 049-223-2888
- https://www.hoshinogakuen.ed.jp/

細田学園中学校

埼玉
志木市

共学校

Making dots and Connecting the dots

1921年に「細田裁縫女学校」として開校された細田学園高等学校は、近年、次世代を担う生徒を育てることを主眼とした教育改革を行いました。その結果、2013年からは大学合格実績が急上昇をみせており、併設の中学校を持たない埼玉の私立高校のなかではトップクラスといっていい成長を実現してきました。

その細田学園高等学校が、2019年4月から、併設の中学校を開校しました。「日本一よい教育を提供したい」という思いのもとに、6年間の中高一貫教育がスタートしています。

新設された細田学園中学校では、「Making dots and Connecting the dots」をコアコンセプトに掲げる独自の次世代型教育「dots教育」を行っています。

「dot」とは「点」という意味ですが、細田学園ではこれを「原体験」ととらえ、多種多様な「原体験」を中高6年間で体験できるよ

うにしています。この「原体験＝dot」をつなげていくことで、変化のスピードをますます速めていくことが予想されるこれからの社会で、主体的に生き抜く力を養うことができます。

3つの柱・「未来創造力」「国際力・英語力」「人間力」

dots教育には3つの柱があります。それが「未来創造力」、「国際力・英語力」、「人間力」です。

この3つの力を養うために、独自の学びの手法「DITOメソッド」（Define〈定義する〉→Input〈入力する〉→Think over〈熟考する〉→Output〈出力する〉という一連の行為を繰り返し行うサイクル）を取り入れた学習活動や、「リーダー教育」、英語4技能（聞く、話す、読む、書く）をバランスよく育てる英語教育、オンライン英会話レッスン「POEC」などの先進的な教育カリキュラムを実践しています。

▼ SCHOOL DATA ▼

- 埼玉県志木市本町2-7-1
- 東武東上線・地下鉄有楽町線・副都心線「志木」徒歩15分またはバス、JR線「浦和」「中浦和」バス
- 男子62名、女子78名
- 048-471-3255
- https://hosodagakuen.jp/juniorhighschool/

東京
神奈川
千葉
埼玉
茨城

あ行
か行
さ行
た行
な行
は行
ま行
や行
ら行
わ行

本庄東高等学校附属中学校

心 素直に、知性 輝く。

豊かな人間性と確かな知性を育成

自分を取り巻くあらゆる人やものに対して素直な気持ちで向きあう——「素直な心」が「感謝」の気持ちと「謙虚」な姿勢を生み、「学ぶ心」を育てます。この「学ぶ心」を軸に各教科の学習と多くの体験を重ねるのが本庄東高等学校附属中学校の学びです。今年、設立母体である小林学園が75周年を迎え、その教育内容がますます充実しています。

日本をとおして世界へのまなざしを育む国際理解教育は、和楽器や茶道の体験から伝統芸能鑑賞、京都・奈良校外研修などの日本文化理解と、洋書講読や英語でラッピングなどの特別講座、オーストラリア修了研修といった異文化理解の体験が盛りだくさんです。

また、各自の興味・関心を引き出しその可能性を広げるキャリア教育は、職業調べと仕事体験、企業訪問、大学の学びを知る学問研究などで、将来についての具体的で明確なビジョンを形成させます。こうした学びにより、確かな知性と豊かな人間性を育てています。

プルーラル・アクティビティ

本庄東では、中高一貫の学習プランで先取り学習と反復を徹底するとともに、補習を実施して基本事項の定着をはかります。中学の内容は中2、大学入試に必要な内容は高2の学年末までにほぼ修了。各教科の基礎力を土台に、調べ学習やグループ討論、ジグソー学習などをとおして、多角度から立体的に問題を考察し、その成果を発信するプルーラル・アクティビティ（多元的学習活動）を展開します。知識のつめこみに偏りがちな「平面的」学習に終始せず、「立体的」に問題にアプローチしてものの考え方を実践として身につけるトレーニングを積み重ねていきます。それにより、個々の「主体的に考える力」をきたえ、論理性や多様性、独創性などが求められる現代社会を生き抜く「人間力」を養います。

▼SCHOOL DATA▼

▶埼玉県本庄市西五十子大塚318
▶JR線「岡部」ほかスクールバス
▶男子105名、女子125名
▶0495-27-6711
▶https://www.honjo-higashi.ed.jp/

立教新座中学校

強くしなやかな個性と品格をもった生徒を育成

約10万㎡の広大なキャンパスに充実した施設がそろう立教新座中学校。「キリスト教に基づく人間教育」に教育の主眼をおき、学校生活に祈りの姿勢でのぞむことを重視しています。そして、その教育理念のもと、「テーマをもって真理を探究する力を育てる」「共に生きる力を育てる」を目標に、自由を尊び、平和を愛し、責任感に富む「強くしなやかな個性と品格をもった生徒」を育成しています。

授業では、生徒が主体的に見つけたテーマについて調べ、発表し、ディスカッションするゼミ形式のものが多くあります。社会科や理科では、各学年でテーマを設けて科学館や博物館を訪れる校外学習も実施。こうした体験学習によって生徒の感性を磨いています。高3で、生徒たちが自らの進路や興味関心のある分野をより深く学習するための自由選択講座が開かれているのも特徴です。

また、海外のかたとキャンプ生活を送る「アメリカ・サマーキャンプ（中3）」や1年間の派遣留学制度、ネイティブ教員による授業などをとおして国際的な視野を養う「グローバル教育」と、多様性のなかで発揮できるリーダーシップを養う「リーダーシップ教育」をつうじて、世界の人びととともに生きるグローバルリーダーを育成しています。

そのほか、他者・自然などへの深い理解と共感性を育むボランティア活動も積極的に行われています。

立教大学に加え他大学への進学も支援

立教学院に属する立教新座には、立教大学への推薦入学制度があり、希望者は、高校3年間の学業成績などが基準を満たしていれば推薦され、学部・学科は「学内の序列上位者より選択する」とのことです。

一方で他大学進学も応援し、例年約20%の生徒が東京大学や京都大学をはじめとする国立大学や医学部、理工系学部などへ進学しています。

▼SCHOOL DATA▼

▶埼玉県新座市北野1-2-25
▶東武東上線「志木」徒歩12分、JR線「新座」バス10分
▶男子のみ635名
▶048-471-2323
▶https://niiza.rikkyo.ac.jp/

江戸川学園取手中学校

心豊かなリーダーとなるために

心の教育を行い人間性や感性を磨く

江戸川学園取手中学校は創立以来、「心豊かなリーダーの育成」をめざし、「誠実」「謙虚」「努力」の校訓のもと、社会に貢献できる有為な人材の育成に取り組んできました。

そのひとつに心の教育があり、リーダーになるための心得として、5つの「心の誓い」を立て実践しています。たとえば道徳の授業では、指定されたテーマについて教員の講話を聞いたうえで話しあいをすることによって深く思考し、実践に結びつけます。また、世界的な音楽家の演奏を聞いたり、古典芸能を鑑賞したりすることで、豊かな感性を磨いていきます。

そんな江戸川学園取手では、「生徒の夢は学校の目標」をスローガンに、学校全体で生徒の夢を応援しています。日々の指導は「授業が一番」をモットーとし、6年間を見据えた効果的なカリキュラムを編成しています。

中学校、高等学校ともに「東大」「医科」「難関大」の3コースが設置されており、早期に目標を定め初志貫徹を貫くように指導されています。

放課後には「アフタースクール」と呼ばれる希望制の講座も実施されます。学習系に加え、教養系、合教科系、実験系、英語4技能系、PBL系（Project-Based Learning、企業と連携）など、多数の講座のなかから選ぶことができます。

そのほか、中1・研修旅行（箱根）や中2・探究学習（信州）といった、知識を広げ好奇心を刺激するプログラムや、歴史学習、平和学習、異文化学習の3つを柱とする中3・修学旅行など、多彩な行事があることも魅力です。

独自の教育で「心豊かなリーダーの育成」をめざす江戸川学園取手。学力とともに生徒の個性を伸ばし、主体性を育て、社会に通用する「世界型人材」の育成を目標にしています。

▼SCHOOL DATA▼

- ▶茨城県取手市西1-37-1
- ▶関東鉄道常総線「寺原」徒歩20分、JR線・地下鉄千代田線ほか「取手」徒歩25分またはバス、つくばエクスプレスほか「守谷」バス
- ▶男子471名、女子463名
- ▶0297-74-8771
- ▶http://www.e-t.ed.jp/

開智望中等教育学校

豊かな未来を創る力を育む6年一貫教育

開智望中等教育学校は、秋葉原駅からつくばエクスプレスと関東鉄道常総線を乗り継ぎ、約40分の新守谷駅より徒歩1分の好立地にあります。

周辺には、研究施設が多く点在する筑波研究学園都市や柏の葉エリアがあり、学術的な環境が整っています。

開智型教育の推進

開智望の各教科の学習では、探究的な学習と習得型・反復型の学習とをあわせた授業を行っています。興味関心から新たな疑問を持ち、自ら深く考え、仲間とともに議論し、さまざまな問題を解決していくことで、探究力、創造力、発信力、コミュニケーション力を育成します。

また上記のような開智学園が伝統的につづけてきた「探究型の学び」に加え、国際バカロレアの教育プログラムを取り入れた新しい教育課程を編成することで、21世紀型の学校をめざしています。

少人数授業で、探究的に学ぶ

開智望では、1クラスは24名程度の少人数できめ細やかな指導を行いつつ、数学・英語では学習歴や習熟度により、さらに少人数で授業を実施しています。

また、探究型の学びにおける調査や生徒間での思考過程の共有、成果発表などにおいて、ICTを積極的に活用し、充実した教育活動を展開しています。

大学進学への準備

高2、高3ではDP（ディプロマ・プログラム）コース、GLA（グローバル・リベラルアーツ＝文系・文理系）コース、GM（グローバル・メディカル＆サイエンス≒医系・理工系）コースに分かれ、生徒一人ひとりの進学志望の実現に向けて、徹底した進学指導を行っています。

▼SCHOOL DATA▼

- ▶茨城県つくばみらい市筒戸字諏訪3400
- ▶関東鉄道常総線「新守谷」徒歩1分
- ▶男子106名、女子99名
- ▶0297-38-8220
- ▶https://nozomi.kaichigakuen.ed.jp/secondary/

土浦日本大学中等教育学校

茨城
土浦市

共学校

６年間で国際社会に貢献できる人材を育成

土浦日本大学中等教育学校は茨城県初の中等教育学校として開校してから2023年で21年目を迎えました。豊かな自然環境のなかで、多様化する世界において格差を乗り越え、国際社会に貢献できる人材の育成をめざしています。

土浦日大では、６年間を３つのタームに分け、効果的に学習が進むよう計画しています。

最初の２年間は、基礎学力の獲得をめざす「Foundation Term」です。１年次には蓼科や京都・奈良での国内研修、２年次には約20日間のイギリス研修が行われています。

つぎの２年間は、自ら考え、表現する学力を身につける「Academic Term」です。３年次には広島研修が実施され、４年次には再びイギリスでの研修が行われます。

そして最後の２年間は、「Bridging Term」です。これまでの研修をとおして獲得してきた力を糧に、進路実現に向けて最大限の努力をしていきます。

世界のリーダーを育てる

学校外での研修も多く、なかでも海外での研修は総合的・多角的学習の場として非常に重要なものと考え、英語教育にも力を入れています。英語教育の目標を「英語で討論し、自己主張できるレベルのコミュニケーション能力の獲得」と位置づけ、さまざまな国から集まった外国人教員とのふれあいを大切にするなど、実践的なプログラムを導入しています。

土浦日大は、日本大学の付属校ではありますが、他大学進学者の多さが特徴的です。2023年も、国公立大学に14名が現役で合格し、早慶上理といった難関私立大学にも多数の合格者を輩出しました。また、海外大学への進学をめざす生徒に対しても適切な進路指導を実践しています。日本大学へは、毎年５割程度の生徒が進学します。2019年にスタートした「理系インタークラス」も５年目を迎え、年々進化している土浦日大です。

▼SCHOOL DATA▼

- ▶茨城県土浦市小松ヶ丘町4-46
- ▶JR線「土浦」徒歩25分またはバス10分
- ▶男子220名、女子244名
- ▶029-835-3907
- ▶https://www.tng.ac.jp/sec-sch/

茗溪学園中学校

茨城
つくば市

共学校

濃密な６年間が「考える力」「実践力」を育む

1979年、茗溪学園中学校は、中等教育批判に応える教育実験校として、筑波研究学園都市に開校しました。「人類・国家に貢献しうる世界的日本人の育成」という建学の理念を実現するため、学習に加え、さまざまな行事や実践的な体験を多数盛りこんだカリキュラムを編成しています。

帰国生受け入れ校として40年以上の実績を持ち、創立時より国際理解教育に重点をおいているのも特徴です。日常的に国際感覚が磨かれるよう、年間をつうじて多くの国際交流活動や長期交換留学、海外留学生の受け入れを積極的に行っています。

また、文部科学省からスーパーサイエンスハイスクール（SSH）に指定され、現在３期目の活動を展開しています。

加えて、国際バカロレア・ディプロマプログラム（IBDP）認定校として、海外大学への進学も視野に入れた学際的教育を実施しているのも魅力でしょう。

実践的学習・諸活動により将来を考える

「知的センス」「知的体力」を磨き、「知性」を武器に生きる若者の育成を目標に、「中学アカデミアクラス」を2021年に開設。人生の基盤となる学び、「わかった」という感動体験をつうじ、各教科の学習内容を深く理解するカリキュラムや諸活動を展開しています。また習熟度別授業や選択制カリキュラム、個人課題研究などにより意欲と学力を伸ばし、各自が目的意識を持って学び、進路を考えられるようプログラムされています。

人間形成につながる寮生活

寮生活をつうじて人間形成がうながされます。寮生の６割が帰国生で、多数の留学生も在寮する国際的な雰囲気のなか、自分をしっかりと見つめながら自立していきます。共同生活の経験は、切磋琢磨し、他人を尊重する精神を養うことにつながります。

▼SCHOOL DATA▼

- ▶茨城県つくば市稲荷前1-1
- ▶JR線「ひたち野うしく」・つくばエクスプレス「つくば」バス
- ▶男子362名、女子336名
- ▶029-851-6611
- ▶https://www.meikei.ac.jp/

東京 神奈川 千葉 埼玉 茨城

あ行 か行 さ行 た行 な行 は行 ま行 や行 ら行 わ行

あとがき

現在、国内には8848校（文部科学省：2022年度学校基本調査）もの国立・私立中学校があります。そのうち、首都圏には300校以上が所在しています。また、国立だけではなく、公立の中高一貫校もその存在がクローズアップされるようになってきました。多くの選択肢のなかから、各ご家庭の考え方やポリシーに合わせた教育を選ぶことができるということは、非常に幸せなことです。

その反面、選択肢が多ければ多いほど、悩んでしまうご家庭も少なくありません。とくに初めて中学受験を経験されるご家庭においては、学校選びは大変な作業です。

本書はそのような保護者のかたに、少しでもお役に立てれば、との思いから生まれたものであり、毎年改編を重ねています。ここに登場する218校の学校については、その教育理念や授業の特色など、学校の素の姿をお伝えすることを第一として編集を行っております。そのため、いわゆる偏差値や学力の指標となるものは掲載しておりません。それは数字だけでなく、ご家庭の教育方針やお子さまに合った学校を選んでいただきたいからです。

学校の紹介にあたっては、各校の校長先生ならびにご担当の先生がたに多大なるご協力を賜り、厚くお礼申しあげます。

本書をつうじて、各ご家庭が、より望ましい学校教育を選択されることを願ってやみません。

『合格アプローチ』編集部

中学受験 合格アプローチ

2024年度入試用

首都圏 国立私立中学校 厳選ガイド 218校

営業部よりご案内

『合格アプローチ』は首都圏有名書店にてお買い求めになれます。

　万が一、書店店頭に見あたらない場合には、書店にてご注文のうえ、お取り寄せいただくか、弊社営業部までご注文ください。ホームページでも注文できます。送料は弊社負担にてお送りいたします。代金は、同封いたします振込用紙で郵便局よりご納入ください。（郵便振替 00140-8-36677）

©PIXTA

2023年7月10日初版第一刷発行

定価：1,980円（10%税込）

発行所／株式会社グローバル教育出版
〒101-0047 東京都千代田区内神田2-4-2
一広グローバルビル3F
郵便振替 00140-8-36677

ご投稿・ご注文・お問合せは　**株式会社 グローバル教育出版**

合格しょう

電話番号	03-3253-5944(代)	FAX	03-3253-5945
URL	https://www.g-ap.com	e-mail	gokaku@g-ap.com

2022年11月、
京華学園は創立125周年を迎えました。

3S CHOOLS 三校ワンキャンパス
OneCampus

125周年記念サイト公開中

京華中学校

BOYS

03－3946－4451

https://www.keika.ed.jp

－126th－

京華女子中学校

GIRLS

03－3946－4434

https://www.keika-g.ed.jp

－114th－

＊説明会や入試などの詳細は、
　各校のホームページをご覧ください。

＊学校見学は随時お受けしております。
　右記学園広報室までお気軽にお問い合わせください。

 京華学園 広報室

〒112-8612　東京都文京区白山5-6-6

TEL 03-3941-6493　FAX 03-3941-6494

E-mail kouhou@kg.keika.ed.jp